世界经济领袖都听过这堂课
你还等什么

最受欢迎的
哈佛经济课

| 斯凯恩 韩晓龙◎著 |

经济学入门书，没有艰涩的数学公式，只有有趣的生活事例。
读懂经济常识和规律，实现财富自由。

Zui Shou HuanYing De
HaFo JingJiKe

立信会计 出版社
LIXIN ACCOUNTING PUBLISHING HOUSE

图书在版编目（CIP）数据

最受欢迎的哈佛经济课 / 斯凯恩, 韩晓龙著. -- 上
海：立信会计出版社, 2014.8
　　（去梯言）
　　ISBN 978-7-5429-4318-7

　　Ⅰ. ①最… 　Ⅱ. ①斯… ②韩… 　Ⅲ. ①经济学–通俗
读物 　Ⅳ. ①F0-49
　　中国版本图书馆CIP数据核字（2014）第161894号

策划编辑　　蔡伟莉
责任编辑　　蔡伟莉　何颖颖
封面设计　　久品轩

最受欢迎的哈佛经济课

出版发行　　立信会计出版社
地　　址　　上海市中山西路2230号　　邮政编码　　200235
电　　话　　（021）64411389　　传　　真　　（021）64411325
网　　址　　www.lixinaph.com　　电子邮箱　　lxaph@sh163.net
网上书店　　www.shlx.net　　电　　话　　（021）64411071
经　　销　　各地新华书店

印　　刷　　固安县保利达印务有限公司
开　　本　　720毫米×1000毫米　　1/16
印　　张　　20.5　　插　页：1
字　　数　　303千字
版　　次　　2014年8月第1版
印　　次　　2015年4月第2次
书　　号　　ISBN 978-7-5429-4318-7/F
定　　价　　36.00元

如有印订差错，请与本社联系调换

前　言

　　经世济民，是为经济。经济的发展是国计民生的根本和基础，也是关乎百姓生活质量水平的关键因素。如今，经济学的知识和相关概念早已深入人心，影响着我们工作和生活的方方面面，经济现象随处可见。因此说，经济学对我们的日常生活产生了令人不可想象的影响力。

　　在现代社会经济的发展大潮之下，一些经济术语、经济理论被人们所熟知，耳熟能详，甚至成为百姓茶余饭后最津津乐道的谈资。比如，人民币升值、次贷危机、就业率、旅游经济、通货膨胀、进出口贸易，等等，这些最基本的经济常识；物价的上涨与下跌、供不应求与货币贬值、买房买车、贷款红利、养老、创业、生活成本、幸福指数，等等，这些生活中处处离不开的经济学问；生产、消费、管理、营销、市场经济、企业盈亏、成本效益，等等，这些商业发展中无处不在的经济学原理和规律；以及网络经济、绿色经济、健康经济、人文经济、知识经济、假日经济、循环经济，等等，这些新时代新环境下衍生出来的一系列新型经济发展模式和体系。除此之外，一些另类的特色经济以其独有的生存和发展模式，引领着人们向着新奇、创新的道路发展，开启了一个个新的经济格局。

　　经济是任何时代都无法避免的话题，只要有生存，有发展，就离不开经济的作用和力量。为此，每个人都有必要学一点经济学知识，了解经济学规律，才能顺应新时代的经济发展形势，平衡和处理好日常生活和工作。

虽然经济学内容博大精深，却也通俗易懂；经济学无处不在，基本上所有的活动都可以从经济学的角度去分析和领悟。

《最受欢迎的哈佛经济课》以哈佛教学经验为依据，理论与实践相融合，集中了日常生活中最实用的经济常识内容，这些经济学知识和经济学现象离我们生活最近，与百姓的衣食住行密切相关。书中避免了过多艰深晦涩的经济学术语和理论赘述，用深入浅出、简洁平实的表达方式，帮助读者解读经济学概念，了解现今最流行、最热门的经济热点，分析经济学理论和规律，参透经济学现象，学习最实际、最有用的经济发展战略和创新方法，从而让读者整体上对经济学有一个宏观而科学的认识。

通过阅读本书，我们可以轻松畅游经济学的世界，感受经济领域中所具有的独特魅力和乐趣。最重要的是，希望本书所提供的知识和方法，能够有助于提高我们的生活质量，提升幸福指数，实现事业和家庭的双倍收益，让快乐和财富源源不断地增值！

CONTENTS
目 录

第3章 市场经济课

第4章 金融经济课

第5章 财富投资课

第6章　经济贸易课

第7章　宏观调控论

第8章 民生经济课

第9章　生产管理课

第10章　市场营销课

第11章 大数据时代下的新经济

第1章

[经济常识课]

一美元可以买一辆宝马车

——理性经济人

有一位妇人在纽约市的多家报纸上刊登了一美元卖宝马车的广告，大多数的人都以为是开玩笑，因为一美元是不可能买到宝马车的。一周过去了，没有人去买这辆廉价的宝马车。刚毕业的小伙子约翰无意中看到了这则广告，半信半疑地拿着一美元按报纸上的地址去买这辆宝马车。很快，约翰就和卖车的妇人办好了手续。约翰很是奇怪，于是就问这位妇人："为什么这辆宝马车只卖一美元呢？"妇人说："因为我的丈夫去世了，他的遗产全都是我的，只有这一辆宝马车属于他的情妇。根据他的遗嘱，要把这辆车拍卖，拍卖所得的款项全部归他的情妇，所以，一美元即可。"于是约翰欢天喜地地开着宝马车回家了。

经济人假设，也叫"理性经济人"，是经济学中最根本的一个假设，整个经济学大厦就是建立在这个假设的基础上的。

经济人假设认为，因为资源的稀缺性，每个人都受到资源稀缺的约束（如收入的限制、时间的限制、价格的限制等），人的思考和行为都是在既定的约束下追求自己利益的极大化。如同上文中的约翰，他很乐意用一元钱就能购买一辆宝马车。所谓经济人假设是指作为个体，无论处于什么地位，其人的本质都是一致的，即以追求个人利益，满足个人利益最大化为基本动机，都希望以尽可能少的付出，获得最大限度的收获，并为此可以不择手段。

亚当·斯密在《国富论》中的对理性经济人有比较清晰的阐述："我们每天所需要的食物和饮料，不是出自屠户、酿酒家和面包师的恩惠，而是出于他们自利的打算。我们不说唤起他们利他心的话，而说唤起他们利己心的话；我们不说我们自己的需要，而说对他们有好处的话。"这段论述向我们表明：人和人之间是一种交换的关系，消费者能获得食物和饮料，是因为商家们要获得自己最大的利益。

大卫·李嘉图提出了经济人的"流氓假设"：社会是由一群群无组织的个人组成的，每个人以一种计算利弊的方式为个人的利益行动；每个人为达到这个目的，都尽可能地合乎逻辑地思考和行动。

在经济学家的眼里，虽然人与人之间有很大的差异，但是所有的人都是不断地追求自身利益最大化的理性经济人。显然，经济人都是自利的，以自身利益的最大化作为自己的追求。当一个人在经济活动中面临着若干不同的选择机会时，他总是倾向于选择能给自己带来更大利益的那种机会，即总是追求最大的利益。

无论个体的行为是为个体带来经济利益的流入，还是带来经济利益的流出，在做出决策的时候，个体都是理性的经济人。在社会以及经济活动中，人人都是理性经济人。比如说买一件商品，谁都希望买到的是既便宜又实惠的商品，绝不会希望买到价钱又高、质量又差的商品，虽然有时候可能事与愿违，但这也不会改变个体是理性经济人这一事实。

理性经济人是经济学最基本的概念之一。

两个桃子也能杀人
——稀缺性

春秋时期，齐景公手下有三员猛将，公孙接、田开疆与古冶子，他们都为齐景公立下过赫赫战功。这三个人自恃勇猛，连齐景公也不放在眼里。晏子建议齐景公把这三个人铲除掉，以免留下祸患。景公也觉得应及早除掉这三个人，但是三人都立下过汗马功劳，又勇猛无比，齐景公又觉得很无奈。晏子说，应当巧斗。他向景公建议，赐给他们三人两只桃子，让他们分吃，只赏赐给最有功劳的人。拿到桃子后，三位大臣开始争夺，竞相陈述自己对国家的功劳。最后三人中只有两个人得到桃子，另外一个羞愧自杀。得到桃子的两个人见同伴因自己而死，便也羞愧自杀。

这是《晏子春秋》里的记载，三员大将因为两个桃子被杀死——历史上有名的二桃杀三士的故事。可能有人觉得，同伴自杀，自己就也自杀吗？太不划算了吧。别忘了春秋时代的人都是很讲义气的，见到同伴因自己而自杀，自己羞愧自杀就没什么可奇怪的了。晏子利用的就是经济学上的稀缺性。可以说杀死三个勇士的不是两个桃子，而是稀缺性，因为稀缺才产生互相之间的竞争和争夺，最后在争夺中死亡。

法国国王路易十四是个很奢侈的人，经常邀请大臣们跟他一起用膳。他在宴会上吃饭用的是一个铝碗，而他的大臣们用的都是金碗。因为当时没有电解铝技术，所以铝比黄金要稀有，那时候的铝和黄金的比例是1∶126。由此可见，如果世界上遍地都是黄金，那么黄金肯定一文不值。

有一个人家里很穷，木碗是他唯一的财富，他每天拿着木碗到处流浪。有一天，他出海遇到了大风暴，被海水冲到一个小岛上。岛上的人们非常富有，没有人用木碗吃饭，他们看见这个穷人拿的木碗很新奇，于是就用一大口袋最好的钻石换走了木碗。

一个富翁知道了穷人的奇遇后，非常羡慕。于是他装了一船的山珍海味来到了穷人去过的小岛上。岛上的人接受了富翁送来的礼物后非常高兴，声称要把他最珍贵的东西送给他。结果富人拿到手里的居然是穷人的那个木碗。

钻石和木碗的故事表明，在钻石很少，而木碗却到处都是的情况下，钻石的价格远远高于木碗，然而这个海岛却很特殊，钻石很多，却从没有见过木碗。因此，在这个岛上，木碗的价值远远高于钻石。

我们常常会听说某个手机号或汽车牌照卖出了天价，这正是资源稀缺性的体现。因为这种手机号或汽车牌照的数字非常独特，而且是唯一的，不会再有第二个，所以物以稀为贵，这样的商品人人都想购买，自然也就会卖出很高的价格。鲁迅说过，北京的白菜太不值钱了，但南方的白菜拉到北京，就不叫白菜了，叫胶菜，而且价格要高很多，由此他创造了一个俗语：物以稀为贵。

"稀缺"二字，代表着两种不同的含义：一个是稀有的，另一个是紧缺的。在经济学里，稀缺被用来描述相对于人们无穷的欲望而言资源总是有限的。人的欲望是无限的，但资源是有限的，相对于欲望的无限性，资源的有限性引起了竞争与合作。竞争就是争夺对稀缺资源的控制，合作就是与其他人共同利用稀缺资源、共同工作，以达到一个共同的目的。合作是为了以有限的资源生产出更多的产品，合作是解决资源稀缺性的一种途径。

资源的稀缺性是人类社会永恒的话题，经济学产生于稀缺性的存在，正因为资源稀缺，才需要经济学研究如何最有效最合理地配置资源，使人类的福利达到最大化。一个物品可以成为商品出售，首先是因为它是稀缺的，并不是因为人们的需求，例如阳光和空气，人人都需要，但因为太多了，所以不会成为商品。而淡水资源却越来越少，所以淡水从原来的免费供应，变成现在的有偿使用，且价格一再上涨。当一个商品变得稀缺的时候，它就开始变贵了。黄金因为属于稀有金属，所以价格才高。权力之所以人人追捧，也是因为权力是稀缺的。

资源的稀缺性是经济学的前提之一。稀缺性对社会、对人们的生活产生巨大的影响，正是稀缺性导致了竞争和选择，促进了社会的发展。想象一下，如果资源不是稀缺的，而是极其富足的，那么世界会完全变样。自然界中不会有优胜劣汰，不会有厮杀，每个生物都可以得到满足。人们不用工作，不用考虑买房子了，因为土地是富足的，也不用考虑衣食住行了，因为一切资源都是富足的。那么这样的世界就没有任何活力，就会变成死水一潭，最终毁灭。

就像我们的住房紧缺问题，随着人们物质生活水平的提高，我们对住房质量的要求也越来越高，很多人不再满足于只能遮风挡雨的小门小户，更多的是期望房屋兼具实用性和美观性。而这种实用性则包括住房面积的大小、房屋的舒适性和房屋所处地理位置的便利性等要求，这样一来，即使人口不增长也会产生住房压力，所以在有限的土地上满足如此庞大的人群的需求，住房紧缺就是显而易见的事情了。这也就能很好地解释为何在物质文明高度发达的今天我们还是会感到资源的稀缺。

可见，用经济学中的稀缺性可以解释我们生活中的许多现象。火车票在春运的时候可以卖高价，一张奥运会开幕式的门票在奥运会开始前，居然都卖出了20万元的天价，这些都是因为稀缺。因为稀缺，所以才产生需求，因为需求才拉动经济增长，因为稀缺我们才去竞争，才会积极创造未来，推动社会进步。因为稀缺，所以我们必须要每天学习，进步，以适应这个适者生存的社会，因为资源总是有限的，所以你想得到更多，就必须得努力！

被舍弃的潜在机会
——机会成本

可能连不喜欢台球的人都知道，中国出了个台球小子，叫丁俊晖。2002年5月，年仅15岁的丁俊晖为中国夺取了首个亚洲锦标赛冠军，并成为最年轻的亚洲冠军。同年8月31日，他又获得世界青年台球锦标赛冠军，成为中国第一个台球世界冠军。2003年9月，丁俊晖正式转为职业选手。2004年2月，丁俊晖以6：3击败世界排名第16位的乔·派瑞，闯入温布利大师赛十六强的精彩瞬间，让英国的老百姓一夜之间认识并喜欢上了这个来自东方的台球少年。

2005年4月初，他夺得中国公开赛冠军，一举成为中国乃至世界台球界耀眼的明星。2005年12月，他又夺得全英公开赛冠军，成为一经典赛事的第一个非本土冠军。于是，丁俊晖顺理成章成为中国台球在世界上最有魅力的代言人。

刚开始接触台球的那年，丁俊晖只有8岁。他的父亲曾经说过："那时候，我家附近有一家台球室，小晖每天放学回来扔下书包就往那里跑，渐渐地，我发现这个孩子越打越好，也就渐渐萌生了让他走上专业道路的想法。小晖以前念书成绩很好，但最后，我们还是决定让他放弃学业，我一直认为，无论是上学还是打球，都是靠天赋，一通百通，事实也证明了我当初的选择是正确的。"

从小学四年级起，丁俊晖就开始了上半天学练半天球的"半专业"生活，初中一年级的时候，丁俊晖果断地选择了退学。他每天的训练时间都在10个小时左右。在日复一日的重复训练中，他也开始觉得有些"闷"了，"当时，好多同学都很羡慕我每天可以有很多时间来打球，可是他们哪里知道，当打球不再是娱乐的时候，它就会变成一种痛苦，那个时候我常常很烦躁。"提起当年的生活，丁俊晖微微一笑，"后来有了一点成绩，年纪也慢慢大了，就能学着控制自己的情绪了。"

从1997年起，小有名气的丁俊晖在父亲的陪同下开始参加国内的一些赛事。从江苏宜兴到上海再到广东东莞，频繁的奔波使得这个经济本就不太富裕的家庭更加拮据。初到东莞，一家三口就挤住在员工宿舍里，居无定所的漂泊生活使得母亲常常独自哭泣。

后来，由于丁俊晖多次在国内和国际大赛中获奖，东莞一家化妆品公司每月付给他3 000元的赞助，而且作为东英台球城的当家小生，小丁每月还有3 000元的工资，再加上偶尔参加比赛获得一些奖金，一家人的生活才渐渐有所好转。

丁俊晖说，为了培养自己，家里倾尽所有，"当初为了我，父母把老家的房子卖了，妈妈总是感觉不踏实，我也一样。无论在东莞学球还是在英国打比赛，总有在外漂泊的感觉。13岁的时候，我看到妈妈偷偷抹泪，我就暗暗告诉自己，一定要用球杆挣回一个家！"

而如今，年入百万奖金的丁俊晖不光用球杆挣回了一个家，更证明了父亲和自己当初的选择是正确的，以至于丁俊晖自信地说："因为打球而没有继续上学，在当时看来是件冒险的事，今天看来却很正确。"

事实上，对于每个人来说，选择都是一件十分艰难的事情，面对选择，我们常常左右为难，犹豫不决。丁俊晖当年面对的并不是一个轻松的选择，身边的人都在学校里学习，他自己也曾想在学业上有所作为，显然，选择直接关系到他的前途命运，父亲对此也非常慎重。选择为什么会如此艰难呢？因为选择需要付出成本——机会成本。我们都知道人的欲望是无限的，而用来满足欲望的资源却是有限的，在资源有限的情况下，凡事都难以两全，一定是有所得必有所失，为了去做一件事情，就必须放弃另一件事情，经济学上把放弃的事情叫作为要做的事情所付出的机会成本。

就像丁俊晖一样，如果他选择了台球之路，就不能选择求学之路，求学之路就是他选择台球训练的机会成本，也就是说练台球必须以放弃学业为代价。学生时代选择科目，学理科就不能学文科，学文科就是学理科的机会成本。对于未来的选择，我们无法知道是否正确，但却可以通过对机会成本的分析来进行判别。还拿丁俊晖的选择来说，丁俊晖在台球方面有独特的天赋，如果继续求学，肯定是离他的特长越来越远，最终的收益只是获得一张大学文凭，找到一份不错的职业。而选择练台球，则可以发挥自己的特长，再不济，也是个职业运动员，将来退役后当个体育教练或者教师，和上大学的收益相当，如果发挥得好，还有可能在世界级的比赛上出人头地为国争光呢，经过这样一分析，练台球的收益显然大于上大学。

机会成本往往是以时间为代价的，在我们每个人拥有的各种资源中，最宝贵的资源就是时间。一个人每天24小时，每年365天，一生也就几十年，在这有限的时间里，每个人所能干的事情也总是有限的：读书的同时不能看报，打牌的同时无法打球，同样的时间里做了这一件事情就不能同时再做另一件事情。时间是不可再生的资源，一旦选择失误，损失的时间就永远也找不回来了。不像选择一笔钱是用于投资房产还是投资股市，即使决策失误导致金钱损失也是可以再挣回来的。所以在考虑机会成本的时候，以时间为代价的机会成本尤为重要。如果一件事情需要你投入最主要的成本是时间，那么对这件事情的选择就必须慎之又慎。

年轻人常常站在人生的十字路口，不知道到底该往哪里去，这是因为年轻人为选择所付出的机会成本主要是时间。年轻人精力旺盛，朝气蓬勃，青少年时期正是给人生打基础的黄金时期，而有些选择，比如体育、音乐、美术等，最佳年龄错过了，以后再选择也没有用了。有些机会，也是一次性的，错过了也就不可能再有了。年轻的时候，是一个人学习知识和技能的关键时期，也是一个人品质、修养、习惯的形成时期，如果选择了不良的人生价值观和生活方式，学无所成，生活怠惰，作风不良，随着年龄的增长，改正这些不良习惯也会越来越难。有位名人曾经说过："人生的道路虽然漫长，但紧要处往往只有几步，特别是当人年轻的时候。"这紧要的几步，如果选择不好，往往会影响以后的发展，有时甚至会毁掉人的一生。

不同的人在不同时期的机会成本是不同的，青年人比中年人在做很多事情上的机会成本要低，因为青年人相对于中年人而言，时间资源相对要充裕一些，这一次失败了还可以从头再来。当前收入低的人比收入高的人做许多事情的机会成本要低，一个初生牛犊可以毫无顾忌地下决心白手起家创业，而一个资深的职业经理人则很难横下心来另起炉灶。所以，对于年轻人来说，在事业的选择上，应该多去考虑机会成本的利弊，这样才能让自己的人生价值最大化。

有什么物品不能买卖？
——商品

日本商人将山谷和草地上的清新空气，用现代技术制作成"空气罐头"，然后向久居闹市、饱受空气污染的市民出售，购买者打开空气罐头，靠近鼻孔，顿时香气扑鼻，沁人肺腑。

世界上最奇特的商品，要数格陵兰岛出口的冰山了。这是10万年前的冰，被认为是最纯净的，没有污染，杂质很少。

对于我们来说，没有比商品更熟悉的东西了。我们每天吃、喝、穿、住、用、行，样样都离不开商品。但是，究竟什么才是商品呢？商品是用于交换的劳动产品。

商品，首先必须是劳动产品。换句话说，如果不是劳动产品，就不能成为商品。比如，自然界中的阳光、空气，虽然是人类生活所必需的，但不是经过劳动所得的，就不是劳动产品，所以不能叫作商品。但是人们把空气制成"空气罐头"就是另外一种情况了。

商品，还必须要用于交换。商品与交换可以说是密不可分的。也就是说，如果不用于交换，即使是劳动产品，也不能叫作商品。例如，古时候传统的男耕女织的家庭生产，种出来的粮食和织出来的布，虽然都是劳动产品，但是只供家庭成员自己使用，并没有用来和他人交换，因而就不是商品。

商品是人类发展到一定历史阶段的产物。它的产生，必须具备以下两个条件：

（1）社会分工。社会分工是商品产生的基础。正是因为社会分工，才提出了交换的要求，也就有了进行交换的可能。因为社会分工的不同，每一个劳动者只从事某些局部的、单方面的劳动，只生产某些甚至某种单一的产品，而人们的需求是多方面的，为了满足不同的需求，生产者必然要用自己生产的产品去交换自己不生产而又需要的产品。这种商品生产和商品交换就是商品经济。

（2）所有权不同。所有权不同是商品得以存在的前提。因为生产资料和劳动产品属于不同的所有者，所以才会发生交换行为。在私有制条件下，产品交换的双方是独立的利益主体，成为经济利益的对立面，这就决定了双方的交换只能是等价交换，即要遵循商品经济中的等价交换原则。劳动产品的交换既然是等价的商品交换，那么，生产者的生产过程就成为以直接交换为目的的商品生产过程。

商品既是社会分工的产物，也是私有制的产物。

狗牙也可以买东西

——货币

世界上除了我们所认识的常用货币外，还有一些新奇的不为我们所熟悉的货币形式。比如，在太平洋上的某些岛屿和若干非洲民族中，用一种贝壳——"加马里"货币来交税。再如，美拉尼西亚群岛的居民普遍养狗，所以就以狗牙作为货币，一颗狗牙大概可以买到一百个椰子，而要娶一位新娘，必须给她几百颗狗牙作为礼金！近年来有一些贪婪的骗子向美拉尼西亚运入大量的狗牙，以骗取土著居民的各种有用物资，一度造成了"通货膨胀"。

在经济学中，任何一种能执行交换媒介、价值尺度、延期支付标准和完全流动的财富储藏手段等功能的商品，都可被看作是货币。

很多人都会质疑上述论断：人民币、港币、美元、欧元、英镑等才是货币，茶杯、保温瓶之类的商品也能算是货币吗？在我们的日常生活中，茶杯、保温瓶当然不能算作是货币。要了解货币，就必须从货币的起源来看。

最初的货币就是普普通通的商品，它是在交换的过程中逐渐演变成一般等价物的。货币就是商品，但又不是一般的商品，而是特殊的商品。货币出现后，整个商品世界就分裂成了两极，一极是特殊商品——货币，另一极是所有的一般商品。

货币最初产生于物物交换的时代。在原始社会，人们使用物物交换、以物换物的方式，交换自己所需要的物资，比如一头牛换一把石斧。有时候受到用于交换的物资种类的限制，不得不寻找一种能够被交换双方都接受的物品，比如一只羊换一把石斧，一把石斧换一堆盐，这里的石斧就具备了货币的功能。

在人类发展的早期历史上，贝壳因为难以获得，充当了一般等价物，"贝"因此成为最原始的货币之一。今天的汉字如"赚"、"财"等，都有"贝"字旁，这也体现出了当初贝壳作为货币流通的印迹。

经过日积月累的自然淘汰，在绝大多数社会里，作为货币使用的物品逐渐被金属取代。使用金属货币的好处在于：需要人工制作才能得到，无法从自然界大量地获得，另外还易于储存。数量稀少的金、银逐渐成为主要的货币金属。古代希腊、罗马和波斯的人们把金银切割成大小不同的薄片，在上面刻制标志，准确标出每一片的重量。在交易中，人们只要看一下这片贵重金属上面的标志，就可得知它的价值。

随着经济的进一步发展，金属货币因为重量和体积的缘故，令人感到烦恼，因为它不易携带，而且在使用过程中还会出现磨损的问题。据不完全统计，自从人类使用黄金作为货币以来，已经有超过两万吨的黄金在铸币厂里，或者在人们的手里、钱袋中磨损掉。于是，作为金属货币的象征符号——纸币出现了。世界上最早出现的纸币，是中国北宋时期四川成都的"交子"。目前世界上共有超过200种纸币，流通于193个独立的国家和地区中。

由于货币是价值和社会财富的一般代表，因此谁占有了货币，就等于占有了价值和财富；谁占有的货币越多，就表明其所拥有的商品越多。在货币的帮助下，人们不仅可以进行交易，而且也可以比过去更容易富裕起来。货币的权势并不像刀剑和长矛那样锋芒毕露，但其效果却更为持久和长远。

我们购买的到底是什么？
——使用价值

过去宋国有一个人，善于配制防止裂手的药，正因为有这种技能，所以他家世世代代都在从事漂洗纱絮的工作。有一位南方的客人听说这件事后想花百两银子买他家的药方，一家人聚在一起商量了起来。大家都说："我们家世世代代做漂洗纱絮的生意，一年下来顶多不过挣几两银子。现在只是出卖防止裂手的药方就能得到百两银子，这么好的事情哪有不做的道理呢？"于是便把药方卖给了人家。那位客人将这个方子献给了吴国的国王。后来，吴国与越国进行水战，用这个方子制药，涂在手上防冻裂，而越国将士的手却都是皮裂指肿，难以使用兵器，越军被吴军打得大败而逃，最后只好向吴国献地乞降。这正是因使用方法上的不同而引起的不同结果。同样是这一种药方，作为一种防止裂手的技术，它并没有发生变化，可是一种人用它漂洗纱絮，而另一种人却能用它拓展疆域。

商品的使用价值是指能够满足人们某种需要的属性，如粮食能充饥，衣服能御寒。使用价值是一切商品都具有的共同属性之一。任何物品要想成为商品都必须具有可供人类使用的价值；反之，毫无使用价值的物品是不会成为商品的。使用价值是商品的自然属性。

一般来说，同一事物往往包含了多种使用价值，同一种使用价值也可以通过多种不同的事物来表现。同一事物对于不同的使用者所表现出的使用价值不同，而且对于同一个使用者来说，在不同的使用时间或在不同的环境条件下又可表现出不同的使用价值。

为什么理发费用如此之高？
——价值与价格

郑州一家理发店一夜之间闻名全国。不是因为店里师傅的手艺高超，而是因为它创造了一项惊人的纪录：两个人的理发费用1.2万元，平均一人6 000元！

2008年3月29日，在郑州市某中专读二年级的小亚和同学小莉一起到郑州二七广场逛街。下午2点左右，两人逛到二七路的正弘大厦附近，看到旁边一家名为"保罗国际"的理发店的橱窗玻璃上贴着"洗剪吹38元"的字样，就走了进去。

在理发之前，店员向她们出示了消费单：洗剪吹38元、洗发用品60元和护发用品60元。

两人剪完头发，已是下午6点左右。可让两个女孩没有想到的是，结账时，收银员报出了1.2万元的天价！

因为小亚和小莉拿不出那么多的钱，店员便不让她们离开。后来店员给她们支招，只要办理一张该店的会员卡，就可以享受5折的优惠折扣，但每张会员卡至少要一次性充值9 800元，剩余的钱将存在卡里。当时两人身上只有不到300元的生活费，她们无奈之下只好掏出手机向同学求援。当晚10时30分左右，小亚和小莉一共向30多名同学借钱，总算凑够9 800元送到了店里，她们才得以脱身。

价格是商品同货币交换比例的指数，或者说，价格是价值的货币表现。价格是商品的交换价值在流通过程中所取得的转化形式。

从本质上来说，价格是一种从属于价值并由价值决定的货币价值形式。价值的变动是价格变动的内在的、支配性的因素，是价格形成的基础。但是，由于商品的价格既是由商品本身的价值决定的，也是由货币本身的价值决定的，因而商品价格的变动不一定反映商品价值的变动，例如，在商品价值不变时，货币价值的变动就会引起商品价格的变动；同样，商品价值的变动也并不一定就会引起商品价格的变动，例如，在商品价值和货币价值向同一方向发生相同比例变动时，商品价值的变动并不引起商品价格的变动。因此，商品的价格虽然是用于表现价值的，但是，仍然存在着商品价格和商品价值不相一致的情况。在简单商品经济条件下，商品价格随市场供求关系的变动，直接围绕它的价值上下波动；在资本主义商品经济条件下，由于部门之间的竞争和利润的平均化，商品价值转化为生产价格，商品价格随市场供求关系的变动，围绕生产价格上下波动。

价值是价格的基础，商品供给是价格形成和变化的直接条件。价格是市场的"晴雨表"，反映了供给与需求之间的相互作用与变化。供给与需求是使市场经济运行的力量，它们决定了每种物品的产量以及出售的价格。另外，价格的变化与市场环境的变化也息息相关。如果想知道任何事件或政策将如何影响市场的价格，就应该先考虑它将如何影响供给和需求。例如，当"非典"袭击我国的时候，全国食醋、消毒液、医用口罩的价格都上升了，一些日用品也成了普通消费者抢购的对象，这主要是因为突如其来的"非典"病毒造成了消费者对这些物品需求的剧增。在欧洲，每年夏天，当新英格兰地区天气变暖时，加勒比地区饭店的价格呈直线下降；中东爆发战争时，美国的汽油价格上升，而二手凯迪拉克轿车价格下降，这些都反映出供给和需求对市场的作用，而所有的这一切都是通过价格来反映的。

如何像"尿布大王"一样成功？
——需求和供给

有一家原本生产雨伞的小企业，生产规模很小，基本上过着靠天吃饭的日子。一天公司的总经理在看报纸时，偶然看到了一份最近的人口普查报告，上面写着在该国每年有250万婴儿出生。总经理灵机一动：如果有这么多婴儿出生，那么，尿布一定有着巨大的潜在市场，如果每个婴儿每天最低消费2条尿布，那么一年至少就是500万条，再加上广阔的国际市场，这无疑是个巨大的商机。当时许多大企业都不屑于生产尿布这样的小东西，市场上的竞争压力不是很大，于是这个总经理立即决定转而生产尿布。严抓质量，创建品牌，几年之后，该公司生产的尿布畅销全国，走俏世界。如今该公司的尿布销量已占世界的1／3，那个总经理也因此成为享誉世界的"尿布大王"。

从一份人口调查报告中预见到新生人口的增长，将使得对尿布的需求大增，那么这一行业便面临广阔的市场。这个总经理可谓是火眼金睛，及时捕捉到了商机。

著名的经济学家萨缪尔森说过：学习经济学是再简单不过的事了，你只需掌握两件事，一个叫供给，一个叫需求。

供给与需求是经济学的两大基本概念。在经济学中，需求是指在一定的时期，在一定的价格水平下，消费者愿意并且能够购买的商品数量。

这个定义包含了三层含义。

首先，需求是针对价格水平而言的，价格不同，需求数量自然也不同。比如，苹果现在是2元一斤，你打算买5斤苹果；可是过两天苹果涨价了，3元一斤，可能你就会觉得贵，选择不买或者少买一点了。

其次，购买意愿是需求的基础，没有购买意愿就不会有需求。比如，苹果现在很便宜，1元一斤，但是你根本不愿意吃苹果，宁可吃香蕉或者喝果汁，那么，就算苹果再便宜你也不会买，对于苹果来说，你的需求就是零。

最后，能够购买的数量，或者叫作购买能力，是指消费者的实力。对于便宜的物品来说，这一点表现得不明显。可是对于贵的东西，比如说钻戒，你虽然很喜欢，但是没有那么多钱去买，所以你虽然有购买的意愿，却没有购买的能力，因此也不能形成实际的需求。只有你想买，并且有经济实力购买，才能够构成需求。

经济学家们研究出了需求定律，用来表示需求的特殊性质。需求规律的含义是，当影响商品需求量的其他因素不变时，商品的需求量随着商品价格的上升而减少，随着商品价格下降而增加。

研究需求有着重要的意义。比如你是一个做生意的人，那么需求就意味着"市场"，什么产品有市场，你就应该做什么生意。如果一种商品没市场了，就要赶快撤出，免得蚀本。

光有需求似乎还是不够的，需求总是紧紧地与供给联系一起，如果光有需求，但是厂商生产不出来，又有什么用呢？所以，供给也是一个很重要的名词。

在经济学中，供给是指生产者在某一特定时期内，在每一价格水平上愿意并且能够提供的一定数量的商品或劳务。

跟需求一样，这个定义也包含三个层次的含义。

首先是价格水平，如果市场上的大米卖不上价，那么农民们就不愿再种大米了，可能会改种麦子或者其他农作物。

其次是生产的意愿，有的人愿意从事农业，有的人愿意进工厂，有的人愿意做生意，这个偏好是很难改变的。即便是今年粮食价格大涨，商人们也不愿意关上店铺去种地，也就是说他们对于粮食，根本就没有供给的意愿。

最后是能够提供的数量。生产总是需要原料的，比如土地、人力、资本等，现在粮食涨价，可是你只有十亩地，又租不到更多的地，那么在产量一定的情况下，你肯定也不能增加供给了。正是这些限制，使得供给不能无限地增长，也就是说，供给总是有限的，这也说明了经济学的产生是因为资源稀缺。

一般来说，供给是随着价格上升而增加的，与需求正好相反，但是供给也会受其他因素的影响，比如厂商的目标、商品本身的价格、其他商品的价、生产技术的变动、生产要素的变动、政府的政策和厂商对未来的预期等。下面我们来看一个例子，深入理解一下这些因素如何影响供给。

有一年，市场上的苹果供过于求，果农们遭受了很大的损失，纷纷放弃种植苹果。可是有一个聪明的果农却想到：要是我的苹果能够与众不同，不就可以打开销路了吗？他想给苹果增加一个"祝福"功能，即让苹果上出现"喜"字、"福"字等喜庆字样。

于是第二年当苹果还长在树上时，他就把提前剪好的纸样贴在了苹果朝阳的一面，如"喜"、"福"、"吉"、"寿"等。果然，由于贴了纸的地方阳光照不到，苹果上也就留下了痕迹——比如贴的是"福"，苹果上也就有了清晰的"福"字了！

果然在该年度的苹果大战中，他的"祝福"苹果独领风骚，赚了一大笔钱！

转眼到了第二年，别人也学会了他的做法，可是这个果农更绝了——他早已将他的苹果一袋袋装好，且袋子里那几个有字的苹果总能组成一句甜美的祝词，如"寿比南山"、"一帆风顺"、"祝您幸福"、"永远想念你"等等。比起单调的一个字，自然是这种有祝福语的苹果更受欢迎了。

在上面例子中，厂商或供给者的意愿就是提供苹果，他有一片苹果园，里面没有橘子、橙子什么的，只能种苹果，所以，其他水果的行情与他什么无关。但是，其他水果的价格也会影响他的生意，因为如果橘子更便宜，可能消费者就不吃苹果而改吃橘子了；如果橙子更贵，那么消费者可能就不吃橙子，而吃更多的苹果，这些都会影响他的生意。在苹果上出现福字，也算是生产技术的变动，其他果农没有这个本事，因此这个果农的产品跟别人不同，销路自然就好了。

供给与需求是经济学中基本概念，供给与需求一起决定了商品的价格。生活中，我们处处离不开供给与需求。

为什么"粗粮"比"细粮"贵？
——均衡价格

均衡价格是商品的供给价格与需求价格相等时的价格。在市场上，由于供给和需求力量的相互作用，市场价格趋向于均衡价格。如果市场价格高于均衡价格，则市场上出现超额供给，超额供给使市场价格趋于下降；反之，如果市场价格低于均衡价格，则市场上出现超额需求，超额需求使市场价格趋于上升，直至均衡价格。因此，市场竞争使市场稳定于均衡价格。

在人们的印象中，"细粮"比"粗粮"贵，所以小麦的价格一直比玉米贵。可是从2006年以来，"粗粮"玉米的价格却不断上涨，甚至超过了小麦。到2007年时陕西宝鸡地区玉米的工业收购价达到1.66元／公斤，而每公斤小麦的市场价格仅为1.44元左右。人们不禁感到疑惑：原来大家都不愿意吃的玉米，如今怎么又值钱了呢？而且比小麦还贵了？

出现这样的现象说明了什么呢？这就说明了供给与需求决定了物品的价格。价格一直比小麦低的玉米突然值钱了，比小麦贵了，这种价格的变化，说明它们的供求关系发生了变化。我们都知道市场规律都是由供求关系决定的，也就是说当供过于求时，市场价格就会下降，当供不应求时，市场价格就会上升。可是，反过来呢，当供大于求，价格下降后，需求量就会增加，这时就有可能出现供不应求的现象，从而导致物品的价格上涨，反之亦然。问题是，难道供求关系将永远以这种形式循环下去吗？它们中间就没有一个平衡吗？我们知道，按照事物发展的客观规律，这种平衡是绝对存在的，也就是前文提到的均衡价格。那么，什么是均衡价格呢？

为回答这个问题，我们先看一看经济理论。在微观经济分析中，需求价格是指消费者为购买一定量商品所愿意支付的价格，供给价格是指生产者为提供一定商品所愿意接受的价格。所谓均衡价格，是指某种商品的需求与供给达到均衡时的价格。均衡价格的形成即是价格决定的过程，它是经过市场供求的自发调节而形成的。市场的供给围绕均衡价格上下振荡调节，使市场的无规律性自动调节呈现规律性。这就是亚当·斯密所说的"看不见的手"在强迫着价格均衡。

西方经济学认为，在市场经济中，价格机制对资源配置起到了至关重要的作用。市场通过价格调节来协调整个经济中各经济主体的决策，使消费者的购买量与厂商的产量之间保持平衡。在市场经济中，"生产什么"、"如何生产"和"为谁生产"的资源配置问题都由市场价格机制决定。由市场的供求均衡形成的均衡价格，能够引导社会资源的有效配置，实现帕累托最优状态。在这种状态下，生产者利润最大化的产品产量组合，恰好与消费者效用最大化的产品消费量组合相一致，因而使社会福利最大化。那么价格在经济中起到什么样的作用呢？

美国经济学家M·弗里德曼把价格在经济中的作用归纳为：第一，传递情报；第二，提供一种刺激，促使人们采用最节省成本的生产方法，把可得到的资源用于最有价值的目的；第三，决定谁可以得到多少产品，即收入的分配。

　　这三种作用是密切关联的。根据弗里德曼的解释，价格起作用的情况也就是价格机制。

　　然而，谁都明白大自然中的一草一木，甚至任何一个东西，在被发现之前一概定价为零。那么，为什么我们总要为不同的商品付出不同的价格呢？因为商品的价格总是在消费者也就是我们自己的竞争中决定的，而与商品的提供者，也就是造物的人，是否收费无关。即使是一块石头，一个没有经过任何加工的石头，如果我们争相去买，那么它的价格也会很高。这就是说，天上掉下来的馅饼也会在饿汉们的争抢下而涨价！

第2章

[消费心理课]

为什么餐厅会提供免费续杯服务？

——消费心理

　　薇薇走在街上，正为晚饭吃什么而发愁，突然有两家餐厅映入眼帘。这两家餐厅从表面上看档次不相上下，环境都很好，唯一不同的是第一家餐厅的招牌上标示着：本店饮料免费续杯，而第二家餐厅的招牌上什么也没有。这时，薇薇毫不犹豫地进了第一家餐厅。

　　当薇薇走进提供饮料免费续杯服务的餐厅时，她不禁在想，为什么这家餐厅会提供饮料免费续杯的服务呢？它提供这种服务的目的真的是为消费者着想，将消费者当作上帝吗？

　　一些购买行为，如冲动性购买行为、炫耀性消费或消费攀比，就是消费心理在行为过程中的一些外化。

　　消费者的消费特征主要包括消费兴趣、消费习惯、价值观、性格、气质等方面。消费者的心理过程是消费者心理特征的动态化表现，包括产生需要、形成动机、搜集商品信息、做好购买准备、选择商品、使用商品、对商品信用的评价与反馈。例如，对于一个喜欢数码产品的人来说，数码产品具有很强的吸引力，他会对数码产品产生兴趣和需要，并形成购买动机。继而就要寻找有关商店和数码产品的信息，确定购买哪个牌子的数码产品，并且在使用之后对数码产品会有一个消费评价，如果感到满意下次还会购买同类产品，从而形成一定的购买习惯和对某一品牌的忠诚度。

　　乔治·伯恩斯曾讲过一位企业主的趣事，此人说，他每卖一样东西都亏不少钱，全靠量走得大赚回来。当然了，真靠这种做法，任何企业都维持不长久。所以，饮料免费续杯就成了餐馆促进消费者消费的一种营销方式。

　　大多数企业都想发展，都想维持经营，企业用不着对每一件货品都索取高于其成本的费用。相反，企业只需要使总收入等于或超过所卖货品的总成本即可。所以，如果主菜、甜点和其他物品已经包含了足够的利润率，那么，餐厅当然可以提供免费续杯服务了。

但为什么餐厅会想要提供免费续杯服务呢？从餐厅的角度来看，这种做法能为餐厅带来更多的顾客，能增加餐厅的营业额。随着就餐顾客人数的增长，为顾客提供服务的平均成本就会下降。这也就是说，餐厅提供膳食的平均成本，比一顿膳食的边际成本要高。由于餐厅为每顿膳食索取的费用，都要高于该顿膳食的边际成本，因此，只要能吸引到额外的主顾，餐厅的利润就可以增加。

现在，让我们推想一下最初的情况：所有的餐厅都不提供免费续杯服务。假设此时有一家餐厅开始这么做，情况会怎样呢？在该餐厅享受到了免费续杯服务的就餐者，会觉得做了一笔划算的交易，就会向周围的朋友推荐。随着口碑流传开来，会有更多的顾客前来光顾。虽然续杯服务会增加一定的成本，但这部分成本相当低。而消费者在得到免费的饮料后，也满足了他的消费心理。

要使这一做法获得成功，餐厅在多卖出的膳食上所获取的利润，必须超过免费续杯的成本。而由于餐厅在多卖出的膳食上的利润率极有可能超过它为免费续杯所承担的成本，因此餐厅的整体利润就会出现增长。

由于有了免费续杯服务，消费者在就餐过程中，获得了比以前更多的净利，他们现在一文不花，就获得了从前要几元钱才能买到的续杯服务。消费者在就餐过程中得到了更多的实际利益，他们就愿意再次来消费，从而对这家餐厅产生消费兴趣，如果有更多的人对这家餐厅产生消费兴趣，那么它的顾客就会不断增加，餐厅就会在经营中不断地盈利。它也就会为顾客提供更好的服务。这样最终形成食客和餐厅双方都等到实际利益的良性循环。这就是餐厅为赢取消费者心理而采用的精明的经营模式。

另外，消费心理的形成，还会受到消费环境、购物场所、导购情况等多方面因素的影响。例如，一个轻松舒适的消费环境和热情周到的导购小姐会在很大程度上改变消费者的购物心情。

黄金周时，A先生陪朋友B先生上了一次天安门城楼。他上一次登上天安门城楼是20世纪80年代末的事了，20年过后，城楼与以前相比没什么大的变化，只是多了一处出售"天安门城楼游览证书"的柜台，出于某种好奇心，他特别留意了这个"新事物"。只见柜台上摆放着几台计算机，还有专用的打印机和相关设备，证书是早已准备好的（只要打印上游客的名字和日期即可），做得特别精美，分了好几页，其中印有天安门的图片以及简介，证书封面是暗红色的，正中有一行金色的大字"天安门城楼游览证书"，证书外面还有个白色外套，整体看起来就像是现在的大学录取通知书。证书内文正中的文字是"（打印游客姓名）同志，登上天安门城楼游览，特此证明。×年×月×日"。游人若想购买证书，只要交10元钱并登记自己的姓名，工作人员在两分钟内就能把证书办好。朋友B先生来自偏远地方，难得有机会来到北京，他憨厚地说道："以前总是在电视上看到国家领导人在天安门城楼上特别威风，今天我来了，也有一种'君临天下'的感觉。一定要办个证书留做纪念，好让别人知道我上过天安门城楼，回去也好向他们炫耀炫耀。"于是，他便掏了10元钱，办了张天安门城楼游览证书。

很多时候，我们买一样东西，看中的并不完全是它的使用价值，而是希望通过这样东西显示自己的财富、地位或其他方面的优势，所以，有些东西往往是越贵越有人追捧，如一辆高档轿车、一部昂贵的手机、一栋超大的房子、一场高尔夫球、一顿天价年夜饭，等等。

购买心理取决于消费者的物质与精神需要、文化修养、社会地位等因素，但消费者作为社会中的人，其嗜好与社会消费习俗密切相关。消费习俗作为社会习俗的一部分取决于一个社会的文化历史传统与经济发展水平。

为什么不同的人有不同的选择?
——消费者偏好

有几个秀才在谈论苏东坡。

一个说:"我喜欢东坡的诗。"

一个说:"我喜欢东坡的赋。"

这时来了一个屠夫,说:"我也最爱东坡。"

那两个秀才听了说:"你一个杀猪的,爱上先生的哪一点呢?"

屠夫答道:"我最爱东坡肉。"

虽然是一个笑话,但从中也可以发现每一个人偏爱的东西是不一样的。

消费者偏好是指消费者根据自己的需要,对可能消费的商品进行的排列。"萝卜青菜各有所爱",消费者在选择商品时偏好各不相同。不同的人在相同收入、相同价格条件下会购买不同的商品组合,这是因为他们的偏好各不相同。例如,有A和B两个商品组合,A由3个香蕉和5个苹果组成,B由4个香蕉和4个苹果组成。消费者应该能够判断:或者A组合比B组合好,或者B组合比A组合好,或者A组合与B组合相同。不同的消费者有不同的选择,但无论选择的结果如何,每个人都能做出判断。

对于产品制造商来讲,消费者偏好是消费心理效果中的一个重要概念,是消费者接受广告信息而对某特定品牌的可接受程度。西方经济学理论在谈到"消费者偏好"时指出,企业目的是通过提供该商品品牌的一些信息,影响人们的嗜好,从而影响对该商品品牌的需求。商业广告作为一种信息传播活动,不应该仅限于广告作品中所提供的产品信息,而应该达到商业广告传播的心理影响的效果,即形成"消费者偏好"。

市场供给的丰富使得消费者通过选择来满足对产品非功能性因素的偏

好。从而使过去"人人差不多，家家差不多"的同质消费、模仿性消费状态变得更加带有个性化色彩和文化气息，这在西方称为"软消费"。广告业跟踪目标消费者群体心理需求因素的发展变化，并针对其"偏好"进行相应的广告创作，生产产品"附加价值"而建立稳固的"偏好"关系。这样的创作空间远远大于产品的功能性因素。许多世界著名品牌的成功就是有力的佐证，例如，ZARA、麦当劳、IBM等都是通过走出一条与其目标消费者群共同成长的品牌之路而获得成功的。

牛羊肉涨价了就多吃猪肉
——替代效应

在一家小型超市里，店老板在教新来的小伙计做买卖的窍门："要知道，不能因为店里没有客人需要的商品，就白白地让客人空手而回。精明的商人会找到替代品出售给客人。"

后来总算有一次，小伙计在看店时，进来一个客人。"我要买卫生纸。""不好意思，刚刚卖完了。"此时，小伙计想起了老板对他说的话，于是就赶紧说："先生，卫生纸是刚卖完了……可是，上等的砂纸要吗？"

看到这里，你也许会忍俊不禁。但大笑之余，我们应该注意到一个经济学中的术语，即替代品。在商品中，替代品与互补品是具有一定"血缘"关系的商品组合。在经济学中，它们是企业定价的参照法宝。替代品与互补品是由需求交叉弹性理论引发出来的两类产品，它们与需求交叉弹性一起在企业策略中有着广泛而普遍的应用。

通常，对于消费者而言，往往不止一种商品可以满足其需求，某种商品价格的变动，不仅仅影响此种商品的需求量，还会影响和它相关的其他商品的需求量与价格。相反，某种商品需求量的变动，不仅会影响其自身的价格，还会对与它有关的别的商品的价格及需求量产生影响。也就是说，商品间存在一种交叉关系，依据这种关系，消费者可以利用相关商品的不同组合来进行合理的消费，从而实现最大的效用。

商品自身性质的不同决定了它们之间可以存在替代性、互补性以及无关性。替代性指的是两种商品在效用上相似并可以互相替代，消费者可以通过它们的组合来满足同种需要，并且可以通过增加一种商品的消费而减少另外一种商品的消费来保持商品组合的效用不变。比如肥皂与洗衣粉、牛肉与猪肉等，它们之间都是互相替代的关系。互补指的是两种商品在效用上是相互补充的，它们必须结合起来使用才能够满足消费者的需求，这种需求也叫联合需求。比如钢笔和墨水、眼镜与眼镜盒等，它们之间的关系是互相补充，它们必须联合起来使用才能够起作用。

在经济学中，替代品是指具有相同或相近的功用、可以满足消费者的同一种需要的两种商品。在这里我们要注意的是，这两种商品可以满足消费者的同一种需要。例如，因为2008年上半年油价不断上涨，所以某些城市就价格相对较低的乙醇汽油代替了普通汽油，并开发新能源汽车，以电动汽车来代替燃油汽车。再如，去某地时汽车与飞机就互为替代品，假设某地到某地的汽车票价为200元，若机票价格降到了190元，这时本来打算坐汽车的人就很可能会改乘飞机。这些例子都说明在替代品中，一种商品的价格上涨，它的需求量就会减少，而价格不变或涨价的替代品的需求量便会上升。相反，一种商品的价格下降，它的需求量就会增加，而价格不变或降价的替代品的需求量便会下降。

替代效应在生活中非常普遍。我们平时使用的生活用品，大多是可以相互替代的。我们可以根据其价格的变化情况，从经济实惠的原则出发，实现最大效益。鸡蛋贵了多吃白菜，大米贵了多吃面食；买不起真名牌，用仿名牌来替代，也能让我们的心理产生极大的满足。有时替代效应也与价格无关，比如发生禽流感以后，鸡蛋和鸡肉就很少有人买，而用猪肉等来替代。一般来说，替代品越少的物品，价格就越高昂。产品的技术含量越高其价格就越高，因为高技术产品只有采用高技术才能完成，例如，手机必须由手机生产商才能生产，而馒头谁家都会做，所以馒头价格极低。艺术品价格高昂，因为艺术品是一种个性化极强的物品，几乎找不到替代品。凡·高的名画《向日葵》只有一幅，所以珍贵异常，价值连城。

　　替代品是满足消费者同一种需要而不必同时使用的商品，而互补品是共同满足消费者的需要，并必须同时使用的两种商品，缺一不可。汽车销量的增加造成汽油销量的增加，油价上升造成汽车销量下降，因为汽车和汽油是互补品。也就是说，一种商品价格的上升不但令其需求量减少，也使其互补品的需求量减少；反之，一种商品的价格下降，需求量增加，也会增加其互补品的需求量。

　　替代效应在人们日常生活中无处不在，无时无刻不在商品供需和商家竞争中起着巨大的作用。因此，我们在社会生活中要充分认识这种效应，并利用这种效应。

食盐和汽车有什么不同？
——需求弹性

　　当汽车涨价的时候，我们不想买汽车，但食盐涨价的时候，我们必须还得买食盐，这是生活中的常识，可这是什么原因造成的呢？

　　为什么有的东西一提价，需求量就会减少，而有的东西价格对需求没什么影响。可能有人会说，食盐我们必须得吃啊，但汽车我们就未必一定需要了，没汽车的时候，还可以坐公交车嘛。

　　说得好，食盐是生活必需品，而汽车却不属于必需品。我们可以没有汽车，但不能没有食盐。

　　经济学上把这种现象称为"需求弹性"。需求弹性是指，商品价格变动对需求量的影响程度，当价格变化对需求影响较大时候，叫做价格需求弹性高，当价格对需求量影响较小的时候，叫做价格需求弹性低。一般而言，需求弹性高的商品，价格稍微上涨，需求量会明显下降；需求弹性低的商品，不管价格如何变动，需求量都不会明显下降。需求弹性越低的商品，可替代性越差，需求弹性越高的商品，可替代性越强。比如猪肉和牛肉，当猪肉价格上涨的时候，我们肯定会去买牛肉。

决定某种物品需求弹性大小的因素有很多，一般来说有以下几种。

（1）消费者对某种商品的需求程度。生活必需品如食盐、蔬菜等，其需求弹性小，而奢侈品的需求弹性大。

（2）商品的可替代程度。如果一种商品有大量的替代品则该商品的需求弹性大，如饮料；反之则需求弹性小，如食用油。

（3）商品本身用途的广泛性。一种商品用途越广，如水电，则其需求弹性就越大；反之，一种商品用途越窄，如鞋油，其需求弹性就越小。

（4）商品使用时间的长短。使用时间长的耐用品，如电视、汽车的需求弹性大，而晚报等易抛品商品的需求弹性小。

（5）商品在家庭支出中所占的比例。在家庭支出中所占比例小的商品，如筷子、牙签等，其需求弹性小，而电视、汽车等商品在家庭支出中所占的比例大，因此需求弹性也大。

除了上述决定物品需求弹性大小的因素外，还需要考虑收入需求弹性，就是收入的变化对需求量的影响。当一个人收入提升的时候，他对商品的需求量会上升，反之，则会下降。一般而言，收入提升的时候，我们对奢侈品的需求会相对多些，当收入降低的时候，对奢侈品的需求会相对减少，但对生活必需品的需求，无论收入降低还是提升都不会有什么变化。比如我们收入增加的时候，就开始计划是不是应该给家里添个冰箱或再买个电脑，这些都不是必然需要的，据收入情况而定，可有可无，可是我们即使失业了，生活收入来源没有了，我们宁可借钱也得消费粮食和蔬菜。

因为有需求弹性，所以我们的消费就受到了制约，我们对于那些生活必需的东西无可奈何，即使涨价也得去购买，例如，从2008年开始世界都在闹"粮荒"，粮食的价格猛涨，但人们又不得不消费，有的国家粮食价格贵得惊人，人们消费不起，于是引起了社会骚乱。在2008年的时候，我国国内的粮食价格跟香港相比要低得多，导致很多不法分子走私粮食获利。

所以我们国家对生活必需品的价格是受政府控制的，因为它的价格对需求是缺乏弹性的，一旦被市场操控，出现大规模涨价现象对人们生活的影响必然是巨大的。

烟草、粮食、食盐都是民生必需品，必须交由国家掌控，因此，无论世界的粮价如何波动，对我们的影响都不大，因为国家会给粮食价格以补贴。

需求弹性对企业营销的影响很大，所以企业一般会根据自己的产品特点对商品的价格进行提价或降价。例如，生产饮料的企业，对价格的调整就要非常谨慎。因为饮料的需求弹性很大。类似的饮料（如各种碳酸饮料或各种果汁）除非做特别的品牌包装促销，不然价格不会相差太多，如果某饮料突然涨价，就会让顾客转而购买其他品牌的类似饮料，顾客迅速流失。这种取代性商品众多、需求弹性很大的商品，价格调高将会导致销量迅速降低。

如果商品需求弹性很小，企业提高价格，需求量减少得不多，收入会升高；反之，降低价格，收入就会降低。如果商品富于弹性，企业提高价格，需求量减少很多，收入会降低；反之，降低价格，收入就会增加。因此，企业制定价格时必须考虑到商品的价格弹性，弹性低不妨提高价格，弹性高就略微降低价格。

需求弹性的估算非常困难，但如果能计算准确必定能赚得盆满钵满。因为需求弹性是因人而异的，比如DVD并非生活必需品，按理来说价格弹性比较高，但有人视电影如命，价格再高也照买不误，这种人多了DVD的价格弹性就降低了。

对普通消费者而言，要认清哪些是需求弹性高的商品，哪些是需求弹性低的商品，要根据自己的实际收入，对消费结构做出调整。但需求弹性只能从商品大类上笼统概言之，具体到每一种商品，其需求弹性是不好判断的。我们应明白其思维理念，在现实生活中根据实际情况做出相应判断。不管是消费还是做生意，判断一个产品的需求弹性都是有必要的，尤其是做生意，判断出需求弹性，适时进货，对盈利来说是必不可少的。

为什么对打折如此热衷？
——消费者剩余

"消费者剩余"的概念是马歇尔在他的《经济学原理》一书中首次提出来的。他说："一个人对一物所付的价格，绝不会超过，而且也很少达到他宁愿支付而不愿得不到此物的价格。"人们希望以一个期望的价格购买某商品，如果人们在消费时实际花费的金钱比预期的低，人们就会从购物中获得乐趣；相反，如果商品的价格高于他的预期价格，他就会放弃购买行为。他因为购买商品的实际支出低于预期价格而得到满足；同样，当某商品的价格高于他的预期时，他就不会购买，他因此也会获得一种满足，他会想，我虽然没得到该商品，但是我也没有失去金钱。

由此我们可以看出，商家为什么会大力让价促销，会打九折，打八折，甚至打五折、打四折了。他们无非是想让顾客在心理上获得一点满足而已。消费者剩余并不会给顾客带来实际的收益。

在很多时候，我们会发现同样的东西，从高档购物中心里以七折、八折的"优惠价格"花上千元买来，而在一般的商铺里价格却只有二三百元。这是因为你被打折的手法诱惑了，你只获得了过多的消费者剩余——心理的满足，而付出了自己的真金白银。

做生意的人很会利用提高顾客的消费者剩余来促成交易。而对于消费者来说，则可以利用消费者剩余理论进行杀价。

有一天，王先生到一个做服装生意的朋友那里去聊天。一个顾客看好了一套服装，服装的标价是1 000元。顾客说："你便宜点吧，600元我就买！"朋友说："你太狠了吧，再加80元！而且也图个吉利！"顾客说："不行，就600元！"随后，他们又进行了一番讨价还价，最终朋友说："好吧，就630元！"

顾客去交款了，但是不一会儿又回来了。她有些不好意思地说："算了，我不能买了，我带的钱不够！"朋友又说："有多少？"顾客说："把零钱全算上也就只有400元了。"朋友难为情地说："那太少了，哪怕给我凑一个整数呢？"顾客说："不是我不想买，的确是钱不够了！"最后，朋友似乎下了狠心，说："就400元钱给你吧，算是给我开张了，说实在的，一分钱没有挣你的！"顾客满脸堆笑，兴高采烈地走了。

看着顾客远去的背影，朋友告诉王先生："这件衣服是160元从广州进的货。"王先生听后哈哈大笑："真是无商不奸啊，可是你也太狠了些吧？"

朋友说："这你就是外行了，现在都时兴讲价，顾客讨价，我还价这很正常，你要给顾客留出来讨价还价的空间，要让顾客在心理上获得一种满足！其实这件衣服我300元就卖，到换季的时候我成本价都往外抛。"

王先生的朋友是一个精明的生意人。他懂得通过讨价还价让顾客在心理上获得一种满足。而在这个事例中，顾客获得的"消费者剩余"为230元（630-400）。

消费者剩余可能为正数，也可能为负数。举例来说，假定甲消费者富有，愿意为平时回家支付的路费为260元，而实际支付的价格为200元，那么他就获得了60元的"消费者剩余"；而乙消费者贫穷，打算仅用200元回家过年，那么他的"消费者剩余"就为零。不管是哪一类型的消费者，在春运价格上涨20%后，其回家过年的路费均要上涨至240元，那么甲、乙两者的"消费者剩余"均会下降40元——甲的"消费者剩余"仅为20元，而乙的"消费者剩余"就降为负40元。

众所周知，商人都是追求利益最大化的，所以他们总是在经济生活中尽量获得更多的利益，即尽可能地剥夺消费者剩余。如你去服装店买衣服，看见一件毛衣标价380元，但实际上80元就能够买下来。为什么标价这么高呢？这是因为商家想把你的消费者剩余都赚去。这件衣服的成本不足80元，但是有人特别喜欢这件衣服，他们愿意出高于80元甚至远远高于80元的价格买下来，这里面就存在着消费者剩余。因此，当你看上某件衣服时，最好不要流露出满意的神色，否则你就要花费较多的钱买下这件衣服。对于那些没有购买经验的顾客来说，当他以较高的价格买下这件毛衣时，或许还以为自己占了个便宜呢，殊不知在他高高兴兴花费380元钱买下这件衣服时，商家也高高兴兴地发了一笔小财。

厂商为追求"生产者剩余"而抬高价格；消费者为获得"消费者剩余"而要买打折商品。如果卖方结盟抬高价格，买方观望后决定拒绝消费，商家就又会丢掉"消费者剩余"的赚取。卖方定低价，消费者决定购买商品，则有可能造成"消费者剩余"。只有消费者和商家合作才能既卖了商品赚了钱又使消费者感到了更大的满足，这就是企业和消费者之间最大的默契。消费者把握好了就会得到实惠，商家把握好了就会成为企业竞争中的赢家。

为什么土豆的需求量随价格一起节节高攀？
——吉芬难题

当非典型性肺炎来袭的时候，全体中国人都进入非常状态，准备为捍卫自己的身体健康大干一场。于是，人们像发疯了似地涌进药店和超市，寻找一切可以用来武装自己的东西。人们根据生活的经验，把板蓝根冲剂、棉纱口罩和食醋当成了抗击非典的主要武器，拼命抢购这些廉价的用品。在旺盛的需求面前，这三种商品的价格很快就节节攀升。有些地方进价几元钱的板蓝根冲剂可以卖到50元一包。医学专家们一再劝告人们，熏醋或喝板蓝根对预防非典型肺炎未必有效，戴口罩也要因情况而异。可是人们热情不减，仍然四处追逐这三样商品。在这个非常时期，板蓝根冲剂、口罩和食醋成了人们追捧的对象，也成了中国人亲身经历的"吉芬商品"。

买东西要挑便宜的，这是绝大多数家庭生活的重要准则。大家挣钱都不容易，什么东西涨价了，自然而然就会少买一些。如果有谁看见什么东西贵就拼命往家买，一定会被视为败家子，如果买回家的还净是些劣等商品，就更会被耻笑。可是在我们的经济社会中，却存在一些怪异的商品，与我们的日常观念恰恰相反，明明算不上什么好东西，它价格越高，需求量反而越大。这是就是经济学中常说的"吉芬难题"。

1845年，英国统计学家罗伯特·吉芬发现了一个奇怪的现象。这一年爱尔兰发生了灾荒，土豆价格大幅度上涨，按理说，爱尔兰人就应该少买点儿土豆。可是调查的结果与人们预测的完全相反，土豆的需求量随着价格一起节节攀高。这一现象被称为"吉芬难题"，因价格上升引起需求量增加的物品则称为"吉芬商品"。

如今，中国房地产也产生了"吉芬现象"。在房价不断上涨的今天，大部分民众都高呼买不起房，这里面甚至包括一些政府要员。但是抱怨归抱怨，房子终归还是要买的，于是形成了今天房价越涨，抢购者越多的局面，这与当年爱尔兰土豆价格上涨，需求量反而增加的现象正好"不谋而合"。

房子是一定要买的，但是大家不得不面临的一个事实是，大多数人的工资水平并不是很高，自己那点可怜的收入在高房价面前显得十分难堪。前两年政府每出台一项针对房地产的调控政策时，大部分人选择持币观望，期望房价稳定甚至下降，但是房价疯涨的事实让大多数人都绝望了。今年买大，明年只能买小；这个月买市区，下个月就要买郊县；今天房价1万，明天房价就是2万。那些收入有限，但是渴望房屋的购买者在房价面前彻底"崩溃"了，只能举手投降，赶紧买房，从而造成市场供不应求，越涨越买的局面。

经济学术语在生活中其实不难理解。无论经济好还是不好，人总得生活，当经济不景气，收入下降时，原来买5元钱一斤的高档大米的人，可能转而去买2元钱一斤的中低价大米，这种需求刺激了中低价大米价格上涨。中低价大米的价格越是上涨，人们越恐慌，担心价格会继续上涨，反而会买更多的米囤积起来。于是就出现了价格上升，需求反而增加的"吉芬难题"。

与"土豆效应"异曲同工的是"口红效应"。20世纪20年代，美国经济出现大萧条，口红的销量反而直线上升。原来，当经济不好时，人们放弃了买房、买车等大宗消费计划，手中反而出现了一些闲钱，可以去消费像口红这样的"廉价的非必要之物"。一些商品会因人们的这种消费心理而受益，成为"经济寒冬"中的"热行业"。电影产业就被认为是"口红效应"的受益者。在经济大萧条时期，人们纷纷涌进电影院，以暂时逃避现实的痛苦，寻求心灵的慰藉与快乐。

2008年的世界性经济金融危机，给"口红"带来了市场。美国媒体称，口红、化妆品的销量持续攀升，美容美发、按摩等"放松消费"也人气高涨，这与其他大宗商品和奢侈品的低迷销量呈现出鲜明的对比。全球几大化妆品巨头的销售额证实了这一观点，其中包括法国欧莱雅公司、德国拜尔斯多尔夫股份公司以及日本资生堂公司等。欧莱雅公司2008年上半年销售额逆市增长5.3%，"口红效应"开始显现。而"口红效应"这一20世纪30年代提出的理论也在海外媒体上不断亮相。

"口红效应"只是眼下众多消费心态中的一种，它为文化产品的快速走红创造了一定的可能性。对文化娱乐消费品来说，除了"口红效应"，"内容为王、服务至上"才是始终不变的铁律。经济不景气的时候，生活压力会增加，沉重的生活总是需要轻松的东西来放松一下，所以电影、KTV等价格不是很高的娱乐生意会比较好。

为什么"天价"大米依然畅销？
——凡勃伦效应

2007年7月26日，从日本进口的两种品牌大米——"越光"和"一见钟情"，在北京太平洋百货开卖。这两种大米均为两公斤的包装，售价分别是198元和188元，比国内普通大米的价格高出20倍！但是，这两种大米依然受到消费者的追捧，不到20天的时间里，12吨"天价大米"竟然销售一空！这种现象被称为"凡勃伦效应"。

美国经济学家凡勃伦提出凡勃伦效应：商品价格定得越高越能畅销。它是指消费者对一种商品需求的程度因其标价较高而非较低而增加。它反映了人们进行挥霍性消费的心理愿望。

款式、材质差不多的一双皮鞋，在普通的鞋店卖50元，进入大商场的柜台，就要卖到几百元，却总有人愿意买。1.66万元的眼镜架、6.88万元的纪念表、168万元的顶级钢琴，这些近乎"天价"的商品，往往备受追捧。

有一天，一位大师为了启发他的学徒，给了他一块很大、很美丽的石头，叫他去蔬菜市场试着卖掉它。但是师父说："不要卖掉它，只是试着卖掉它。注意观察，多问一些人，然后回来告诉我在蔬菜市场它能卖多少钱。"于是，学徒就去了菜市场。许多人看着石头想：它可以当作很好的小摆件，也可以给孩子玩，或者我们可以把它当作称菜用的秤砣。于是他们出了价，但只不过几枚硬币。那个人回来。他说："它最多只能卖几枚硬币。"师父说："现在你去黄金市场，问问那儿的人，但是不要卖掉它，只问问价。"从黄金市场回来，这位学徒很高兴，说："这些人太棒了，他们乐意出到1 000块钱。"

师父说："现在你去珠宝市场那儿，低于50万不要卖掉。"这位学徒去了珠宝市场，他简直不敢相信，他们竟然乐意出5万块钱，他不愿意卖，他们继续抬高价格——他们出到10万。但是这个学徒说："这个价钱我不打算卖掉它。"他们说："我们出20万、30万！"这位学徒说："这样的价钱我还是不能卖，我只是问问价。"虽然他觉得不可思议："这些人疯了！"尽管他自己觉得蔬菜市场的价已经足够了，但是没有表现出来。最后，他以50万的价格把这块石头卖掉了。

在这个故事里，师父要告诉学徒的是关于实现人生价值的道理，但是学徒出售石头的过程中，却反映出一个经济规律——凡勃伦效应。

其实，消费者购买这类商品的目的并不仅仅是为了获得直接的物质满足和享受，更多的是追求心理上的满足。这就出现了一种奇特的经济现象，即一些商品价格定得越高，反而越能受到消费者的青睐。凡勃伦效应反映了人们进行挥霍性消费的心理愿望。

随着经济的发展，人们的消费习惯随着收入的增加，而逐步由追求数量和质量过渡到追求品味。了解了"凡勃伦效应"，对于企业制定经营战略有很大的帮助。比如凭借媒体的宣传，将自己的形象转化为商品或服务上的声誉，使商品附带上一种高层次的形象，给人以"名贵"和"超凡脱俗"的印象，从而加强消费者对本企业商品的好感。

为什么会出现8分钱的机票？

——价格歧视

一个聪明的中国留学生小朱在欧洲旅行时，准备从巴黎乘飞机飞回伦敦。如果按正常航班来买票，票价是181英镑，这对不太富裕的小朱来说显然有点贵了。于是他仔细搜寻报纸信息，希望能买到最便宜的机票。结果他做到了。你猜最后机票价格是多少？他仅用了6.3英镑！但这还不是最便宜的机票，有一次他从比利时飞回伦敦，竟然只花了0.01欧元，合人民币还不到1毛钱！

为什么欧洲的机票能这么便宜？这就要提到一个不容忽视的经济学现象——价格歧视。

超级市场里，顾客出示会员卡或积分券，便能买到便宜货；提前半年通过旅行社预订的机票价格，与即买即走的机票价格相比，可以相差好几倍；中国的茅台酒销到越南，竟然比在中国本土的售价还要低廉；餐厅里同样的一桌饭菜，如果客人是近期曾经光顾过的，就可以打个八折；两个学生成绩相当，但贫穷学生却可以得到助学金，实际上相当于交了较低的学费……

所谓价格歧视，实质上是一种价格差异，通常是指商品或服务的提供者向不同的接受者提供相同等级、相同质量的商品或服务时，实行不同的销售价格或收费标准。价格歧视是一种重要的垄断定价行为，是垄断企业透过差别价格来获取超额利润的一种定价策略,它有利于垄断企业获取更多的利润。如果能以较高的价格把商品卖出去,生产者就可以多赚一些钱,因此应尽量把商品价格定得高些。但如果把商品价格定得太高,又会赶走许多支付能力较低、需求弹性较大的消费者,从而导致生产者利润的减少。采取一种两全其美的方法,既以较高的商品价格赚得富人和需求比较高的人的钱,又以较低的价格把穷人和需求不是很高的人的钱也赚过来,这就是其目的,也是"价格歧视"产生的根本动因。

商务旅行的票价总要比一般旅行的票价高,因为航空公司对于时间要求比较紧的商务顾客收取100%的票价,而对提前订票的时间弹性比较大的顾客采取打折售价的销售方式。"当某人愿付400美元时你不会以69美元卖给他一个座位。与此同时,航空公司也是愿意以69美元卖掉一个座位而不让它空着的。"美国航空公司的一位副总裁道出了价格歧视策略的意义。

只要有可能,商家就要实行"价格歧视"的定价策略。每一个消费者都有不同的需求价格弹性,只要商家能够在市场上将他们有效地分割开来实行价格歧视,就可以"捕获"更多的顾客,把能够支付高价的顾客与只能支付低价的顾客一网打尽,获取最大可能的利润。

在定价策略上,很多大企业做得相当好,我们可以看到一般的大企业都会有多个品牌,形成品牌群,利用不同品牌的不同顾客群,针对不同档次的消费者定出不同的价位,从而获得最大利润。这里实行的多品牌策略就是一个典型的多级价格歧视策略,五粮液公司和宝洁公司经常使用这种策略。

价格歧视策略不限于上面所说的形式,只要符合价格歧视的一般条件,即产品个性化、有差异,就可以运用价格歧视策略,差别化是运用歧视策略的主要特征。下面是企业针对差异化运用价格歧视策略的典型例子。

同样服务的时间段上的价格差异,是指对商品按不同时间段定价。例如,某网球馆在周一至周五的上午8:00—10:00为早练时段,按照5元/小时收费;10:00—19:00为休闲时段,按照8元/小时收费;19:00以后以及周末为娱乐时段,按照15元/小时收费。电影院日场电影票和夜场电影票的差异以及供电局的电费在夜晚和白天的差别、冬季和夏季的差别,都是利用时间段差异化定价的典型例子。

利用代金券或优惠券可以实现特殊群体的差异化歧视。优惠券可以人为地制定群体差异化。例如，一家礼品公司为学生送出优惠券，并规定该优惠券与学生证一起使用才有效，每张优惠券可以提供七折的优惠。这样就把学生群体与其他群体区分开来而实行歧视。又如，一家快餐公司在媒体广告中宣称，剪下广告中的优惠券，在购买时可以代替5元钱使用。该公司并没有直接降价5元钱，而是使用这种策略把顾客分成价格敏感型和不敏感型两组不同的消费群体，价格敏感型的顾客一般是学生或老人群体，会在购物时使用优惠券；而另一些人，如高级白领、私营企业主等对这些优惠不屑一顾，而按原价购买。如此做法，实际上对那些价格敏感型的顾客索取了相对于其他顾客较低的价格。

"价格歧视"的前提是市场分割。如果生产者不能分割市场，就只能实行同一种价格。如果生产者能够分割市场，区别顾客，而且分割的不同市场具有明显不同的支付能力和需求度，企业就可以对不同的群体实行不同的商品价格，尽最大的可能实现企业较高的商业利润。当然，商家能够这样做的前提是，能够对顾客加以准确的"识别"。因此，当一个独立行医的医生在家里给病人看病时总要问三问四，例如"你平时是不是经常出去吃饭呀？""你经常锻炼身体吗？"、"是不是经常出去旅行？"不要以为他只是在关心你的饮食起居，其实他还在"窥探"你的经济实力，以便在报价的时候使他的"价格歧视"有所依据。

由此可见，了解价格歧视会使我们看清许多经济现象的本质，对我们的日常生活会有很大的帮助。

为什么只能前进，不能后退？

——棘轮效应

商朝时，纣王登位之初，天下人都认为在这位精明国君的治理下，商朝的江山一定会坚如磐石。

有一天，纣王命人用象牙做了一双筷子，十分高兴地使用这双象牙筷子就餐。他的叔父箕子见了，劝他收藏起来，而纣王却满不在乎，满朝文武大臣也不以为然，认为这是一件很平常的小事。

箕子为此忧心忡忡，有的大臣问他原因，箕子回答说："纣王用象牙做筷子，必定再也不会用土制的瓦罐盛汤装饭，肯定要改用犀牛角做成的杯子和美玉制成的饭碗；有了象牙筷、犀牛角杯和美玉碗，难道还会用它来吃粗茶淡饭和豆子煮的汤吗？大王的餐桌从此顿顿都要摆上美酒佳肴了；吃的是美酒佳肴，穿的自然要求绫罗绸缎，住的就要求富丽堂皇，还要大兴土木筑起楼台亭阁以便取乐了。对这样的后果我觉得不寒而栗。"

仅仅5年时间，箕子的预言就应验了，商纣王恣意骄奢，便断送了商汤绵延500年的江山。

箕子对纣王使用象牙筷子的评价，运用了现代经济学一种消费效应——棘轮效应。

棘轮效应又称制轮作用，是指人的消费习惯形成之后有不可逆性，即易于向上调整，而难于向下调整。尤其是在短期内消费是不可逆的，其习惯效应较大。这种习惯效应，使消费取决于相对收入，即相对于自己过去的高峰收入。

这一理论认为，对于消费者来说，增加消费容易，减少消费困难。因为一向过着高水平生活的人，即使实际收入降低，多半也不会马上因此降低消费水准，而会继续保持以前的消费水准。也就是说消费"指标"一旦上去了，便很难再降下来，就像"棘轮"一样，只能前进，不能后退。

宋代政治家和文学家司马光写给儿子司马康的一封家书《训俭示康》中写道："由俭入奢易，由奢入俭难"。这句话背后隐藏的其实就是棘轮效应。诚然，棘轮效应是出于人的一种本性，人生而有欲，"饥而欲食，寒而欲暖"，这是人与生俱来的欲望。

消费者这种不可逆的消费行为，在经济衰退、萧条和复苏时期有着巨大的能效，甚至能使经济重新达到繁荣。然而，从经济"过热"的形势来看，其负面作用不可小看。2005年2月份消费物价指数3.9%的涨幅、钢铁与石油的高价无不使我国各界关于通货膨胀的争论再起。在这种情况下，如果旅游市场进入旺季太早，价格持续走高，虽然会对我国旅游产业的发展有一定促进作用，但是另一方面更加重了我国物价指数不断攀高的危险。

在这种情况下，蒙受损失的只能是普通百姓。一方面，这促使了我国物价上涨得更快，通货膨胀的压力更大；另一方面，由于消费者的实际收入不变，物价上涨之后，其实际收入无疑减少了，而由于"棘轮效应"作祟，消费者此时并不会降低自己的消费支出。

在经济衰退时，尽管收入水平出现了较大的下降，但消费中普遍存在的这种棘轮效应，却会使得当期消费仅以较小的幅度下降，不会使繁荣时期所形成的消费增量完全减少。这在一定程度上会减缓了总需求的减少，降低了经济衰退的程度。

棘轮效应在经济衰退、萧条和复苏时期都会发生作用，直到经济再次达到繁荣，并超过前一次繁荣程度时，这种作用才会消失。可见，棘轮效应起到了自动稳定经济的作用。"棘轮效应"一词也用来描述其他类似的现象，如制度惯性、激励反作用等情况。

为什么物价下跌会刺激消费的增加？
——庇古效应

如果人们手中所持有的货币以及其他金融资产的实际价值增加，就相当于一国的物价水平下跌，将导致财富增加。人们更加富裕，就会增加消费支出，因而会进一步增加消费品的生产和就业，促使经济体系重新恢复平衡。这就是"庇古效应"。

英国古典经济学家庇古于1943年提出了著名的庇古效应。它是宏观经济学中利率传导机制的一种，描述了消费、金融资产和物价水平之间的相互关系，具体是指物价水平的下降造成了金融资产实际价值的增加，从而产生的消费刺激作用。所以庇古效应又称"财富消费效应"。

庇古认为，价格和利率水平的变化，首先造成消费者的真实货币余额（或有价证券收益）的变化及其财富的变化，进而引起消费需求的变化。当物价水平上升时，消费者拥有的货币余额的实际价值就会降低，消费者发现自己的财富减少了。消费者为了维持自己的实际财富不变，只能相应地减少消费需求。反之，当物价下降时，消费者就会花掉这些"额外增加的财富"，从而增加消费需求。当利率水平上升时，消费者原来持有的有价证券的固定收益就会相对降低，现有财富的实际价值就会减少，因此消费者就会减少消费。反之，当利率水平下降时，消费者持有的有价证券的收益就会相应地上升，从而使消费增加。

庇古认为，在完全竞争的市场经济中，在现行工资率下，当劳动力的供给大于需求而出现失业的时候，货币工资将降低。工资成本的降低，将使物价水平下降。在名义货币余额不变的情况下，物价水平下降将会导致真实货币余额增加，从而持有货币（包括持有债券）的人的财富也会增加。这样，比以前更加富裕的人们就会增加他们的消费支出,由此促进整个社会生产和国民收入的增加。根据庇古的这一理论,在存在失业的情况下,工资的下降会促使物价水平不断下降,由此引致的消费需求的增加终究会实现充分就业。只要市场是完全竞争的,且工资和物价具有完全的弹性或伸缩性,那么当经济体系达到均衡状态时,必然就会实现充分就业。

第3章

[市场经济课]

不受干扰的市场机制
——完全竞争

在阿拉斯加自然保护区里，人们为了保护鹿，采取各种办法消灭了狼。鹿没有了天敌，生活很是安逸，于是就大量繁衍，从而引起了一系列的生态问题：瘟疫在鹿群中蔓延，导致鹿群大量死亡。

后来，护养人员及时引进了狼，狼和鹿之间又展开了生死竞争。在狼的追赶下，鹿只能拼命奔跑以保全性命。这样一来，除了那些老弱病残者被狼捕食外，其他鹿的体质日益强壮，鹿群显得生机勃勃，又重新恢复了往日的灵秀。

完全竞争又称自由竞争，是指一个市场完全靠一只看不见的手，即价格来调节供求。完全竞争具备两个不可缺少的因素：商品是完全相同的，不存在产品差别；买者和卖者都很多且规模相当，以至于没有一个买者或卖者可以影响市场价格。

玉米市场就是一个典型的完全竞争市场，市场中存在无数出售玉米的农民和使用玉米以及玉米产品的消费者。由于没有一个买者或卖者能影响玉米价格，因此，每个人都只是价格的接受者，竞争地位平等。

完全竞争具备以下几个特点。

（1）市场上有无数的买者和卖者；

（2）同一种产品都是同质的，没有差别；

（3）市场资源是完全自由流通的；

（4）所有人都掌握着关于市场的全部信息。

既然市场上有大量的需求者和供给者，那么其中任何一个人买与不买，或卖与不卖，都不会对整个商品市场的价格产生影响；既然产品都是一样的，那么对消费者来说，购买任何一家厂商的商品都是一样的；既然信息是非常充分的，那么也就排除了由于信息不畅可能产生的市场同时存在几种价格的情况，价格只能有一种，否则顾客当然会去挑最便宜的商品。

在这样的完全竞争市场里，商品的价格将完全由市场供给和需求决定，并且，每一种商品都会在最后形成一种均衡价格，也就是当市场供需相等时的价格。

如果多逛逛农贸市场，你很快就会发现，作为生活中的常备食品，几乎家家户户都要提个袋子或篮子去买鸡蛋，而且，卖鸡蛋的摊位也很多。如果我们"想象"一下，就可以认为鸡蛋市场上有无数的买者和卖者。每个摊点的鸡蛋都大同小异，只要不是碎的、坏的，一般没有人会去较真，硬要比较不同摊位的鸡蛋有什么区别，那就真成了"鸡蛋里挑骨头"了。所以，可以将所有的鸡蛋视为完全同质。至于完全竞争市场的其他两个特征，我们可以看到买方和卖方都能自由选择进入或退出（也就是鸡蛋买卖完全自由），至于鸡蛋市场的信息，并没有多少值得掌握，所以也可以看做人们全部了解相关信息。在这个鸡蛋市场里，各个摊位的价格都一样，而且是由供需决定的均衡价格。通过鸡蛋市场，我们可以更形象地理解完全竞争市场。实际上，大多数农产品市场基本上都和完全竞争市场近似。

这里还有一个问题需要我们探讨，在完全竞争市场或者近似的市场里，因为同质同价，卖方究竟怎样才能赚取更多的利润呢？难道只能靠运气吗？的确，在这样的市场里，卖方完全受到市场支配，竞争激烈，在产品完全相同的情况下，卖方就不得不在降低成本上大做文章（如降低运费、减少开支等）。除此之外，卖主还要进行价格之外的营销竞争，比如要提供热情周到的服务、把鸡蛋装进盒子里便于顾客提携、给鸡蛋贴上商标等，都可以吸引更多的顾客。

在完全竞争的市场条件下，消费者和生产者都不会有什么不利，因为完全竞争的存在，迫使商品生产者竞相在降低成本、压低售价上做文章，可以使消费者按实际可以达到的最低价格来购买，而生产者按此价格出售也可获得正常利润。从社会的角度来看，完全竞争促使社会资源可以有效地分配到每一个部门、每一种商品的生产上，使之得到充分利用。生产效率低的企业在竞争中逐步被打败，就使得它的资金、劳力、设备等社会资源重新组合到生产效率高的企业中，这是社会的一种进步。因为竞争能够促进经济良性循环，刺激生产者的积极性，所以，要大力鼓励竞争，创造公平竞争的环境，这是建设社会主义市场经济体制的重要内容。

我们知道，现实中并不存在真正意义上的完全竞争和市场，但是就像伽利略的理想实验室一样，现实中能否实现并不重要，重要的是有了这种完全竞争市场的模型，并对之进行分析，我们就有了一把尺子，就可以很好地加深对非完全竞争市场的理解。

为什么中国人要交漫游费？

——垄断

先说一个笑话：某移动通信部门的领导回到当年插队的地方看望老朋友，刚下车他就住进了镇里的一家招待所。经过一路的颠簸，领导身上汗津津的，他便想洗个热水澡。由于招待所条件有限，只有一个公用的澡堂。

领导刚到澡堂门口就被一个服务生拦住："先生，您要洗澡的话请先交纳15元的初装费。我们将会为您安装一只喷头。"领导一愣，心想这招待所怎么这么黑！但碍于身份，领导没有发作。他交了钱刚想进去却又被服务生拦住："先生，对不起，为了便于管理，我们的每个喷头都有编号，请您先交纳10元的选号费，选好的号码只供您一人使用。"领导有些火大，但还是交了钱选了"8"号。服务生又说："您选的是个吉利号码，按规定您还得交8元的特别号码附加费。""见鬼！"领导忍了又忍，说："那我改成4号。4号也不是什么吉利号码，总用不着交什么特别号码附加费了吧？"服务生说："4号是普通号码，当然不用交特别附加费，但您得交5元的改号费。"

领导无奈，心想当年这里的民风是何等的淳朴，没想到如今为了赚钱竟如此巧立名目，真是世风日下啊！

领导交了钱后理直气壮地问："这下我可以进去洗澡了吧？"服务生笑着说："当然可以，您请。"领导瞪了他一眼，踱着步往里走。服务生突然又补充说："对不起，我还得告诉您：由于4号喷头仅供您一人使用，因此不管您是否来洗澡，您每月还要交纳7元5角的月租费。此外您每次洗澡要按每30分钟6元的价格收费。另外，每月交费的时间是20日之前，如果您逾期未交，还要交纳一定的滞纳金……""够了，够了，我不洗了！"领导忍无可忍，扭头就走。服务生便问："您真的不洗了吗？"领导疾言厉色地说："对！我永远也不在你们这里洗澡了！"服务生笑着说："如果您不再使用4号喷头了，那么您还得交9元8角的销号费。只有这样您以后才能再也不用向我们交纳任何费用了。"领导大发雷霆，和服务生吵了起来。不一会儿，招待所的经理闻声赶来。领导一见经理来了，便高声嚷嚷着要投诉。经理了解了事情的经过后，笑着对领导说："先生，对不起，也许您还不知道，就像你们通信行业一样，洗澡业在我们这里是垄断经营的……"领导一听这话，顿时哑口无言。

"垄断"源于孟子的"必求垄断而登之，以左右望而网市利"这句话，原指站在市集的高地上操纵贸易，后来泛指把持和独占。在资本主义经济里，垄断指少数资本主义大企业，为了获得高额利润，通过相互签订协议或联合，对一个或几个部门商品的生产、销售和价格进行操纵和控制。经济学的垄断一般是指唯一的卖者在一个或多个市场上，通过一个或多个阶段，面对竞争性的消费者。由于垄断者是其所生产产品的唯一卖者，因此可以通过控制产品价格或产量来最大化自己的利益。

中国电信业的几大巨头属于典型的行业垄断。虽然电信业实行了新的重组，但正如有人所说的"合来合去仍挨宰，分分秒秒搞不清，漫天开价自己定，厘厘毫毫都不放"——无论是合并还是重组，这些运营商们都是不断地靠垄断优势坚守着自己的利益堡垒。现在的漫游费成本几乎为零的知识已经不再是一个秘密，而我们的漫游费却一直继续交着。由于这些通信行业的垄断优势，始终没有在市场上形成一个有效的竞争格局，漫游费始终降不下来，更别提最终的取消了。

对于垄断，我们完全可以用亚当·斯密的那一段颇为辛辣的描述来概括："不论是在哪一种商品和制造业上，商人的利益在若干方面往往和公众利益不同……一般来说，在于欺骗公众，甚至在于压迫公众。事实上，公众亦常为他们所欺骗，所压迫。"

为什么买的没有卖的精？
——信息不对称

一位大龄男青年多次到婚姻介绍所征婚都没有结果，不是这里不满意，就是那里不合适。时间长了，渐渐也就对征婚失去了信心。不料，婚姻介绍所又一次给他强力推荐了一位女士，称对方长得温柔贤惠、楚楚动人，男青年动了心思，向婚介所付了费用。然而在和女青年经过一段时间的相处后，男青年发现自己又一次上当，因为对方有着女性中比较罕见的口吃病。愤怒之下，男青年去婚介所索要费用，但是对方却明确拒绝，理由很简单：我们最初提供的信息是真实的，她确实长得不错，我们并没有说谎。

我们可以分析一下，男青年吃亏在什么地方。我们知道，在市场上，任何一方都应尽可能多地掌握信息。另外，如何传递信息也很重要。婚介提供女士的信息时，肯定了解该"商品"（女士）的详细信息，但是却在传递信息的过程中使男士处于不利地位，他并不了解她的某些不利的特性（如口吃）。结果，在付费之后才惊觉上当。由此可见，买卖双方对商品的了解如果处于信息不对称的状态，信息较充分的一方将更加有利；反之，信息不充分的一方就被动了。

在生活中，有些人常常会因虚假广告而上当受骗，蒙受损失，这便是由于"信息不对称"造成的。最常见的就是那些"神奇的"医药广告，厂家（卖方）的宣传多是专治某种疾病，甚至还制造出一些"医学权威"的幌子。每个患者都希望自己早日康复，但是他们却往往缺乏对相关的医药知识和医疗动态的了解，在信息不对称的情况下，就会容易轻信那些虚假广告。

"一个人掌握的信息达到何种程度，就会采取相应的选择。"这是信息经济学的一个基本原理。在双方信息不对称的情况下，总体而言，谁处于信息劣势，就会处于博弈劣势。因为虚假广告上当，从表面上看是因为受害者眼光不够准确，一时冲动花钱当了冤大头，但是以信息经济学的眼光看，则是由于受害者掌握的信息不够充分，只能根据仅有的信息做出选择。消费者总是希望自己买到质优价廉的商品，但是现实生活中常常会出现买回的东西用了不久就发现质量糟糕的情况，这就是因为他当初购买该商品时掌握的信息不够，不能发现真相。

以上所列举的是个体在接受外界信息时的情况。反过来，我们也会向外界传递自身的信息，求职就是其中一例。这时情况就反过来了，招聘方处于信息不对称的劣势。公司不可能在短期内对应聘者（也就是我们自己）的品质、能力、经验等有一个全面的了解。那么在这时，用人单位在进行"信息选择"时，一个非常重要的信息就是你提供的文凭。一般情况下，文凭信息是不容易造假的。尽管也会出现"高文凭低能力"的情况，但总体而言，企业对应聘者的信息掌握不完全时，借助文凭信息还是简单实用的。

信息不对称对于市场而言是不利的，因为它会限制市场的能力。一个常见的例子就是二手汽车市场。现在买二手汽车比较流行，在二手车市场上，买者和卖者之间对汽车质量信息的掌握是不对称的。卖者知道所售车的真实质量。而买者最多只能通过外观、介绍及简单的现场试验等，来获取有关车质量的信息。

但买者根本无法知道汽车的真实质量。因为车的真实质量只有通过长时间地使用才能看出，所以二手车市场上的买者在购买汽车之前，并不知道哪辆汽车是高质量的，哪辆汽车是低质量的，他只知道二手车市场上汽车的平均质量。所以，买者只愿意根据二手车的平均质量来支付价格。但这样一来，质量高于平均水平的卖者就会将他们的汽车撤出二手车市场，市场上只留下质量低的卖者。结果是，二手车市场上汽车的平均质量降低，买者愿意支付的价格随之下降，更多的较高质量的二手车退出市场。在均衡的情况下，只有低质量的汽车成交，极端情况下甚至没有交易。在二手车市场上，高质量汽车被低质量汽车排挤到市场之外，市场上留下的只有低质量汽车。也就是说，高质量的汽车在竞争中失败，市场选择了低质量的汽车。这种选择就是信息不对称的情况下产生的"逆向选择"。

要避免"信息不对称"和"逆向选择"现象的发生，首先需要掌握真实、可靠的信息。对于企业或者个人而言，在信息生产、传递的过程中，只有真实信息才能长期地发挥作用，虚假信息也许会赢得一时的利益，但不可能长久立足。其次需要逐步健全社会秩序和经济秩序，减少短期投机，建立长久合作。充分发挥制度和诚信的效力，必将有力消除信息不对称对市场的危害。

为什么共有的草地一天天荒芜？

——公共地悲剧

加利福尼亚大学的生物学家哈丁教授曾经发表了题为《公共地悲剧》的论文。在论文中指出：在公有的草地上放羊，因为增加放养的羊会给放羊人带来利益，所以放羊人不断增加羊的数量。由于羊群的进入不受限制，所以牧场被过度使用，草地的状况迅速恶化，悲剧就这样发生了。

公共产品（Public good）是私人产品的对称，亦称"公共财货"、"公共物品"，指能为绝大多数人共同消费或享用的产品或服务，如国防、公安司法等方面所具有的财物和劳务，以及义务教育、公共福利事业等。

公共产品有两个基本特征。

一是非竞争性。一部分人对某一产品的消费不会影响另一些人对该产品的消费，一些人从这一产品中受益不会影响其他人从这一产品中受益，受益对象之间不存在利益冲突。例如国防保护了所有公民，其费用以及每一公民从中获得的好处不会因为多生一个小孩或一个人移民而发生变化。

二是非排他性。是指产品在消费过程中所产生的利益不能为某个人或某些人所专有，要将一些人排斥在消费过程之外，不让他们享受这一产品所带来的利益是不可能的。例如，消除空气中的污染是一项能为人们带来好处的服务，它使所有人能够生活在新鲜的空气中，而要让某些人不能享受到新鲜空气的好处是不可能的。

显然，诸如城市道路、路灯等，都具有非竞争性和非排他性。路灯照亮了自己回家的路，同时也不妨碍照亮别人回家的路。正是由于公共产品的这两个基本特征，所以使很多人可以"搭便车"——不付成本而坐享他人之利。"公共地悲剧"反映了公共产品的问题。过度开采资源、过度捕鱼以及污染严重的河流和空气，都是公共地悲剧的典型例子。之所以叫悲剧，是因为每一个当事人都知道资源会因为过度使用而枯竭，但每个人都会因为利益问题而加剧事态的恶化。公共产品因产权难以界定而被过度使用或侵占是必然的结果。

"公共地悲剧"发生的根源在于："当个人按自己的方式处置公共资源时，真正的公共地悲剧才会发生"。"公共地悲剧"更准确的提法是：无节制的、开放式的、资源利用的灾难。

提倡市场机制，反对干涉经济
——经济自由主义

经济自由主义是指提倡市场机制，反对人为干涉经济的经济理论和政策体系。

最初作为一种口号由法国路易十五的外交大臣达让逊提出，后来魁奈等人确认社会中存在着不以人的意志为转移的自然秩序支配着社会的发展。亚当·斯密宣扬"一只看不见的手"的原理，对经济自由思想做了进一步的发挥。"自由经济"思想是斯密整个经济学说的中心。李嘉图也曾阐明过同样的思想。经济自由主义在资本主义世界是长期发挥重要作用的思想主张。

经济自由主义是一种支持个人财产和契约自由权利的意识形态。经济自由主义主张限制政府在经济事务中的操控，让市场机制发挥调节资源的作用。经济自由主义者并非无政府主义者，并非一概反对政府的作用，然而在绝大多数的案例中，他们的研究结果都表明，政府的干预过度了。

经济自由主义包括斯密的古典经济自由主义和新自由主义。

亚当·斯密在《国富论》一书中，在继承前人思想的基础上，进一步从经济人这一观念出发，对经济自由放任的理论和政策，第一次做了系统阐述，并使之成为该书的一个重要思想贯穿于始终。他认为在商品经济中，每个人都以追求自己的利益为目的，在一只"看不见的手"的指导下，即通过市场机制自发作用的调节，各人为追求自己利益所做的选择，自然而然地会使社会资源获得最优配置。他反对限制经济自由的重商主义政策和封建制度，主张自由放任，国家只起"守夜人"的作用。要求取消封建性的手工学徒制和居住法，使劳动力能够自由流动；要求取消妨碍土地遗产分割的法律，使土地能够自由买卖；要求取消政府对工业和国内贸易的干预和管理，如取消保护关税、行会制度和专门公司等，使商品生产、交换在完全自由竞争的条件下进行。这种自由放任的思想和主张，对当时正处于由工场手工业开始向机器大工业过渡的英国资本主义市场经济来说，无疑是一种促进。其后古典经济自由主义在资本主义世界还继续盛行了100多年。但经济自由主义对促进资本主义经济发展的作用是有限的。

20世纪30年代凯恩斯国家干预主义取代了经济自由主义而占据统治地位。到了70年代，在凯恩斯主义面对"滞涨"局面而束手无策的形势下，资本主义世界又纷纷兴起了新的经济自由主义思潮。这一观点认为：生产资料私有制是一切经济活动的前提，特别是市场经济中一切活动的前提；交换和市场的自发运行有充分的效率；自由贸易是最好的外贸政策。新自由主义是坚决反对政府的过多干预。

新自由主义不同于斯密的经济自由主义之处在于，斯密的经济自由主义主张实行完全自由放任，而新自由主义则一般都主张在国家干预下强调经济自由。

在很多人看来，经济自由主义意味着不要政府或自由放任，甚至等同于无政府主义。这是对经济自由主义的误读，并且常常在实践上导致对经济自由主义的滥用或否定。

在一些研究西方近现代经济学史的学者那里，整部西方经济学史就是经济自由主义和国家干预主义两种思潮消长、替代的历史。事实上，从自由主义的基本原则和各个经济学流派的哲学基础上，可以看出整个西方经济思潮也是一部自由主义的兴起、发展的历史。即使是国家干预思潮（个别除外），也遵循了自由主义的基本原则，如对坚持私有财产制度，强调经济个人主义和自由企业制度，追求市场与政府之间的均衡或和谐。

我们认为，西方自由主义经济理论基本上可以分为两大类，即两种对立的传统：

一种为建构理性主义传统，认为政府有意识地控制和指导是个人经济自由的保证，自由放任会导致自由的丧失，人类所有的制度都是人们有意识地设计或发明的产物，强调要加强政府对经济生活的干预；

另一种则是演进理性主义，或自发秩序传统，认为在恰当的法律规则约束下，每个人自发的经济活动，追求自身利益，便可促成社会制度和经济秩序的生成以及社会公共利益的增进，强调要限制政府的干预。

这两种传统的差异根源于对理性作用的认识不同。

建构理性主义传统假定，人生来具有知识和道德的秉赋，认为理性具有至高无上的地位。因此凭借理性，个人足以知道并能根据社会成员的偏好而考虑到型构社会制度所需要的境况的所有细节，这使人能根据审慎思考而型构社会经济制度，在哈耶克看来，这是一种"知识的自命不凡"。

而演进论者对人的理性之局限性有清醒的认识，反对任何形式的对理性的滥用。他们认为，只有在累积性进化的框架内，个人的理性才能得到发展并成功地发挥作用，即个人理性受制于特定的社会生活进程。

在自由主义经济思潮发展的谱系中，前者有李斯特、凯恩斯、托宾和斯蒂格里茨等代表人物。所谓的自发秩序传统，则认为包括惯例、规则和制度在内的人类秩序，都并非是由于人们理性地预见其利益而谨慎设计的，而是不同的行为主体在追求各自的目标时不经意的结果。用18世纪苏格兰哲学家弗格森的话来说，是"人类行为的后果，但不是人类设计的结果"。它在过去的3个世纪里分别有3个重要的代表人物：18世纪的斯密、19世纪的门格尔和20世纪的哈耶克。

如何从阿司匹林变成汽车？
——萨伊定律

百货公司经理前来检查新进售货员的工作情况。

问："你今天有几个顾客？"

答："一个。"

"只有一个吗？卖了多少钱的货物呢？"

答："5.8万美元。"

经理大吃一惊，要售货员详细解释。

售货员说："我先卖给他一枚钓钩，接着卖给他钓竿和钓丝。再问他打算去哪里钓鱼，他说到南方海岸去。我说该有艘小船才方便，于是他买了那艘6米长的小汽艇。我又说他的汽车也许拖不动汽艇，于是我带他去汽车部，卖给他一辆大车。"

经理眉开眼笑，问道："那人来买一枚钓钩，你竟能向他推销掉那么多东西？"

售货员答道："不，其实是他老婆偏头痛，他来为她买一瓶阿司匹林的。我听他那么说，便告诉他：'这个周末你可以有足够的自由。你为什么不去钓鱼呢？'"

从阿司匹林到汽车，每一个供给都会创造需求，也会创造销售的机会。其中"供给会创造自己的需求"，恰好体现了萨伊法则。

萨依定律也称作依市场定律，一种自19世纪初流行至今的经济思想。萨依定律主要说明，在资本主义的经济社会里一般不会发生任何生产过剩的危机，更不可能出现就业不足，也就是"供给会自行创造需求"。定律得名自19世纪的法国经济学家让巴蒂斯特·萨依，不过萨依并非最早提出定律内容的人，真正提出相关概念的是英国的经济学家，历史学家詹姆斯·穆勒。虽然当今经济学教科书已将其内容删去，但是还有不少微观或宏观经济理论还是依据萨依定律而做出结论的。

对于"萨伊定律"简单的理解就是"供给自己创造自己的需求"。萨伊认为，一种商品要由另一种商品来购买，因为货币只是交换的媒介。那么，一种产品生产出来，与它价值相当的其他产品就有了销路，也就是创造了一定的需求。所以，社会上某些产品供过于求的原因不在于货币不足，也不在于需求不足，而是因为能与之相交换的其他产品太少了，因此应该扩大生产，以实现供需的平衡。

由此，萨伊提出这样的观点：①生产越多，产品越多样化，销售状况会越好，经济状况会越好，经济会越繁荣。②这一道理同样适用于对外贸易，我们在购买国外商品的同时，也促进了本国商品的生产与销售。③国家的政策重点在于如何促进生产的发展，而不是鼓励消费或进行贸易保护。

萨伊的错误之处在于他把货币的职能仅限于流通手段，或者说是交换的媒介，却忽视了货币的价值尺度、信用手段、贮藏手段等职能，这使得他把商品交换等同于物质交换。但是，"萨伊定律"直到今天仍在我们的经济生活中发挥着不可替代的作用，仍值得我们借鉴和深思。VCD产业在我国的发展就印证了"萨伊定律"。

在消费者对VCD尚无多少了解的情况下，有些企业引进国外生产线，大量生产，并通过广告宣传产品的特点和用途，因此是先有供给，后有需求。而且，企业获得了高额的利润之后，竞争所带来的价格的下降使得VCD在中国非常普及，这就是"供给为产品创造了需求"。

"萨伊定律"的伟大之处还在于，根据"供给自己创造自己的需求"这一观点，使得整个经济中不会存在生产过剩的问题。某种商品的供过于求的根本原因不在于需求，而是相对应的其他产品的生产过少。所以，归根结底是产品结构的问题，结构失衡导致一些产品生产过多，而其他产品生产过少，从而经济中表现出供求之间的不平衡。例如，在谈到如何扩大内需的问题时，其中的一个方面就是扩大农村消费市场。在此，我们不仅要考虑到如何生产出适合农民需要的产品，还要考虑到如何促进农业生产的发展。因为要提高农民的购买力就必须提高收入水平，这在很大程度上取决于能否生产出更多更好的产品。可见，"萨伊定律"并没有过时，它仍然在很多方面指导着我们的经济活动。

个人的利己行为导致市场的有序运行
——看不见的手

经济学家们曾经准确地预测出一个现象：当霜降袭击巴西时，肯尼亚的铝制品加工业的人数扩大了，看起来似乎是个很荒谬的推论，这到底是怎么回事呢？

事实上，巴西的霜冻影响了咖啡豆的产量，全世界咖啡的产量都将降低，于是引起了一系列的连锁反应：意大利咖啡制造商人的成本增加，其他国家爱喝咖啡的人会把目光转向茶叶或是其他替代品；同时，肯尼亚、泰国、越南等地的咖啡种植基地也会开足马力种植更多的咖啡作物，以提高全球的咖啡豆产量。咖啡种植商们扩大生产规模就会需要更多的铝板，从而促进了当地铝制品加工业的繁荣。冥冥之中似乎被什么东西在操纵着。

"看不见的手"又称"无形之手"。经济学中的一个隐喻，用于说明在市场经济中社会成员出于个人利己目的的经济行为，通过对买卖双方都有利益的市场交换以及互动过程，而促进社会公共利益的机制。这种机制不是出自个人本意而建立的，而是在市场上自行建立的一种社会秩序或规则。在市场上，每个人都力图应用他的资本使其产品能得到最大的价值，他所追求的仅仅是他个人的利益，而这种各自谋求自身利益的行为，却能使每一个人得益。

亚当·斯密用了一句话简明扼要地解释了这只看不见的手："屠夫、酿酒商、面包师给我们提供食品，他不是出于仁慈，而是为了从我们这里得到回报。"

这一基本思想早就存在于18世纪初期一些学者的著作之中。但因亚当·斯密在其《道德情操论》和《国富论》中用这个概念来概括这种思想，使之成为一个著名隐喻。后来经济学界对"无形之手"有两种解释。一种狭义的解释，是把"无形之手"理解为自由竞争的市场机制或价格机制；另一种广义的解释，是把"无形之手"理解为制度和制度安排的一种形成方式。

一些经济学者在研究市场失灵问题时，提出了政府有必要对经济生活进行干预，包括政府制定有关的法律、法规，使私人活动得以顺利地进行；政府对经济运行进行宏观调控，以促使经济稳定发展；政府对企业进行规制，以克服外部影响，政府向社会提供公共产品和公共服务；政府对收入进行再分配，以解决分配不公问题等。与"无形之手"相对应，人们有时候把政府的经济作用比喻为"有形之手"（或"看得见的手"）。但"无形之手"已成为经济学中的一个专门术语，而"有形之手"是一种非规范的、形象的比喻。有学者提出，政府有时可能出现像市场一样的失灵状况。

对传统理论的挑战
——垄断优势理论

可口可乐公司诞生于世界上最开放的美国。可口可乐公司也是世界上最开放的公司之一，合作伙伴遍布天下。但是，可口可乐公司赖以生存的秘方，保存在众所周知的一个安全的地方，公司里只有几个人知道这个秘方，其他人，即使是这几个知情者自己最亲近的人也不知晓，更不要说遍布世界的众多合作伙伴了。但他们这种做法不仅没有合作伙伴指责其不义，更无人称其为小人，倒是合作者络绎不绝，日渐倍增。

"保住秘密就保护了市场"，可口可乐公司的神秘配方一直被作为最高机密被保守至今，实际上就是一种保持垄断优势地位的做法。

20世纪50年代以后，美国跨国公司呈现出如火如荼迅速发展势态，利润差异论的局限性暴露无遗，因而迫切需要具有较强解释力的理论出现。1960年美国学者斯蒂芬·海默在麻省理工学院完成的博士论文《国内企业的国际化经营：对外直接投资的研究》中，率先对传统理论提出了挑战，首次提出了垄断优势理论。麻省理工学院C.P.金德贝格在70年代对海默提出的垄断优势进行的补充和发展。鉴于海默和金德尔伯格对该理论均做出了巨大贡献，该理论有时又被称为"海默—金德尔伯格传统"。

在2009年全球500强排行榜上，中国石化和中国石油"双雄"领风骚，在榜单上的差距不大，分列第9位和第13位。相比之下，中国三大电信运营企业在榜单上的分布并不太集中，其中，中国移动名列第99位；中国电信位于第263位；中国联通位居第419位。中国移动因为垄断而强大，牢牢掌握着市场竞争的主动权。与中国石化相比，起码还有中国石油这个与之实力相差不大的对手来制衡。而在电信业，中国移动占据绝对垄断地位，其他运营商无论是资本、规模、收入、利润都无法与之抗衡。

斯蒂芬·海默认为跨国公司进行直接投资的动机源自市场缺陷，即市场不完全。

首先，不同国家的企业常常彼此竞争，但市场缺陷意味着有些公司居于垄断或寡占地位。因此，这些公司有可能通过同时拥有并控制多家企业而牟利。

其次，在同一产业中，不同企业的经营能力各不相同，当企业拥有生产某种产品优势时，就自然会想方设法将其发挥到极致。

这两方面都说明跨国公司和直接投资出现的可能性。海默还进一步指出，从消除东道国市场障碍的角度来看，跨国公司的优势有一种补偿的作用，亦即它们起码足以抵消东道国当地企业的优势。

海默的导师金德伯格对此做了进一步引申，列出了各种可能的补偿优势，如商标、营销技巧、专利技术和专有技术、融资渠道、管理技能、规模经济，等等。垄断优势论从理论上开创了以国际直接投资为对象的新研究领域，使国际直接投资的理论研究开始成为独立学科。这一理论既解释了跨国公司为了在更大范围内发挥垄断优势而进行横向投资，也解释了跨国公司为了维护其垄断地位而将部分工序，尤其是劳动密集型工序，转移到国外生产的纵向投资，因而对跨国公司直接对外投资理论的发展产生很大影响。

企业拥有的垄断优势是构成企业对外直接投资的决定因素。金德伯格详细地列举了投资海外企业拥有的各种垄断优势。这些优势可分为四类。

（1）来自产品市场不完全的优势，如产品差别、商标、销售技术与操纵价格等。

（2）来自要素市场不完全的优势，包括专利与工业诀窍、资金获得的优惠条件、管理技能、原材料优势等。专利和专有技术可以使企业的产品区别于同类产品，从而获得对价格和销售量的控制能力，同时还可以限制竞争者进入，维护本公司的垄断地位。

（3）企业拥有的内部规模经济与外部规模经济。跨国企业通过水平的或垂直的一体化经营，可以形成当地企业所不能达到的生产规模，从而降低成本。

（4）由于政府干预特别是对市场进入及产量限制所造成的企业优势。

第4章

[金融经济课]

为什么贷款容易，还款难？

——利率

在人们的传统观念中，向银行贷款比较难，而向银行还款非常容易。但是，现在却出现了这样的情况，贷款容易，还款难。

钱先生在北京一家有名的IT公司工作，5年前他的月收入是2 000多元，现在的月收入是6 000多元。3年前他贷款30万元，加上从家里凑的10多万元，在北京南三环附近买了一套96平方米的房子。当时的房价是4 600元／平方米，钱先生每月拿出收入的一半，也就是1 000元来还房贷。但是就钱先生现在的收入水平而言，他可以每月还贷3 500元，既能缩短还款期限，又可节省利息支出。

可是让钱先生不明白的是，他提前还贷银行怎么还不乐意呢？

其实，这里面最主要的就是牵扯到国家利率问题。利率又称利息率。表示一定时期内利息量与本金的比率，通常用百分比表示，按年计算则称为年利率。其计算公式是：利息率＝利息量÷本金。

利率是老百姓最容易忽视的一个因素，因为大多数老百姓都会以为利率和自己没有太多的关系。上升一点，下跌一点都不重要，所以平时很不关心。其实利率是经济学中一个重要的金融变量，几乎所有的金融现象、金融资产均与利率有着或多或少的联系。当前，世界各国频繁运用利率杠杆实施宏观调控，利率政策已成为各国中央银行调控货币供求，进而调控经济的主要手段。在萧条时期，降低利息率，扩大货币供应，刺激经济发展；在膨胀时期，提高利息率，减少货币供应，抑制经济的恶性发展。利率政策在中央银行货币政策中的地位越来越重要。

利率影响经济的路线图如下：

当经济过热的时候→利率提高→贷款减少→投资减少→企业生产减少→工资降低→消费减少→储蓄增加→经济衰退

当经济低迷的时候→利率降低→贷款增加→投资增加→企业生产增加→工资增加→消费增加→储蓄减少→经济增长

在国家利率提高的时候，这就意味着一个经济的高峰期要过去了，下一个经济周期必然是低迷的时候，比如1997年通货膨胀，由于连续的提高利率导致1998年的通货紧缩，再比如2007年的通货膨胀，由于连续提高利率，导致了2008年的经济危机。利率的变化对老百姓而言就是一个信号，可以根据这信号，进行消费或投资。利率降低的时候，日常生活用品的价格肯定也会低迷一段时间，利率上升的时候，物价也肯定会高涨一段时间，任何经济政策从执行到发挥效力，中间总有一个过程，而且在国家层面而言，不可能使利率忽高忽低，必然中间有一个过程，一开始提高一点，接着再提高一点，或者是一开始降低一点，接着再降低一点。但大的趋势是一直降低下去或提高上去的，所以完全可以依据这个趋势和过程，来判断股市、房市，以及其他的产品的投资和消费的情况。

上例中出现的"贷款易，还贷难"的问题，就有深刻的经济背景。在2007年的时候，我国的通货膨胀问题非常突出，为了遏制膨胀，抑制经济过热，国家多次提高利率。对于贷款买房的消费者来说，无形中加重了利息负担。为了不多掏钱，他就会选择提前还贷。可对于银行来说，利率提高是好事，可以多收利息，可这时候消费者却提前还贷，它当然不乐意了，于是出现推三阻四的情况也就是必然的。

利率可以从不同的角度来划分和分类。按计算利率的期限单位可分为年利率、月利率与日利率；按利率的地位可分为基准利率与一般利率；按利率的决定方式可分为官方利率、公定利率与市场利率；按借贷期内利率是否浮动可分为固定利率与浮动利率；按信用行为的期限长短可分为长期利率和短期利率；按利率的真实水平可分为名义利率与实际利率；按借贷主体不同可分为中央银行利率（包括再贴现、再贷款利率等）、商业银行利率（包括存款利率、贷款利率、贴现率等）、非银行利率（包括债券利率、企业利率、金融利率等）；按是否具备优惠性质可分为一般利率和优惠利率。

从分类上看各种利率似乎没有联系，但是它们之间是相互交叉的。例如，某人存了一笔钱，期限是3年，利率为4.95％，这一利率既是年利率，又是固定利率、长期利率与名义利率。各种利率及其内部之间都有着相应的联系，所有利率共同构成一个有机整体，从而形成一个国家的利率体系。

利率是社会生活中非常重要的一个因素，一个好的商人对利率非常敏感，利率是经济运行的预报，平时百姓多关心利率，这对自己的消费和理财有着至关重要的影响，因为利率是金融工具和货币政策工具，除了对国家的经济走势有影响外，而且还可以根据利率来判断汇率、基金、股票、黄金、房产等行业的情况，而这些行业的情况又可以间接影响到其他工业品和消费品行业，比如利率提升，股票价格下跌，房产资金链紧张，急于回笼资金，降价销售，由于房产行业收租迫切，其他企业也急需回笼资金，投资在股市上的钱也要撤回填补到企业生产上，商品就会降价。只要利率存在，就可以根据它来分析很多事情。这对广大居民的生活帮助是非常大的。

为什么从一粒麦子迅速变成了天文数字？

——复利

从前，有一个国王很爱下象棋，而且他的棋艺高超，从未遇到过敌手。为了找到对手，他下了一份诏书，说不管是谁，只要下棋赢了国王，国王就会答应他的任何要求。

一个年轻人来到皇宫，要求与国王下棋。经过紧张的激战后，年轻人终于战胜了国王，国王问这个年轻人要什么奖赏，年轻人说他只要一点小奖赏：就是在他们下棋的棋盘上放上麦子，棋盘的第一个格子中放上一粒麦子，第二个格子中放进两倍于前一个格子中麦子数量的麦子，接下来每一个格子中放的麦子数量都是前一个格子中的两倍，一直到将棋盘每一个格子都摆满为止。

国王以为要求很小，于是就痛快地答应了。但很快国王就后悔了，因为即使他将自己国库所有的粮食都给这位年轻人，也不够百分之一。因为从表面上看，年轻人的要求起点十分低，从一粒麦子开始，但是经过很多次的翻倍，就迅速变成庞大的天文数字了。

这就是复利的神奇力量！曾经有人问爱因斯坦："世界上最强大的力量是什么？"他的回答不是原子弹爆炸的威力，而是"复利"。

虽然起点很低，但通过复利却可以达到人们所无法估量的程度。但复利不仅仅是数字游戏，最重要的是告诉我们有关投资和收益的哲理。人生追求财富的过程，不是百米冲刺，也不是马拉松式的长跑，而是在更长的时间跨度上所进行的耐力比赛。只要坚持复利的原则，即使刚开始的投入不太大，也能因为足够的耐心加上稳定的"小利"而很漂亮地赢得整场比赛。

如何将10元变成100万元呢？有两种方法：第一种方法，只要您每日将10元放进存钱罐里留着不用，一个月可攒下300元，每年可攒下3 600元。倘若您继续储蓄，便会在277年后存够100万元了。第二种方法，如果每年年底将3 600元用作投资，以过去30年美国标准普尔500指数年平均回报率12%计算，成为百万富翁只需要31年。著名的"72法则"就是指一笔投资变成两倍所需要的时间恰巧是72除以年回报率。例如一笔年回报率为7.2%的投资，10年后本利和将是原始投资的两倍；如果这笔投资的年回报率为12%，那么原始投资翻倍的时间就是6年。试想，你有10万元钱，从现在起就投资于年利率为12%的固定收益产品，那么6年后你的财富就翻倍了。

我们在计算投资回报时，常喜欢用利滚利来形容某项投资的高回报，如果用专业的理财术语来表述，利滚利就是所谓的复利。复利指的是把投资所获取的利息或赚到的利润加入本金，继续赚取回报。举例来说，假定某投资工具每年有10%的回报，以单利计算，投资100万元，每年可以赚10万元，10年可以赚100万元，多出一倍。但如果以复利计算，年获利也是10%，但每年实际赚取的金额却会不断增加，以前述的100万元投资来说，第一年赚10万元，本金变为110万元；第二年赚的就是110万元的10%，即11万元，依次类推，第三年则是12.1万元，等到第十年总投资获利是近160万元，比本金多出了1.6倍，这就是被爱因斯坦称为世界第八大奇迹的"复利"的魔力了。

复利就是一笔存款或者投资获得回报之后，再连本带利进行新一轮投资，这样不断循环，就能够追求复利。复利终值的计算公式是：

$S=P(1+i)^n$

式中：P为本金；i为利率；n为持有期限。

其中持有期限是影响复利效果的关键因素。这个"期数"也称为时间因子，是整个公式中相当关键的因素，一年又一年（或一月又一月）地相乘下来，数值就会越来越大。也就是说，投资人采取复利方式来投资，最后的回报将是每一期的回报率加上本金后不断相乘的结果，期数越多获利就越大。

和复利相对应的是单利，单利只根据本金算利，没有利滚利的过程，但这两种方式所带来的利益差别一般人却容易忽略。假如投入1万元，每一年收益率能达到28%，57年后复利所得为129亿元。可是，若是单利，28%的收益率，57年的时间，却只能带来区区16.96万元。这就是复利和单利的巨大差距。

由此可见，在复利模式下，一项投资所坚持的时间越长，带来的回报就越高。在最初的一段时间内，得到的回报也许是不理想的，但只要将这些利润进行再投资，那么你的资金就会像滚雪球一样，变得越来越大。经过年复一年的积累，你的资金就可以攀登上一个新台阶，这时候你已经在新的层次上进行自己的投资了，你每年的资金回报也已远远超出了最初的投资。

这种由复利所带来的财富的增长，被人们称为"复利效应"。不但投资理财中有"复利效应"，在和经济相关的各个领域其实也广泛地存在着复利效应。比如，一个国家，只要有稳定的经济增长率，保持下去就能实现经济繁荣，从而增强综合国力，改善人民的生活。从这个角度来看，"可持续发展"这个时髦的词汇，实质上也就是追求复利的另一种说法。

其实，人生中也有和复利效应类似的道理。比如，一个人一年取得的成就也许微不足道，但如果他每年都能在过去的基础上前进，长此以往，就会获得巨大的成就。人生的价值虽然难以用复利的计算方法进行数字计算，但随着时间的推移，同样的起点却会导致不同的人生。在个人成就上，不同的人之间可以有着遥不可及的距离。人和人年轻时可能起点差不多，理想也差不多，但是一生的成就却千差万别，有的成就卓越，有的则一事无成，碌碌一生。这是"复利"的力量在人生历程中的体现。

复利揭示了成功投资最简单的本质。其实不管是投资还是人生，"复利"的魅力都同样有效。在竞争激烈的现代社会，竞争中胜出的法则是狭路相逢勇者胜；勇者相逢智者胜；智者相逢韧者胜。只要我们持之以恒，终究会取得辉煌的成就。

金融交易活动的场所
——金融市场

金融市场是指资金供应者和资金需求者双方通过信用工具进行交易而融通资金的市场，从广义上说，是实现货币借贷和资金融通、办理各种票据和有价证券交易活动的市场。

金融市场又称为资金市场，包括货币市场和资本市场，是资金融通的市场。所谓资金融通，是指在经济运行过程中，资金供求双方运用各种金融工具调节资金盈余的活动，是所有金融交易活动的总称。在金融市场上交易的是各种金融工具，如股票、债券等。金融市场对经济活动的各个方面都有着直接而深刻的影响，如个人财富、企业的经营、经济运行的效率等都直接取决于金融市场的活动。

货币市场指期限在一年以内的短期债务工具市场，所交易的金融工具包括银行承兑汇票、商业票据、回购协议、可转让存款证以及国库券等。货币市场工具一般来说是相当安全的资产，适合作为短期闲置资金的投资标的。

货币市场主要解决市场主体的短期性、临时性资金需求，所使用的金融工具主要有同业拆借协议、存单、票据、短期国债等，相应地，货币市场可分为同业拆借市场、票据市场、可转让大额定期存单市场和短期债券市场。货币市场中各金融工具的共同特点是期限短、流通性强、交易成本低和风险低。

资本市场亦称"长期金融市场"、"长期资金市场"，是期限在一年以上的各种资金借贷和证券交易的场所。资本市场上的交易对象是一年以上的长期证券。

因为在长期金融活动中，涉及的资金期限长、风险大，具有长期较稳定收入，类似于资本投入，故称之为资本市场。

资本市场上资本出让的合同期一般在一年以上，这是资本市场与短期的货币市场和衍生市场的区别。

资本市场可以分为一级市场和二级市场。

在一级市场上新的吸收资本的证券发行并被投资者需求。

在二级市场上已经发行的证券易手。

假如一个市场符合证券交易所的要求，则这个市场是一个有组织的资本市场。一般来说通过时间和地点的集中这样有组织的市场可以提高市场流通性、降低交易成本，以此提高资本市场的效应。

与货币市场相比，资本市场主要有以下特点。

（1）融资期限长。至少在1年以上，也可以长达几十年，甚至无到期日。

（2）流动性相对较差。在资本市场上筹集到的资金多用于解决中长期融资需求，故流动性和变现性相对较弱。

（3）风险大而收益较高。由于融资期限较长，因此发生重大变故的可能性也大，市场价格容易波动，投资者需承受较大风险。同时，作为对风险的报酬，其收益也较高。在资本市场上，资金供应者主要是储蓄银行、保险公司、信托投资公司及各种基金和个人投资者；而资金需求方主要是企业、社会团体、政府机构等。其交易对象主要是中长期信用工具，如股票、债券等。资本市场主要包括中长期信贷市场与证券市场。

我国具有典型代表意义的资本市场包括四部分。

（1）国债市场。这里所说的国债市场是指期限在一年以上、以国家信用为保证的国库券、国家重点建设债券、财政债券、基本建设债券、保值公债、特种国债的发行与交易市场。

（2）股票市场，包括股票的发行市场和股票的交易市场。

（3）企业中长期债券市场。

（4）中长期放款市场，该市场的资金供应者主要是不动产银行、动产银行；其资金投向主要是工商企业固定资产更新、扩建和新建；资金借贷一般都需要以固定资产、土地、建筑物等作为担保品。

谁在为资金盈余和短缺者牵线搭桥？

——金融中介

我们肯定对《西厢记》中的红娘印象深刻，红娘聪明伶俐、妙语连珠。在崔莺莺和张生的婚姻中，她是成全这桩美满婚姻的关键人物。所以在社会上从事婚姻介绍工作的人或者偶尔为青年男女牵线搭桥者，人们都愿称之为"红娘"。可是你知道吗，在金融市场中也有"红娘"。

在经济生活中，银行、证券公司等金融机构为资金盈余者和资金短缺者牵线搭桥，实质上也在扮演着红娘的角色。

发明家普兹茂发明了一种低廉的机器人，它能清扫房屋、洗车、割草等。可惜的是这位发明家没有足够的资金把他的发明投入生产。老人沃尔特有大笔存款，这是他和妻子多年的积蓄，但是目前并没有可用的地方。如果我们让普兹茂和沃尔特合作，让沃尔特把资金提供给普兹茂，普兹茂的机器人就能研制成功并推入市场，我们会有更干净的房子、更鲜亮的汽车和更漂亮的草坪，经济社会的福利也会得到改善。

　　金融市场（股票和债券市场）和金融中介机构（银行、保险公司、基金）最基本的功能就是使像普兹茂和沃尔特这样的人相互合作，将资金从那些由于支出少于收入而有多余资金的人手中转移到由于支出大于收入而短缺资金的人手中，以产生更大的经济和社会效益。

　　金融中介使筛选企业经营者的机制社会化。在小商品经济即高利贷时代，企业经营者一般是企业的直接所有者，在这种情况下，社会对企业经营者的筛选功能基本上可以忽略。货币银行金融机制产生后，社会对企业经营者的筛选功能开始加强，即缺乏专门知识和管理经验的人一般难以取得银行贷款。证券、证券市场、投资银行等新型金融中介的活动，把对企业经营者的监督机制从单一银行体系扩展到了社会的方方面面，使企业的经营机制获得了极大改善，使企业的行为和决策更加合理化。

　　金融中介一般由银行金融中介及非银行金融中介构成，具体包括商业银行、证券公司、保险公司以及信息咨询服务机构等中介机构。资金沿着两条路从资金盈余者手中转入资金短缺者手中。一条是资金盈余者把钱存入银行，然后由银行作为中介把吸收到的存款整合起来贷放给资金短缺者。并从资金短缺者那里收取一定的资金使用费，即贷款利息的一部分，用于支付资金盈余者把钱存入银行的储蓄利息。存贷款利差就是银行作为中介人的手续费。这是一种间接融资的形式。另一条是资金盈余者在金融市场上直接购买资金短缺者发行的借款凭证，如债券、股票等。资金短缺者可以用收集到的资金投入生产，并定期支付利息或股息。

　　为什么这种将资金从储蓄者手中引导到支出者手中的融通对经济如此重要呢？回答是：储蓄者常常并不是拥有有利投资机会的人。假设今年你储蓄了10 000元，但是，由于没有金融市场，你可能既不借款也不贷款，只能把钱压在箱底等待消费了。一年过去了，如果你没有把这些钱花掉，那么你仍然只有10 000元而得不到利息。然而，如果联想公司把你的10 000元用于开发新产品，由此每年赚取额外的2 000元；如果你与可口可乐公司取得联系，那么，你可以把10 000元以购买公司债券的形式贷放给他，每年获取1 000元的利息，这样，你们双方都能获利。一年后你的资产不是原封不动，而是生出来1 000元，这就是所谓的"钱生钱"。如果没有金融市场，你与可口可乐公司可能永远都不会有机会合作。如果没有金融市场，没有投资机会的人便很难把资金转移给有投资机会的人；双方都只能维持现状，企业得不到发展资金，经济也将失去活力。

金融市场的存在不仅对提高企业生产有益，而且对于个人也是有益的。比如，你新婚燕尔，有一份称心如意的工作，还想购置一套住宅。尽管你的薪水丰厚，但是因为你刚刚参加工作，所以积蓄甚微。如果没有金融市场，你只能继续住在狭小的公寓里，直到某一天攒了足够的钱去买房。可那时你也许已经步入中年或晚年，已在狭小的公寓里度过了大半生，可能已经没有那么强烈的购房欲望了。如果存在银行这样的金融中介，你可以贷款买房，即使要支付一些利息，你却会为在青年时光就能享有一套属于自己的住宅而感到十分高兴。这样，当你积蓄了足够多的资金之时，就可以偿还贷款。总的结果是，你的境况得到改善；向你贷款的人们也得到了益处——赚了一笔利息。

金融中介连接起资金盈余者和短缺者，促成他们的美事，从而使资金的流动畅通无阻。运行良好的金融市场和金融中介机构对于提高经济运行效率以及经济的健康运行是非常关键的。

货币流通的中转站
——银行

银行一词源于意大利语Banca，意思是板凳，供早期的银行家在市场上进行交易时使用。英语转化为bank，意思为存放钱的柜子。早期的银行家被称为"坐长板凳的人"。

最早的银行业发源于西欧古代社会的货币兑换业。最初货币兑换商只是为商人兑换货币，后来发展到为商人保管货币，收付现金、办理结算和汇款，但不支付利息，而且收取保管费和手续费。随着工商业的发展，货币兑换商的业务进一步发展，他们手中聚集了大量资金。货币兑换商为了谋取更多的利润，利用手中聚集的货币发放贷款以取得利息时，货币兑换业就发展成为现在的银行了。

公元前2000年的巴比伦寺庙、公元前500年的希腊寺庙，都已经有了经营保管金银、收付利息、发放贷款的机构。近代银行产生于中世纪的意大利，由于威尼斯特殊的地理位置，使它成为当时的贸易中心。1171年，威尼斯银行成立，这是世界上最早的银行，随后意大利的其他城市以及德国、荷兰的一些城市也先后成立了银行。

当时这些银行主要的放款对象是政府，并带有高利贷性质，因而不能适应资本主义工商业发展的要求。最早出现的按资本主义原则组织起来的股份银行是1694年成立的英格兰银行。

在我国，明朝中叶时期就形成了具有银行性质的钱庄，到清代又出现了票号。第一次使用银行名称的国内银行是"中国通商银行"，成立于1897年5月27日，最早的国家银行是于1905年创办的"户部银行"，后称"大清银行"，1911年辛亥革命后，大清银行改组为"中国银行"，一直沿用至今。

那么银行在商业活动中，是如何担当起货币流通的中转站的角色的呢？假如银行有100元存款，银行借给别人，才有利息，才有赚钱。银行怎么赚钱？通过息差赚钱，比如，银行通过息差赚取2%的利息。银行不能100%放贷。如果老百姓存了100元钱，银行全都放贷了，当人取钱时，银行没钱给人怎么办？这就会造成金融危机。因此，中央银行要求每一家银行必须要保存一定的存款准备金，这样才能防止出现别人来取钱时，没有钱兑付的状况。中央银行时刻要求保留一定的存款准备金，即银行就会把储户存款的一部分拿来放贷，剩下的不能放，放了就麻烦了。老百姓去提款的时候，银行没钱，那是件很麻烦的事情。所以存款准备金如果是20%，那就是20%的存款留在银行，供提款人取现金用。也就是说，如果银行有100元钱的存款，他就只能放贷80元。银行就是通过这样不断地吸纳存款，不停地发放贷款来完成货币的流通的，并在货币的流通中赚取利润。

到18世纪末19世纪初，规模巨大的股份（制）银行纷纷建立，成为资本主义银行的主要形式。随着信用经济的进一步发展和国家对社会经济生活干预的不断加强，又产生了建立中央银行的客观要求。1844年改组后的英格兰银行可视为资本主义国家中央银行的鼻祖。到19世纪后半期，西方各国都相继设立了中央银行。早期的银行以办理工商企业存款、短期抵押贷款和贴现等为主要业务。现在，西方国家银行的业务已扩展到证券投资、黄金买卖、中长期贷款、租赁、信托、保险、咨询、信息服务以及电子计算机服务等各个方面。

现代银行的结构非常繁杂，按职能可划分为中央银行、商业银行、投资银行、储蓄银行和其他专业信用机构。它们构成以中央银行为中心、以股份商业银行为主体、各类银行并存的现代银行体系。

把钱存入银行
——储蓄

先哲早已告诉我们，储蓄是一种美德，挥霍浪费可耻。这个古老的智慧，反映了我们共同的道德判断，以及未雨绸缪的明智抉择。但是这个世界上总有许多挥霍成性的人，也总有许多理论家，为挥霍行为寻找合理化的借口。

古典经济学家勇于驳斥他们那个时代的种种谬论，他们认为符合个人最佳利益的储蓄，也符合国家的最佳利益。他们指出，懂得长远打算的理性储蓄者，不但不会对整个社会有害，反而有益。但当今社会，古老的节俭美德连同古典经济学家的警醒之言却受到抨击，许多人搬出反对节俭的新理由，提倡支出的论调已蔚然成风。

为了把这个基本的问题尽可能讲清楚，我们再来借用经济学家巴斯夏所举的一个经典例子。假设有两兄弟各继承了一笔财富，每年有50 000美元的收益，但是其中一人挥金如土，另一人谨慎节俭。我们在这里忽略掉所得税以及两兄弟是否应该去工作赚钱，是否该把大部分钱捐给慈善机构的问题，因为这些问题和我们接下来要谈的主题无关。

哥哥阿尔文是个挥霍者，他不仅有挥霍的性情，而且有挥霍的信念。他是卡尔·洛贝图斯的忠实信徒。在19世纪中叶，洛贝图斯宣称资本家"必须将他们赚来的钱全部用于享受和奢靡"，因为如果他们"决定节省，……商品将积压，部分工人将失业"。阿尔文常出入夜总会；小费出手十分大方；他爱讲排场，养了很多仆从；他有两名私家司机，车子买了一辆又一辆；他畜养一批赛马；他喜欢驾游艇出航，去各地观光；他给太太买钻石项链和毛皮大衣；他送朋友贵重却派不上用场的礼物。

为了这一切，他只好动用老本，但他义无反顾。如果节省是一种罪恶，不节省当然就是美德；再说这么做，可以补偿吝啬鬼弟弟本杰明由于节省犯下的罪行。

不用说，阿尔文对于男女服务生、餐厅老板、皮货商、珠宝商、各类奢侈品店家来说都是最受欢迎的人，他被视为众人的财神爷。大家都看得很清楚，正是他四处挥洒钞票，人们才有那么多工作可做。

弟弟本杰明的人缘比起哥哥来简直相形见绌。他很少光顾珠宝店、皮货店和夜总会，也不会亲昵地直呼侍者领班的名字。与阿尔文年年吃老本不同，本杰明要谨慎得多。他一年的花销在25 000美元左右。在那些目光短浅的人看来，他提供的工作机会显然不及阿尔文的一半，另外25 000美元则丝毫没有派上用场，就像那笔钱根本不存在一样。

且慢！让我们来看看本杰明究竟是如何支配那另外25 000美元的。那笔钱，他并没有放在钱袋子、书桌抽屉和保险箱里面。他把钱存到银行里，或者拿去投资。如果他是存到商业银行或储蓄银行，银行会借给企业用作周转资金，或用于购买证券。换句话说，本杰明的钱用于直接或间接投资。这些钱被用于投资购置或建造生产资料——房屋、写字楼、工厂、轮船、卡车、机器。本杰明投入这些用途的数额与他将钱直接用于消费的数额一样多，都能使钱进入流通领域、创造就业机会。

总之，现代世界中的"储蓄"，只是支出的另一种形式。两者的差别，通常在于前者把钱交给别人用于扩大生产。就提供就业机会来说，本杰明既"储蓄"又"支出"带来的效果，与阿尔文单纯支出的效果一样，他们投入流通的资金也一样多。主要区别就在于，阿尔文花钱提供的就业机会，每个人都看得到；而要认清本杰明储蓄的钱所起到的同样的作用，则需要我们做进一步的观察和思考。

12年后，阿尔文破产了。他不再流连于夜总会和时尚精品店；那些曾奉他为财神爷的人如今谈起他时，都嘲笑他是傻蛋一个。他写信向本杰明借钱。本杰明的支出和储蓄比率还是和以前一样，由于投资收益不断增长，通过他的投资创造的就业机会不仅数量更多，并且那些工作待遇更加好、劳动生产率更高。他的资本财富和收入都比以前更高了。简单来说，他增加了国家的生产能力，阿尔文却没有。

近些年来，关于储蓄的谬论层出不穷，不能都借用上面两兄弟的例子来加以驳斥，有必要针对那些谬论进行进一步的探讨。许多谬论连最基本的概念都搞混了，甚至到了令人匪夷所思的地步，犯这种错误的人中不乏知名经济学者。例如，储蓄一词有时被用来单指蓄藏金钱，有时被用去指投资，这个词被用来用去而不加区分。

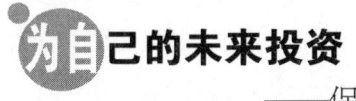

为自己的未来投资

——保险

公元前2 500年前后，古巴比伦王国国王命令僧侣、法官、村长等收取税款，作为救济火灾的资金。

古埃及的石匠成立了丧葬互助组织，用交付会费的方式解决收殓安葬的资金。

古罗马帝国时代的士兵组织，以集资的形式为阵亡将士的遗属提供生活费，逐渐形成保险制度。

随着贸易的发展，大约在公元前1792年，正是古巴比伦第六代国王汉谟拉比时代。此时商业繁荣，为了援助商业及保护商队的骡马和货物，在汉谟拉比法典中，规定了共同分摊补偿损失的条款。

公元前916年，在地中海的罗德岛上，国王为了保证海上贸易的正常进行，制定了罗地安海商法，规定某位货主遭受损失，由包括船主、所有该船货物的货主在内的受益人共同分担，这是海上保险的滥觞。这种共同承担风险损失的办法，就是近代保险的萌芽。

人们因为厌恶风险而规避风险，保险就应运而生了。保险是人们为了对付由意外事件如疾病、事故或其他不幸所引起的财务风险而购买的安全性保障。人们向保险公司支付保险费，换回一个承诺，即如果所保险的事件发生，保险公司将进行赔偿。保险并没有消灭风险，而是转换了风险：风险原来由投保人自己承担，现在由保险公司承担。

通俗地讲，其实"保险"就是"互助"，互相帮助解决经济上的困难。保险公司就是提供了一个许多人互助的平台。在我们传统的社会里，家里发生了不如意的意外事情，我们都会通知亲戚朋友并请他们来帮忙，但是亲戚朋友是有限的，能发挥的力量也是有限的。

假如一个人现在得了非常严重的病，他的家人通知亲戚朋友来帮忙，能写出100个名单就已经很不错了，假设平均一个人拿出1 000元来帮忙，总共合起来也不过10万元，这些钱用于看病都非常紧张，如何能照顾家人今后的生活呢？但是，假使这个人有10万个亲戚朋友，每一个人只要拿出10块钱，就能凑到100万元的大数目。一个人拿出10块钱是太容易了，但是要认识10万个亲戚朋友，却谈何容易？恐怕一辈子也认识不到那么多人。然而，通过保险，就能帮你去结交10万个亲戚朋友，而当他们当中的任何一个人发生最不如意的事情时，我们都会拿出10块钱来帮他，凑成100万解决他的经济危机。有一天，最不如意的事情发生在我们身上时，别人也都会拿出10块钱，凑成

100万来帮忙我们。

保险实际上是一种分散风险、集中承担的社会化安排，是"我为人人，人人为我"的制度。保险公司不过是公平合理地收集、管理、分配这些互助基金的中间人而已。我们平时帮助人愈多，当发生急难时，别人也帮助我们愈多。从经济学的角度来看，保险是对客观存在的未来风险进行转移，把不确定的损失转化为确定的成本——保险费。就意外伤害来说，我们每个人每时每刻都面临着遭受意外伤害的风险，但谁也无法确定到底会不会发生、何时发生，有时一旦发生，有可能非常严重，沉重的医疗费用甚至会使一些家庭走向崩溃的边缘。保险则由保险公司把大家组织起来，每个人缴纳保费，形成规模很大的保险基金，集中承担每个人可能发生的意外伤害损失。可见对于个人而言，保险就是在平时付出一点保费，在发生风险的时候获得足够的补偿，不致遭受重大冲击。

保险中的可保风险仅指"纯风险"，就是只有发生损失的可能，而没有获利的可能，比如身体生病、财产被偷等就是纯风险。投资股票就不是纯风险，因为投资股票可能亏损，也可能赚大钱。所以，保险公司是不会为股票投资上保险的。

保险的分类标准非常多，不同的学者有不同的分法。根据不同的标准，可以将保险分为若干类型。我们主要使用以下五个标准，即被保险人、保险标的、实施的形式、业务承保方式、保险机构的性质，把保险分为五大类。

1. 个人保险与商务保险

根据被保险人的不同，保险可分为个人保险和商务保险。个人保险是指以个人或家庭作为被保险人的保险。商务保险是指以工厂、商店等经营单位作为被保险人的保险。

2. 财产保险、人身保险与责任保险

根据保险标的的不同，保险可分为财产保险、人身保险和责任保险。财产保险是指以物或其他财产利益为标的的保险。广义的财产险包括有形财产险和无形财产险。人身保险是指以人的生命、身体或健康作为保险标的的保险。责任保险是指以被保险人的民事损害赔偿责任为保险标的的保险。

3. 强制保险与自愿保险

根据实施形式的不同，保险可分为强制保险和自愿保险。强制保险又称法定保险，它是指由国家颁布法令强制被保险人参加的保险，如交强险、建工险、公众责任险等。自愿保险是指在自愿协商的基础上，由当事人订立保险合同而实现的保险，绝大部分保险属于这一类。

4. 商业保险与社会保险

根据国内保险机构性质的不同，保险又可分为社会保险和商业保险。对个人投保而言，社会保险是基本，商业保险是补充。

社会保险是指国家通过立法强制实行的，由个人、单位、国家三方共同筹资，建立保险基金，对个人因年老、疾病、工伤、生育、残废、失业、死亡等原因丧失劳动能力或暂时失去工作时，给予本人或其供养的直系亲属物质帮助的一种社会保障制度。社会保险具有强制性、法制性、固定性等特点，每个在职职工都必须实行，所以，社会保险又称为（社会）基本保险，或简称为社保。

5. 原保险与再保险

根据业务承保方式的不同，保险可分为原保险和再保险。原保险是指保险人对被保险人因保险事故所致的损失承担直接的、原始的赔偿责任的保险。再保险是原保险人以其所承保的风险，再向其他保险人进行投保，与之共担风险的保险。

不空头就有价值
——支票

支票是出票人签发，委托办理支票存款业务的银行或者其他金融机构在见票时无条件支付确定的金额给收款人或持票人的票据。

支票是以银行为付款人的即期汇票，可以看作是汇票的特例。支票出票人签发的支票金额，不得超出其在付款人处的存款金额。如果存款低于支票金额，银行将拒付。这种支票称为空头支票，出票人要负法律上的责任。

开立支票存款账户和领用支票，必须有可靠的资信，并存入一定的资金。支票可分为现金支票和转账支票。支票一经背书即可流通转让，具有通货作用，成为替代货币发挥流通手段和支付手段职能的信用流通工具。运用支票进行货币结算，可以减少现金的流通量，节约货币流通费用。

支票分为普通支票、现金支票、转账支票3种。现金支票只能用于支取现金，它可以由存款人签发用于到银行为本单位提取现金，也可以签发给其他单位和个人用来办理结算或者委托银行代为支付现金给收款人；转账支票只能用于转账，它适用于存款人给同一城市范围内的收款单位划转款项，以办理商品交易、劳务供应、清偿债务和其他往来款项结算；普通支票可以用于支取现金，也可以用于转账。但在普通支票左上角划有两条平行线的为划线支票，只能用于转账，不能支取现金。

一张支票的必要项目包括：

（1）"支票"字样；

（2）无条件支付命令；

（3）出票日期及出票地点（未载明出票地点者，出票人名字旁的地点视为出票地）；

（4）出票人名称及签字；

（5）付款银行名称及地址（未载明付款地点者，付款银行所在地视为付款地点）；

（6）付款人；

（7）付款金额。

由于支票是代替现金的即期支付工具，所以有效期较短。我国《票据法》规定：支票的持票人应当自出票日起10日内提示付款；异地使用的支票，其提示付款的期限由中国人民银行另行规定。超过提示付款期限的，付款人可以不予付款。

　　支票结算的特点概括起来说就是简便、灵活、迅速和可靠。所谓简便，是指使用支票办理结算手续简便，只要付款人在银行有足够的存款，它就可以签发支票给收款人，银行凭支票就可以办理款项的划拨或现金的支付；所谓灵活，是指按照规定，支票可以由付款人向收款人签发以直接办理结算，也可以由付款人出票委托银行主动付款给收款人，另外转账支票在指定的城市中还可以背书转让；所谓迅速，是指使用支票办理结算，收款人将转账支票和进账单送交银行，一般当天或次日即可入账，而使用现金支票当时即可取得现金；所谓可靠，是指银行严禁签发空头支票，各单位必须在银行存款余额内才能签发支票，因而收款人凭支票就能取得款项，一般是不存在得不到正常支付的情况的。

没钱也能买东西
——信用卡

　　信用卡是银行或其他财务机构签发给那些资信状况良好的人士或单位，用于在指定的商家购物和消费、或在指定银行机构存取现金的特制卡片，是一种特殊的信用凭证。

　　最早发行信用卡的机构并不是银行，而是一些百货商店、饮食业、娱乐业和汽油公司。美国的一些商店、饮食店为招揽顾客，推销商品，扩大营业额，有选择地在一定范围内发给顾客一种类似金属徽章的信用筹码，后来演变成为用塑料制成的卡片，作为客户购货消费的凭证，开展了凭信用筹码在本商号或公司或汽油站购货的赊销服务业务，顾客可以在这些发行筹码的商店及其分号赊购商品，约期付款。这就是信用卡的雏形。

　　据说有一天，美国商人弗兰克·麦克纳马拉在纽约一家饭店招待客人用餐，就餐后发现他的钱包忘记带在身边，因而深感难堪，不得不打电话叫妻子带现金来饭店结账。于是麦克纳马拉产生了创建信用卡公司的想法。1950年春，麦克纳马拉与他的好友施奈德合作投资一万美元，在纽约创立了"大来俱乐部"（DinersClub），即大来信用卡公司的前身。大来俱乐部为会员们提供一种能够证明身份和支付能力的卡片，会员凭卡片可以记账消费。这种无须银行办理的信用卡的性质仍属于商业信用卡。

1952年，美国加利福尼亚州的富兰克林国民银行作为金融机构首先发行了银行信用卡。

1959年，美国的美洲银行在加利福尼亚州发行了美洲银行卡。此后，许多银行加入了发卡银行的行列。到了二十世纪六十年代，银行信用卡很快受到社会各界的普遍欢迎，并得到迅速发展，信用卡不仅在美国，而且在英国、日本、加拿大以及欧洲各国也盛行起来。从二十世纪七十年代开始，香港、台湾、新加坡、马来西亚等发展中国家和地区，也开始发行信用卡业务。

信用卡是一种消费支付工具，也是目前仅次于现金、最普遍受欢迎的塑料货币。信用卡是由银行或公司签发的证明持有人信誉良好，可以在指定商店或场所进行记账消费的信用凭证。普通信用卡尺寸大小如身份证，一般用特种塑料制成，信用卡上印有持有者的姓名、号码、有效期限等，均为凸字。为了防止冒领，近年来有的信用卡上印有持卡人照片。当顾客购货结账时，只需将信用卡交商店，由收款员把信用卡放在压印机上压印一下，那些凸字就会印在一式三联的单据上，然后持卡人在单据上签字，商店收款员将单据上的签字与信用卡上的签字式样核对相符后，即承认记账消费，持卡人不必付现金就可以购买所需的货物。信用卡的持卡人除了可以在特约商户凭卡签字购买各种商品、就餐、娱乐、住宿外，还可以向发卡机构指定的银行透支一定限额的现金。特约商户和指定受理银行凭持卡人签字的账单向发卡机构收款，再由发卡机构送持卡人核对，在规定的期限内付清。至持卡人付清时，发卡机构按规定计收透支款项利息。如到期未付清，则要计收罚息。

走遍天下都不怕
——电子货币

随着因特网的迅速发展，网上交易日趋增多，原来的支票和信用卡等支付手段已满足不了当前形式发展的需要。人们对电子货币的需求越来越迫切，智能卡已成为Web和真实世界间关键的媒介。早在20世纪90年代初，英美等国就在大力开发、试用电子货币，全世界现在已有多项电子货币和电子钱包的方案。

1996年，Visa国际集团公司在亚特兰大奥运会期间，与美国东南部三家银行nationsbank、firstunion、wachovia及斯伦贝谢联合进行了电子货币试验。这次采用一种新的智能卡作为电子钱包，每用一次卡，电子读卡器会自动从中扣除购物时的金额。当电子钱包"空"了时，就停止使用。这种新卡有两种版本：一种是简易的卡（disposable），如钱包里的钱用完了就可以丢掉，是一次性的钱包；另一种类型为多功能银行卡（multi-usebankcard），它既用作扣款卡，又用作提款卡，这种开放式智能卡系统是第一次在美国应用。

经过多年试验之后，Visa国际集团公司新西兰公司和惠灵顿一家旅游公司合作，在惠灵顿全面试验全市第一张通用电子货币卡，这在世界上还是首次。届时，惠灵顿将成世界上第一个告别现金的城市。该市市民无论是去商店购物、饭店就餐，还是打电话、买车票等，都一律不用现金，仅凭一张卡就可在该市畅通无阻。

美国花旗银行正在开发一种电子货币系统。这项系统完成后，可向消费者及企业提供服务，在全球各地通过网络支付账款。美国cyber公司也开发出一种数字化现金方式：在不用智能卡的情况下，也可在网络上流通，人称cyber -cash。英国一家银行则主张利用电子通货和智能卡组合应用方式，即以数字化现金作为通货，把智能卡当做可随身携带的钱包。他们准备将这样的系统用于因特网上作为交易结算的手段。美国的digicash公司也推出e—cash电子现金，像美国cybercash那样，不用智能卡也可在网上流通。据日本东京ecosys公司参与digicash方式电子通货试验的人员说，digicash的出现将会动摇现行的通货制度，政府部门将失掉调整货币流通量的能力，即根本无法控制通货膨胀和通货压缩。继美国、英国之后，德国也准备发行数字现金。为鼓励欧洲电子交易的发展，同时保护用户的安全，欧委会提议建立一个控制系统，用以规范非银行机构的电子货币交易方式。

电子货币集支付、消费、转账、储蓄和结算于一身，给消费者带来极大的方便，打破了"一手交钱，一手交货"的现金交易方式以及消费者有多少钱才能消费多少钱的传统消费方式。但一卡在手走遍天下的关键，并不在于一张小小的卡片，而在于这张卡片所依赖的强大的电子网络系统。

高风险、高回报
——风险资本

风险资本是一种以私募方式募集资金，以公司等组织形式设立，投资于未上市的新兴中小型企业（尤其是新兴高科技企业）的一种承担高风险、谋求高回报的资本形态。它和共同基金、单位信托等证券投资基金截然不同，在投资、募集等运作方式上有其自身的特点。国内有些部门提出的产业投资基金实际上就是风险资本。

风险资本的作用主要表现为。

（1）风险资本在扶持高科技产业的发展方面功不可没。以美国为例，美国风险资本的70％都投向了以信息技术为主的高科技产业，微软公司（Microsoft）、网景公司（Netscape）等成功的高科技企业在发展历程中均得到了风险资本的扶持。

（2）风险资本能促进经济增长。受风险资本支持的企业一般都属于新兴行业，发展前景良好，增长势头强劲，成为经济的新增长点，1990—1994年间，英国受风险资本支持的企业的营业收入累计达到830亿英镑，年均增长率达34%，是同期代表伦敦《金融时报》指数的100家企业的5倍多，利润与资产净值的增长率分别是这100家企业的3倍多和2.5倍。在美国，风险资本对促使经济实现产业升级起到了重要作用，1997年，共有134家公司在风险资本的扶持下上市，而其中信息技术企业就占70家，目前，信息技术已成为美国经济增长的主要推动力，1994—1996年，在全美国的国内生产总值的增量中，高科技占了27%，而作为传统的支柱产业的住宅建筑业只占14%，汽车业只占4%。

（3）风险资本有力地促进了证券市场的成长。风险资本通过扶持新兴企业成长与壮大并推动其上市，给证券市场注入了生机。据调查，1992—1995年。通过风险资本辅导和培育而在伦敦股票交易所上市的企业占新上市企业数的40%，而且这些公司代表着产业升级和发展的方向。其业绩表现优于上市公司各项平均值，是证券市场的重要组成部分。从发展趋势来看，风险资本在证券市场发展中还将发挥越来越重要的作用。

风险资本的投资对象往往是一些开拓性的投资项目，主要用于开发新产品、新工艺以及扶持代表未来发展方向的新企业的生长与壮大。风险投资家为了分摊或减少风险，通常在投资时由几家公司共同承担一个创业家的申请。在美国，风险资本的发展已有40多年的历史，近10余年来日趋活跃，尤其是半导体工业、微型电脑和生物工程等新兴行业。目前除美国外，日本、新加坡、韩国、英国、法国和德国也都相当重视风险资本的投资。

风险资本在许多国家业已发展成熟，并具有成型的运作方式。

风险资本的投资对象是处于创业期的未上市新兴中小型企业，尤其是新兴高科技企业。在美国，风险资本约80%的资金投资于创业期的高科技企业。这些企业着重开发创新产品，市场前景不好预期，不像成熟产业部门中的企业能从银行、证券市场募集资金，而只能借助风险资本寻求资金支持。

风险资本以高风险和高回报著称。风险资本的投资一般需要4～6年才有可能收回投资，期间通常没有收益，一旦失败便血本无归，而如果成功，则可获得丰厚的回报。据《美国风险资本1998年鉴》介绍，部分风险资本扶持的上市公司，上市后即有良好表现，有些涨幅甚至达到283%，这在成熟的证券市场并不多见。

风险资本均以私募方式筹资。由于风险资本风险大，收益很难预见，一般投资者难以承受，只能向银行、保险等风险承受能力较强、愿意冒风险以追求高回报的特定投资群体私募。据统计，1997年美国风险资本的资金，有54%来自于退休和养老基金，有30%来自于金融机构，7%来自私人投资家。国外有关法规也明确规定，风险资本只能采取私募方式。例如，美国《1934年投资公司法》规定风险资本不得向公众募集资金。英国、日本等国家和我国台湾地区均有类似规定。

风险资本多以公司的形式设立。根据各国的情况，风险资本的组织结构主要有两种，一是有限合伙制，由投资者（有限合伙人）和基金管理人（主要合伙人）合伙组成一个有限合伙企业，投资者出资并对合伙企业负有限责任，管理人在董事会的监督下负责风险投资的具体运作并对合伙企业负无限责任，在美国和英国，相当部分风险资本就是根据《有限合伙企业法》设立的。二是公司型，指风险资本以股份公司或有限责任公司的形式设立。例如，在美国，风险资本可以依照《投资公司法》设立。

就像华尔街是美国金融业的代名词一样，"沙丘路"（Sand Hill Road）在创业者眼里便是风险投资公司的代名词。沙丘路位于硅谷北部的门罗公园市，斯坦福大学向北一个高速路的出口处。它只有两三公里长，却坐落着十几家大型风险投资公司。

在纳斯达克上市的科技公司至少有一半是由这条街上的风险投资公司投资的。其中最著名的包括红杉资本（中国称作红杉风投）、KPCB（Kleiner，Perkins，Caufield&Byers）、NEA（New Enterprise Associates）、Mayfield等。

NEA虽然诞生于美国"古城"巴尔的摩，但经营活动主要在硅谷，它投资了500家左右的公司，其中1/3上市，1/3被收购，投资准确性远远高于同行。同时它也是中国的北极光创投的后备公司。

Mayfield是最早的风险投资公司之一，它的传奇之处在于成功投资了世界上最大的两家生物公司基因科技（Genentech公司和Amgen公司），这两家公司占全世界生物公司总市值的一半左右。除此之外，它还成功投资了康柏、3COM和SanDisk等科技公司。

风险资本通常采取渐进投资的方式，选择灵活的投资工具进行投资。对于所投资企业，风险资本通常先注入部分资金，待企业发展前景有所明朗后视情况再追加投资。在投资工具的选择上，风险资本较多投资于非上市企业的可转换优先股、可转换公司债，既可确保优先获取股息、债息的有利地位，又可在企业上市前转换为普通股。

风险资本有确定的套现机制，一般有三种方式，一是促使所投资企业上市；二是所投资企业回购其股份；三是向其他战略投资者（包括别的风险资本）以协议方式转让股份。

利率是如何决定的
——利率决定理论

"利率决定理论"是指研究利率的形成、变动及其影响和作用的理论观点，是现代金融理论研究的重要内容之一。

1. 古典利率决定论

其主要思想观点是，资本供给来源于储蓄，资本需求来源于投资；储蓄与投资决定利率；利率水平决定于储蓄与投资相均衡之点；投资随利率的下降而增加，随利率的上升而减少，投资是利率的递减函数；企业要进行投资，就必须借入资金，其借入成本就是利率。

2. 凯恩斯利率决定论

其主要思想观点是，利率的高低不是决定于借贷资本的供求关系的，而是决定于货币量的供求关系；在一定时期内，一国货币供给量基本上保持不变，由货币当局所掌握和控制；假如人们的流动性偏好强，愿意保持货币的数量大于货币的供给量，利率就上升；反之，假如人们的流动性偏好弱，愿意保持货币的数量小于货币供给量，利率就下跌。

3. 新古典利率决定论

其主要思想观点是，利率决定于借贷资金的需求与供给相均衡之点；资金的需求不仅包括投资，还有窖藏。其代表性观点就是希克斯—汉森利率决定论。这种理论认为，凯恩斯的流动性偏好理论只着眼于货币的需求，没有考虑收入水平.要导出一个明确的利率决定理论，还必须吸收"古典"理论和借贷理论，把实物方面影响收入和利率的因素也考虑在内。

4. 费里德曼利率决定论

这种理论主张从货币数量的变化与利率的关系的角度来研究利率的决定。谈理论认为，利率并不是货币价格，而是信用的价格；货币存量的变动决定利率水平，即货币量越多，利率越低；但这种决定作用是通过流动性效应、所得及价格水平效应、价格预期效应实现的；影响利率水平的主要因素有投资、储蓄、流动性偏好、货币数量、所得水平、物价水平、价格预期等；这些因素又都与财政赤字有直接关系。

古典利率决定论的结论：利率决定于投资曲线与储蓄曲线相交之点，而与货币量的多少没有关系。

凯恩斯利率决定论的结论：利率决定于流动性偏好率与货币数量相均衡的水平。

新古典利率决定论的结论：利率的决定因素是投资、储蓄、流动性偏好和货币供给量等。

经济领域的孪生兄弟
——收益与风险

　　任何投资理财都存在一定的风险，只是风险的大小有所区别而已。一直以来大家都觉得把钱存在银行里是最保险的，肯定会有利息的。其实，风险无处不在，各种存款、国家债券也都有风险，只是由于风险太低，因此被忽视了。比如，在存入定期存款后，将无法享受到期间利率上涨的好处。风险总是和收益成正比的，只有承担了一定风险的投资理财才有可能获得满意的收益。

　　投资有风险，收益越高风险越大，但不投资也会有风险，通货膨胀会造成风险，少赚也会有风险。所以不要害怕风险，重要的是一定要了解你投资的品种风险度有多大，只有了解了风险度才能有效规避风险。一谈到风险，更多的人会把风险等同于损失，实际上这是一个认识上的误区。金融投资中的风险，就是一种不确定性，即每年的实际投资率相对于预期年收益率的上下波动程度，向上超出的收益和向下缺少的部分都是风险。因此，个人理财的关键是学会控制风险。

　　一般来说，影响投资风险承受度的因素主要有以下几种。

　　首先是年龄。投资界有一个著名的年龄法则，一个人的风险投资可以参考"一百减年龄"的原则，就是说用（100-岁数）×100%，得出的结果就是风险投资的最大比例。随着年龄的增长，对风险的承受能力就越低。事业刚起步者，未来的储蓄多，表示可往下摊平的本钱多，因此可以承担较高的风险。但是对于那些临退休或者已经退休的人来说，基本上就没有多少往下摊平的本钱了，因此风险承担能力低下，最好是选择稳健的投资方法。

　　其次是家庭情况。一个人有了家庭，那么他就要承担一定的责任，要养活一家人的生活，还要为子女的教育基金做准备，还要为家庭的保险等等做准备。如果你的工作稳定，事业蒸蒸日上，收入一天比一天高，那么你就可以大胆地进行投资；但是如果你都面临下岗，或者只是打打临工的类型，三天两头等着失业，那最好还是投资稳健一些比较好。如果你的家庭负担重，例如家里有个长期病重的老人，或者刚刚新婚，打算买房买车的，这个时候的投资如果太冒失，那是很危险的，这样的人风险承受能力是不高的。

最后是自身的风险偏好及态度。一般来说，人的风险承受态度有几种，那就是冒险型的、积极型的和稳健型的。怎么理解这几种人的区别呢？最著名的莫过于和信企业集团的辜振甫与辜濂松的故事。他们一个是集团会长，一个是台湾信托董事长，辜振甫的长子——台湾人寿总经理辜启允非常了解他们，辜振甫属于慢郎中型，而辜濂松属于急惊风型。他说："钱放进辜振甫的口袋就出不来了，但是放进辜濂松的口袋就会不见了。"因为辜振甫赚的钱都存到银行，而辜濂松赚到的钱都拿出来投资。结果是：虽然两个人年龄相差17岁，但是侄子辜濂松的资产却遥遥领先于其叔父辜振甫。

将金钱投入到经济中去，投资的途径有多种选择，收益不同，风险也不同，就看你自己是一个怎样的投资者，想选择一种什么样的方式。如果你从不涉足博彩，那么你可能是一个风险厌恶者，你宁愿选择一些收益固定的投资方式；相反，有些人可能就非常偏好风险，他们喜欢有刺激性的结果，为了追逐高收益，他们宁愿承担不名一文、倾家荡产的风险；还有一些人，他们不像这两者那样极端，他们既可以适当承受风险获得收益，也不愿意铤而走险孤注一掷。所以在准备好了钱进行投资之前，请先搞清楚自己究竟是哪一种人，这将直接涉及你选择什么样的投资产品。

认清了风险受什么因素影响、弄清了自己属于哪一类风险类型的人之后，需要做得就是尽可能降低风险、提高收益了。理财的一个重要作用就是在既定的收益水平下尽量降低风险，或者在相同风险程度下尽量提高收益率，因此认清理财产品的风险，按照自身可接受的风险水平进行合理的选择是理财的关键。想要很好地理财，就要适当地学会怎么降低风险，学会一些小技巧，使自己的投资以最小的风险带来最大利润。

首先是要增加专业知识。理财是一门专业性很强的学问，它涉及银行、证券、保险、信托、基金、房产等众多领域，理财不但需要具备广泛、系统、专业的金融知识，而且需要通晓各种金融商品和投资工具，具备随时掌握国际国内金融形势的条件和综合素质。

其次还要端正理财理念。家庭理财必须树立科学的理念，做理智的投资人，做理性的投资人。要熟悉金融法规政策，增强自我保护意识。在投资前须将短期内必须偿还的负债还清，如信用卡透支款项、消费性贷款等。投资不要盲目跟风，对已选定的投资产品组合要有正确的心理预期。不要受短期市场波动而做出较大的调整。

再次是要有识别风险的能力。识别风险是进行风险预测和衡量的基础和前提，只有关注影响理财的各种因素变化并加以评估，才能保证风险损失在出现前就加以防范，即使真的出现了风险也能够有效应付。

最后就是要做好长期投资的准备。风险补偿一定是在一个相对长的时间内才会体现出来，理财是长期的行为，要以长期投资心态来对待理财产品。一年两年投资成功的行为不能算是一个很会理财的人，需要持续进行下去，让它成为一种生活习惯，只有把时间拉长，才能看到明显的效果。

风险与收益是经济领域的孪生兄弟，任何时候你都不可能找到没有风险而只有收益的投资对象，你只能尽量预测风险，避开高风险和不确定性，获取尽可能高的收益。这是一个权衡，需要你理性的分析和预见，还需要一定的专业知识。只要你肯用功夫，就一定能够平平稳稳地获得收益。

是什么诱发了金融危机的爆发？
——热钱

热钱又称游资，或称投机性短期资本，在国际金融市场上，它流动迅速，目标是以最低的风险换来最高的报酬。热钱具有短期、套利和投机的特点。这使得热钱成为诱发市场动荡乃至金融危机的重要因素。

11年前席卷东南亚的金融危机，至今仍让人谈虎色变，而酿造这场危机的罪魁祸首就是国际热钱。如今它的幽魂来到了我们自己身边。据有关专家计算，截至2005年年底，在我国境内的"热钱"超过3 200亿美元，2006年底和2007年底分别为4 000亿美元和5 000亿美元。2008年6月24日，社科院世界政治与经济研究所专家在社科院网站上发表报告指出，在一定的经济学模型假设下，中国资本市场上的热钱数额惊人，已高达1.75万亿美元，这一数字大约相当于截至2008年3月底的中国外汇储备存量的104%。

在20世纪80年代后期，位于中北美洲的墨西哥为了加速本国经济增长，不断采取措施鼓励外资进入。当时，墨西哥的经济前景也被广泛看好。由于墨西哥在进出口贸易中经常出现逆差，政府便采取大量吸引国外资本的方法来保持国际收支平衡。这样，到了1993年时，墨西哥的外资流入量已经高达300多亿美元，但是其中的投机性资金超过了50%，并且主要投入于证券和货币市场。大量的短期投机资金即构成了热钱，它们大大增加了墨西哥经济体系的脆弱性，只要国内外政治、经济形势发生变动，就可能引起资金外逃，爆发金融危机。

在1994年，墨西哥总统大选之际，执政党的一名总统候选人被暗杀，政局动荡，投资者对墨西哥经济前景的信心动摇。大量资金从墨西哥外逃，仅证券市场外流资金就高达180亿美元。墨西哥的国际贸易逆差迅猛加剧，外汇储备大量减少。为了改善这种情况，1994年12月20日，墨西哥政府宣布本国货币比索对美元汇率的浮动范围扩大到15%，但这实际上意味着比索的贬值。政府本来希望借此抑制资金外流，不料投资者更加失去信心，热钱外流更为迅猛。从20日至22日，短短的三天时间，墨西哥比索兑换美元的汇价就暴跌了42%，这在现代金融史上都是极为罕见的。从1994年12月至1995年3月，墨西哥发生了一场比索汇率狂跌、股票价格暴泻的金融危机。直到以美国为主的500亿美元的国际资本援助到位后，这场金融动荡才于1995年上半年趋于平息。然而这场金融危机的震撼力已经波及全球，首当其冲的便是阿根廷、巴西、智利等经济结构与墨西哥相似的拉美国家。他们都存在着债务沉重、贸易逆差、币值高估等经济问题。由于外国投资者担心墨西哥金融危机有可能扩展到整个拉美，便纷纷抛售这些国家的股票，由此引发了拉美股市猛跌。结果仅在1995年1月上旬，短短10多天里，整个拉美证券市场就损失了近90亿美元的市值。这场由热钱酿成的金融风暴，时至今日仍让世界谈之色变。

国际短期资金的投机性移动主要是为了逃避政治风险，追求汇率变动、重要商品价格变动或国际有价证券价格变动的利益，而热钱即为追求汇率变动利益的投机性行为。当投机者预期某种通货的价格将下跌时，便出售该通货的远期外汇，以期在将来期满之后，可以以较低的即期外汇买进而赚取此一汇兑差价的利益。由于此举纯属买空卖空的投机行为，因此与套汇不同。在外汇市场上，由于此种投机性资金常自有贬值倾向货币转换成有升值倾向的货币，增加了外汇市场的不稳定性，因此，只要预期的心理存在，唯有让升值的货币大幅波动或实行外汇管制，才能阻止这种投机性资金的流动。

鉴于热钱对一个国家的经济、市场有着如此严重的危害，金融专家们一直在对各种热钱危机进行深入的分析，总结出危机发生前普遍存在的一些特征。

（1）在热钱危机爆发前，国家已经有着持续多年的经济高速增长。以泰国为例，在1990—1995年，其GDP平均增长率高达9%，而且在1997年金融危机之前，泰国国民经济已经连续15年保持高速增长。

（2）外部资金大量流入国内，造成普遍投资过度的现象。在1995年，韩国的投资总额占GDP的比例高达34%，1996年便超过了40%，由此导致电子、汽车等一些关键工业以及房地产出现生产能力过剩的现象。

（3）股票、房地产等资产价格迅速上涨。泰国在经济危机爆发前，大量外资投入到房地产领域，房地产贷款比例高达25%，但是房屋空置现象却很严重。泰国的股市、楼市都出现了过度繁荣的现象。

（4）货币普遍被高估。墨西哥在危机前实施盯住美元的汇率政策，导致比索被高估。然而，一旦热钱危机爆发，货币"内虚"的隐患立刻发作，汇率一泻千里。

总的来说，预防热钱危机要做好以下几方面的工作。

（1）加强外汇监测体系，及早察觉外汇在本国的异常流动。

（2）注意政策、制度的可逆性设计，一旦热钱大量外流时，政策制度可以做出相应的应对和补救措施。

（3）保持理性政策，防止经济大起大落。保持经济的平衡增长而不是追求过度的繁荣，始终是稳定国家货币和金融体系的根本。

古往今来，"投机主义者"都有一个共同的特点：为了达到目标可以不择手段，并以结果来衡量一切。热钱就是典型的投机行为，它所带来的过热投资，往往违背了经济学的价值规律，从而带来严重的经济危机。

热钱会对经济造成推波助澜的虚假繁荣。从我国目前的情况来看，热钱在赌人民币升值预期的同时，也乘机在其他市场如房地产市场、债券市场、股票市场以及其他市场不断寻找套利机会。所以在这个时候我们要把握好自己的"钱袋子"，什么时候该投资，投资到哪方面都要做仔细考虑，以免自己的血汗钱被套牢了。

是什么对国际金融体系的安全造成威胁?
——洗钱

洗钱活动最早出现在20世纪20年代，当时美国芝加哥的一名黑手党成员开了一家洗衣店，在每晚计算当天的洗衣收入时，他把那些通过赌博、走私、勒索获得的非法收入混入洗衣收入中，再向税务部门纳税，扣去应缴的税款后，剩下的非法所得就成了他的合法收入。这就是"洗钱"一词的由来。洗钱泛指将各种违法所得及其产生的收益，通过金融机构以各种手段掩饰、隐瞒资金的来源和性质，使其在形式上合法化的行为。

洗钱一般要经过三个步骤：

第一步"入账"，对非法活动得来的钱财进行初期处置，通常是将黑钱存入银行；

第二步"分账"，通过一系列的复杂的金融交易，如银行转账、现金与证券的交换、跨国转移资金等，来掩盖非法钱财的真实来源，掐断查账线索；

第三步"整合"，将资金转移回犯罪地，以合法的形式回到罪犯手中。此时，犯罪收益已经披上了合法的外衣，犯罪收益人可以自由地支配该犯罪收益了。

2001年我国第三次修正的《刑法》第191条明确，洗钱罪是指单位或个人明知是毒品犯罪、黑社会性质的组织犯罪、恐怖活动犯罪、走私犯罪的违法所得及其产生的收益，为掩饰、隐瞒其来源和性质，提供资金账户、协助将财产转换为现金或者金融票据、通过转账或者其他结算方式协助资金转移的、协助将资金汇往境外的及以其他方式掩饰、隐瞒犯罪的违法所得及其收益性质和来源的行为。

在2006年的反洗钱报告中，央行还披露了我国目前宣判的第二例以洗钱罪定罪的案件——福建泉州蔡建立、蔡怀泽洗钱案。

2002年8月至2004年4月间，蔡清海将贩卖毒品所得的赃款陆续通过菲律宾地下钱庄"汇入"我国境内地下钱庄。在蔡海清的指使下，其叔蔡怀泽、其堂弟蔡建立分别以各自的名义在农业银行石狮市支行、建设银行石狮市支行开设个人账户，并将明知是毒品犯罪所得的赃款存入上述账户。其中，蔡怀泽的建行、农行账户存入赃款共计人民币350余万元，蔡建立的建行账户存入赃款人民币660余万元。事后，蔡怀泽、蔡建立将大部分赃款转出。

在该案中，蔡清海利用蔡建立和蔡怀泽的账户进行洗钱活动的主要过程为：蔡清海通过菲律宾地下钱庄将赃款"汇入"我国泉州、晋江、石狮等地的地下钱庄；泉州、晋江、石狮等地的地下钱庄将赃款分别存入蔡建立、蔡怀泽的账户；蔡建立、蔡怀泽在蔡清海的指使下多次取现，用于购买车辆等用途。

洗钱造成了极其严重的经济、安全和社会后果。洗钱为贩毒者、恐怖主义分子、非法武器交易商、腐败的政府官员以及其他罪犯的运作和发展提供了动力。洗钱已经变得越来越国际化，而与犯罪活动有关的金融问题也由于科技的日新月异以及金融服务业的全球化而变得日益复杂化。

据国际货币基金组织统计，全球每年非法洗钱的数额约占世界国内生产总值的2%～5%，介于6000亿～1.8万亿美元之间，且每年以1000亿美元的数额不断增加。特别是在当前经济全球化、资本流动国际化的情况下，洗钱活动对国际金融体系的安全、对国际政治经济秩序的危害极大。

为什么黄金投资业务备受追捧？
——金本位制

旷日持久的全球金融危机正在改变中国人的金钱观念，而黄金投资业务重新受到百姓追捧，黄金正在成为炙手可热的投资品。北京菜市口百货公司两年来黄金销售增幅非常明显。2007年黄金交易额是23亿元，2008年达35亿元，增幅52%。而在2009年第一季度，销售额已有20多亿元。去年7月，该公司新增了黄金投资业务。菜百业务部经理李翔说，现在很多人希望投资黄金来实现"财产保值增值"。

不久前，国家外管局宣布，中国黄金储备已达1054吨，大大超过了2003年的600吨，并成为全球第五大黄金储备国。这可能成为新一轮黄金投资热潮的导火索。

环球财经研究院院长宋鸿兵在其畅销书《货币战争》中，把黄金称为"被软禁的货币之王"。在他看来，这一次金融危机的最后落脚点是"世界货币体系的重建"，而黄金将扮演"终结者"的角色。支持和反对他的人在网上也展开了激烈的论战。

金本位制就是以黄金为本位币的货币制度。在历史上，曾有过三种形式的金本位制：金币本位制、金块本位制、金汇兑本位制。其中金币本位制是最典型的形式。金币本位制的基本特征是：以一定量的黄金为货币单位铸造金币，作为本位币；金币可以自由铸造，自由熔化，具有无限法偿能力，同时限制其他铸币的铸造和偿付能力；辅币和银行券可以自由兑换金币或等量黄金；黄金可以自由出入国境；以黄金为唯一准备金。

金本位的货币制度，是随着资本主义生产方式的发展而确立起来的。英国早在1861年通过金本位法案，以法律的形式规定黄金作为货币的本位，1862年开始铸造金币，货币单位为英磅。1865年，法国、比利时、瑞士三国组成拉丁货币同盟，发行了货币史上流通最久的金法郎，规定其含金量为0.9032258克纯金，这种国际间通用的金铸币，一直到20世纪30年代才停止流通，但至今还有些国际性的组织如国际电讯同盟，仍然以金法郎作为计算与结算单位，欧洲其他资本主义国家也在19世纪后期实行金本位的货币制度。

然而，随着生产力的发展和经济规模的扩大，对黄金的需要量不断增加，而黄金的产量却是有限的，而且在世界各地分布不平均，加之战争等因素的影响，金币自由铸造与自由流通的基础不断削弱，银行券等价值符号对金币自由兑换的可能性日益缩小，黄金在国际间的自由输出和输入受到限制，最终导致西方国家于第一次世界大战爆发后，宣告金币本位制破产，并在1929—1933年世界经济危机之后，宣布放弃金币本位制。金币本位制在资本主义世界盛行了百年之久，虽然其已经成为货币史上的历史陈迹，但它给货币制度带来了深远影响。

金币本位制消除了复本位制下存在的价格混乱和货币流通不稳的弊病，保证了流通中货币对本位币金属黄金不发生贬值，保证了世界资本市场的统一和外汇行市的相对稳定，是一种相对稳定的货币制度。

第5章

[财富投资课]

所有权的证明
——股票

一个和尚从来不炒股，也从来不想炒股，但是他却被人生拉硬拽进了股市，拿着自己仅有的香火钱，开始了他的股市生涯，但是和尚终究是和尚，怎么也开不了窍，别人买入的时候，他不买，别人卖的时候，他不卖，当股市上涨的时候，很多人抢购，阿弥陀佛，钱财乃身外之物，钱让给他们去赚吧，当股市下跌的时候，和尚却说，弥陀佛，我不入地狱，谁入地狱，洒家来拯救你们，都卖给我吧。结果和尚从来没被套住，而且他在股市下跌时候买的股票大涨，别人却为自己提前割肉后悔不迭。在股市里这么多精明的商人都没赚到钱，但和尚就这么轻易地就赚到了很多钱。

股票持有者凭股票从股份公司取得的收入是股息。股息的发配取决于公司的股息政策，如果公司不发派股息，股东没有获得股息的权利。优先股股东可以获得固定金额的股息，而普通股股东的股息是与公司的利润相关的。普通股股东股息的发派在优先股股东之后，必须所有的优先股股东满额获得他们曾被承诺的股息之后，普通股股东才有权力发派股息。

股票只是对一个股份公司拥有的实际资本的所有权证书，是参与公司决策和索取股息的凭证，不是实际资本，而只是间接地反映了实际资本运动的状况，从而表现为一种虚拟资本。

（1）股票是一种出资证明，当一个自然人或法人向股份有限公司参股投资时，便可获得股票作为出资的凭证；

（2）股票的持有者凭借股票来证明自己的股东身份，参加股份公司的股东大会，对股份公司的经营发表意见；

（3）股票持有者凭借股票参加股份发行企业的利润分配，也就是通常所说的分红，以此获得一定的经济股票市场的影响作用。

股票基本特征如下。

1. 不可偿还性

股票是一种无偿还期限的有价证券，投资者认购了股票后，就不能再要求退股，只能到二级市场卖给第三者。股票的转让只意味着公司股东的改变，并不减少公司资本。从期限上看，只要公司存在，它所发行的股票就存在，股票的期限等于公司存续的期限。

2. 参与性

股东有权出席股东大会，选举公司董事会，参与公司重大决策。股票持有者的投资意志和享有的经济利益，通常是通过行使股东参与权来实现的。股东参与公司决策的权利大小，取决于其所持有的股份的多少。从实践中来看，只要股东持有的股票数量达到左右决策结果所需的实际多数时，就能掌握公司的决策控制权。

3. 收益性

股东凭其持有的股票，有权从公司领取股息或红利，获取投资的收益。股息或红利的大小，主要取决于公司的盈利水平和公司的盈利分配政策。股票的收益性，还表现为股票投资者可以获得价差收入或实现资产保值增值。通过低价买入和高价卖出股票，投资者可以赚取价差利润。在通货膨胀时，股票价格会随着公司原有资产重置价格上升而上涨，从而避免了资产贬值。股票通常被视为在高通货膨胀期间可优先选择的投资对象。

4. 流通性

股票的流通性是指股票在不同投资者之间的可交易性。流通性通常以可流通的股票数量、股票成交量以及股价对交易量的敏感程度来衡量。可流通股数越多，成交量越大，价格对成交量越不敏感（价格不会随着成交量一同变化），股票的流通性就越好，反之就越差。股票的流通性，使投资者可以在市场上卖出所持有的股票，取得现金。通过股票的流通和股价的变动，可以看出人们对于相关行业和上市公司的发展前景和盈利潜力的判断。那些在流通市场上吸引大量投资者、股价不断上涨的行业和公司，可以通过增发股票，不断吸收大量资本进入生产经营活动，收到优化资源配置的效果。

5. 价格波动性和风险性

股票在交易市场上作为交易对象，同商品一样，有自己的市场行情和市场价格。由于股票价格要受到诸如公司经营状况、供求关系、银行利率、大众心理等多种因素的影响，因此其波动有很大的不确定性。正是这种不确定性，有可能使股票投资者遭受损失。价格波动的不确定性越大，投资风险也就越大。所以说，股票是一种高风险的金融产品。

如何让专家打理你的财富？
——基金

我们现在所说的基金通常指证券投资基金。证券投资基金是指通过发售基金份额，将众多投资者的资金集中起来，形成独立资产，由基金托管人托管、基金管理人管理，以投资组合的方法进行证券投资的一种利益共享、风险共担的集合投资方式。证券投资基金在美国称为"共同基金"，在英国和中国香港称为"单位信托基金"，在日本和中国台湾则称"证券投资信托基金"等。

通俗地讲，投资基金就是汇集众多分散投资者的资金，委托投资管理专家（如基金管理人），由投资管理专家按其投资策略，统一进行投资管理，为众多投资者谋利的一种投资工具。投资基金集合大众资金，共同分享投资利润，分担风险，是一种利益共享、风险共担的集合投资方式。

为了进一步加深对基金概念的理解，我们可以给出一个形象的例子：假设你有一笔钱想投资债券、股票等进行增值，但自己既没有那么多精力，也没有专业知识，钱也不是很多，就想到与其他几个人合伙出资，雇一个投资高手，操作大家合出的资产进行投资增值。但在这里面，如果每个投资人都与投资高手随时交涉，那么将十分麻烦，于是就推举其中一个最懂行的牵头办这件事。定期从大伙合出的资产中按一定比例提成给他，由他代为付给高手报酬作为劳务费，当然，他自己牵头出力张罗大大小小的事，包括挨家跑腿，有关风险的事向高手随时提醒着点，定期向大伙公布投资盈亏情况等，不可白忙，提成中的钱也有他的劳务费。上面这种运作方式就叫作合伙投资。将这种合伙投资的模式放大一千倍、一万倍，就变成了基金。

如果这种合伙投资的活动经过国家证券行业管理部门（中国证券监督管理委员会）的审批，允许这项活动的牵头操作人向社会公开募集吸收投资者加入合伙出资，这就是发行公募基金，也就是大家现在常见的基金。

基金管理公司就是这种合伙投资的牵头操作人，不过它是个公司法人，其资格必须经过中国证监会审批。基金公司与其他基金投资者一样也是合伙出资人之一，但由于它牵头操作，要从大家合伙出的资产中按一定的比例每年提取劳务费（称基金管理费），替投资者代雇代管负责操盘的投资高手（就是基金经理），还有帮高手收集信息搞研究的人，定期公布基金的资产和收益情况。当然，基金公司的这些活动必须经过证监会的批准。

为了大家合伙所出的资产的安全，不使其被基金公司偷着挪用，中国证监会规定，基金的资产不能放在基金公司手里，基金公司和基金经理只管交易操作，不能碰钱，记账管钱的事要找一个擅长此事又信用高的人负责，这个角色当然非银行莫属。于是这些出资（就是基金资产）就放在银行，而建成一个专门账户，由银行管账记账，称为基金托管。当然银行的劳务费（称基金托管费）也得从大家合伙的资产中按比例抽一点按年支付。所以，基金资产相对来说只有因那些高手操作不好而被亏损的风险，基本上没有被偷挪走的风险。从法律的角度来说，即使基金管理公司倒闭甚至托管银行出事了，向它们追债的人都无权碰基金专户的资产，因此基金资产的安全是很有保障的。

投资基金就是让理财专家替你打理财富，比较省心，收益稳定，很适合上班族和对金融信息了解较少的人群。但基金是长期投资品种，持有时间长才会显现出良好的效果。

在基金的投资理念上，美国人比较崇尚股神巴菲特的投资哲学："买进被市场低估的股票，长期持有以获利。"数据显示，美国基金持有人自20世纪80年代牛市以来的平均持有周期是3～4年，这反映了美国基金持有人将基金视为理财工具而非短炒工具的理念，他们通常不会随短期市场波动而频繁进出。正如巴菲特所说："我们在投资的时候，要将我们自己看成是企业分析家，而不是市场分析师或经济分析师。"

美国人热衷于基金投资，这主要是因为美国人具有传统的投资意识，也有很强的风险意识和风险承受能力；二战后生育高峰那代人的老龄化、20世纪70年代开始的国家养老体制改革，也促使美国人投资基金。调查显示，有92%的美国基金投资人购买基金是为了退休养老的财务目标，而养老金在共同基金中的资产比例也从20世纪90年代初的20%上升到目前的40%左右。

此外，在美国，各类投资基金比较发达，据报道，美国共有15300多家投资公司，8000多支共同基金，6400多个单位投资信托，620多支封闭式基金，150多支交易所基金。这样，人们对投资基金就有了更多的选择。

比存款划算的投资方式
——债券

债券作为一种债务凭证，与其他有价证券一样，也是一种虚拟资本，而非真实资本，它是经济运行中实际运用的真实资本的证明书。

债券是政府、金融机构、工商企业等机构直接向社会借债筹措资金时，向投资者发行，并且承诺按一定利率支付利息并按约定条件偿还本金的债权债务凭证。债券的本质是债务的证明书，具有法律效力。债券购买者与发行者之间是一种债券债务关系，债券发行人即债务人，投资者（或债券持有人）即债权人。由于债券的利息通常都是事先确定的，所以，债券又被称为固定利息证券。

　　17世纪，英国政府在议会的支持下，开始发行以国家税收作为还本付息保证的政府债券。由于这种债券四周镶有金边，因此也被称作"金边债券"。当然这种债券之所以被称作金边债券，是因为这种债券的信誉度很高，老百姓基本上不用担心收不回本息。后来，金边债券泛指由中央政府发行的债券，即国债。在美国，经穆迪公司、标准普尔公司等权威资信评级机构评定为最高等级的"AAA"级债券，也被称为"金边债券"。

　　我国历史上发行的主要国债品种有国库券和国家债券。其中，国库券自1981年后基本上每年都发行。主要对企业、个人等；国家债券曾经发行包括国家重点建设债券、国家建设债券、财政债券、特种债券、保值债券、基本建设债券，这些债券大多对银行、非银行金融机构、企业、基金等定向发行，部分也对个人投资者发行。

　　向个人发行的国库券利率基本上根据银行利率制定，一般比银行同期存款利率高1～2个百分点。在通货膨胀率较高时，国库券也采用保值的办法。

　　1997年，我国受亚洲金融危机和国内产品供大于求的影响，内需不足，经济增长放缓。我国政府适时发行了一部分建设公债，有力地拉动了经济增长。在国家面临战争等紧急状态时，通过发行公债筹措战争经费也是非常重要的手段。例如，美国在南北战争期间发行了大量的战争债券，直接促进了纽约华尔街的繁荣。

　　债券的发行价格，是指债券原始投资者购入债券时应支付的市场价格，它与债券的面值可能一致，也可能不一致。从理论上说，债券发行价格是债券的面值和要支付的年利息按发行当时的市场利率折现所得到的现值。由此可见，票面利率和市场利率的关系影响了债券的发行价格。当债券票面利率等于市场利率时，债券发行价格等于面值；当债券票面利率低于市场利率时，企业仍以面值发行就不能吸引投资者了，故一般要折价发行；反之，当债券票面利率高于市场利率时，企业仍以面值发行就会增加发行成本，故一般要溢价发行。

　　债券的风险要比股票小。债券一般约定固定利息，到期归还本金，而不论公司的经营业绩如何。当公司业绩看好时，股票收益会超过债券的收益，但公司亏损滑坡时，债券的损失就比股票小。而且，在公司破产时，债券持有人可以优先于股东分配公司财产，这也为债券提供了更可靠的保障。

债券的交易方式一般有如下几种。

1. 现货交易

现货交易又叫现金现货交易，是债券买卖双方对债券的买卖价格均表示满意，在成交后立即办理交割，或在很短的时间内办理交割的一种交易方式。

例如，投资者可直接通过证券账户在深圳交易所买卖已经上市的债券品种。

2. 回购交易

回购交易是指债券出券方和购券方在达成一笔交易的同时，规定出券方必须在未来某一约定时间以双方约定的价格再从购券方那里购回原先售出的那笔债券，并以商定的利率（价格）支付利息。目前深、沪证券交易所均有债券回购交易，但只允许机构法人开户交易，个人投资者不能参与。

3. 期货交易

债券期货交易是指一批交易双方成交以后，交割和清算按照期货合约中规定的价格在未来某一特定时间进行的交易。目前深、沪证券交易所均未开通债券期货交易。

如何在今天做明天的交易？
——期货

有人说：如果你爱一个人，就让他做期货，因为那是天堂；如果你恨一个人，就让他做期货，因为那是地狱。期货是一把双刃剑，既可以让你一夜暴富，也可以使你瞬间破产。

根据《史记·货殖列传》的记载，范蠡不仅是一个天下闻名的谋士，他还是一个做生意的奇才。勾践灭吴之后，范蠡深知历史上但凡效劳过国君、力谋大业的人在成功之后都难逃被杀的结局，于是在一个夜晚偷偷地收拾好珠宝，携带家眷连夜逃走了。他泛舟五湖，七绕八拐地到了齐国，在海边种起了庄稼，没过几年，就挣了几十万。这引起了齐国国君的注意，请他去做宰相。但范蠡很清楚，他从一个平民老百姓，一下就到了一人之下、万人之上的地位，经济上还非常富有，吃好穿好，被人夸赞阿谀，不是什么好事。于是，他又向齐王辞职，把大部分财产都分给了当地村民，搬到了陶（今山东定陶北）。这回他不种庄稼了，他做起了期货，没过几年，就成了亿万富翁。

　　范蠡从他做期货的短短几年中总结出一个道理："贵出如粪土，贱取如珠玉。"也就是说，当商品的价格高到了一定程度，就要像粪土一样舍得抛出去；但假如低到了一定程度，就要当宝贝一样赶紧囤积起来。这就是如今"越跌越买，越涨越抛"这一炒股原则的古代版。范蠡说："贵上极则反贱，贱下极则反贵。"一件商品的价格高到一定程度必然要跌，跌到一定程度必然要涨。这是市场对于价格的调节作用：东西太贵了，没有人买，商家必然要降价出售；而降到一定程度了，商家又没有利润了，不生产了，必然又要涨。那么，期货是什么东西，能让范蠡短短几年就成了亿万富翁？

　　期货的英文为"Futures"是由"未来"一词演化而来的，其含义是：交易双方不必在买卖发生的初期就交收实货，而是共同约定在未来的某一时间交收实货，因此中国人就称之为"期货"。为什么要这样呢？因为卖家判断他手中的商品在某个时候价格会达到最高，于是选择在那个时候卖出，以获得最大利润。

　　期货也是在远期交易基础上发展起来的一种衍生产品，与期权的合约随意性不同，期货是标准化合约，是一种统一的、远期的"货物"合同。期货合约的商品品种、数量、质量、等级、交货时间、交货地点等条款都是既定的，是标准化的，唯一的变量是价格。期货合约的标准通常由期货交易所设计，经国家监管机构审批上市。期货合约可通过交收现货或进行对冲交易来履行或解除合约义务。

　　人们购买期货的目的有两种：套期保值和期货投机。套期保值是指交易者在现货市场上买卖某种原生产品的同时，在期货市场上设立与现货市场相反的头寸，从而将现货市场价格波动的风险通过期货市场上的交易转嫁给第三方的交易行为。而期货投机则是指投机者通过预测未来价格的变化，买空卖空期货合约，当出现对自己有利的价格变动时对冲平仓以获取利润的行为。

　　期货交易是从最初的现货远期交易发展而来的。最初的现货远期交易是双方口头承诺在某一时间交收一定数量的商品，后来随着交易范围的扩大，口头承诺逐渐被买卖契约所代替，即期货合约，是指由期货交易所统一制定的、规定在将来某一特定的时间和地点交割一定数量标的物的标准化合约。这种契约行为日益复杂化，需要有中间人担保，以便监督买卖双方按期交货和付款，于是便出现了1571年伦敦开设的世界第一家商品远期合同交易所——皇家交易所。为了适应商品经济的不断发展，1865年芝加哥谷物交易所推出了一种被称为"期货合约"的标准化协议，取代原先沿用的远期合同。使用这种标准化合约，允许合约转手买卖，并逐步建立缴纳保证金的制度，于是一种专门买卖标准化合约的期货市场形成了，期货成为投资者的一种投资理财工具。

　　期货的赚钱方法简单地说就是赚取买卖的差价。

　　小张在小麦价格为每吨2 000元时，估计麦价要下跌，于是他在期货市场上与买家签订了一份合约，约定在半年内，小张可以随时卖给买家10吨标准小麦，价格是每吨2 000元。5个月后，果然不出小张的预料，小麦价格跌到1 600元每吨，小张估计跌得差不多了，马上以1 600元的价格买了10吨小麦，转手按照契约以2 000元的价格卖给买家，这样就赚了4 000元，原先缴纳的保证金也返还了，小张就这样获利平仓了。

　　小张采用的其实是卖开仓，就是说，小张的手上并没有小麦，但因为期货可以实行做空机制，小张可以先与买家签订买卖合约。而买家为什么要与小张签订合约呢？因为他对小麦看涨。事实证明，小张的判断是准确的，否则如果在半年内小麦价格没有下跌，反而涨到2 400元，那么在合约到期前，小张必须被迫高价购买10吨小麦，然后以契约价卖给买家，这样小张就亏损了，而买家就会赚4 000元。

期货的交易是以实物为依据，但事实上并不是真的在卖小麦或者别的什么。个人投资者购买的期货按照中国目前的制度都是不能交割实物的，只能做投机，即一种理财手段。但期货商品的价格确是围绕实物的市场价格来波动的，因此从这个角度来说，期货相对于股票来说可以说是实体的。但期货的交易方式和股票是相差不多的，期货市场和股票市场一样，也永远是惊心动魄的。伴随高利润的永远是高风险，要想做期货生意，一定要有一颗具有超强承受能力的心脏才行！

牺牲当前消费来增加未来消费
——投资

投资的三句箴言："不要把所有的鸡蛋放在同一个篮子里"，意味着要分散风险；"不要在一个篮子里只放一个鸡蛋"，即组合投资并不意味着把钱过度分散，过度分散反而会降低投资收益；"把鸡蛋放在不同类型的篮子里"，这样组合才能发挥投资的优势。

随着经济的不断发展，投资与人们的生活越来越紧密，已经成为许多人生活中的重要组成部分。所以，我们很有必要对投资的概念及内涵进行探讨。根据经济学上的定义，投资是指牺牲或放弃现在可用于消费的价值以获取未来更大价值的一种经济活动。投资活动主体与范畴非常广泛，在此我们以个人投资为例来对投资进行解释：

如果你手上现有1 000元闲钱，你可在周末带全家出游后再上酒店吃上一顿大餐，大家可以过个愉快的周末，或者买一件高档的衣服。但你也可存入银行，以获得利息，或者买入股票或基金，等待分红或涨升，或者从古玩市场买入字画，等待增值，或者参股朋友所开的小店，分得利润。前面一种情况就是花掉金钱（价值），获得消费与全家的享受；后面几种情况就是放弃现在的消费，以获得更大价值的回报，这就是投资。

再简单来说，你的本金在未来能增值或获得收益的所有活动都可以叫投资。消费与投资是一个相对的概念。消费是现在享受，放弃未来的收益；而投资是放弃现在的享受，以获得未来更大的收益。

投资的资本来源既可以是通过节俭的手段增加，如每个月工资收入中除去日常消费等支出后的节余，也可以是通过负债的方式获得，如借入贷款等方式，还可以采用保证金的交易方式以小博大，放大自己的投资额度。从理论上来说，其投资额度的放大是以风险程度的提高为代价的，它们遵循"风险与收益平衡"的原则，即收益越高的投资则风险也越大。所以说任何投资都是有风险的，只是风险程度大小不同而已。由此可见，只要是投资就有赌博的成分在里面，因为未来的预期往往会随着现实的变化而变化。如果现实按着你的预期方向发展，你就赌赢了，会获得很好的投资回报；如果现实没有按着你的预期方向发展，你就赌输了，就会遭受巨大亏损。

具体来说，个人投资的主要成分包括金融市场上买卖的各种资产，如债券、股票、基金、外汇、期货等，以及在实物市场上买卖的资产，如房地产、金银珠宝、邮票、古玩收藏等，或者实业投资，如店铺、企业等。

不管是投资股票、基金还是房地产，普通人都希望找一种既安全，又可以带来投资回报的方法，因为大多数普通人可能一生只投资一到两套房产，或者把退休金或其他的余钱拿出来放在股市里，因为自己是没有精力也没有这个专业知识去投资，无论投资什么，回报和安全都是百姓最为关注的问题。听到有人投资赚了100万，你不要眼红，而是要看他投入多少，看回报率一定要看收益和投入的百分比，而且还要看风险，看他的操作手段有多大风险，自己是不是能够承担得起。

投资是生活中的大事，完全的不亏损谁也不能去保证，但是如果能按照以下的原则投资，一定会让你最大化地减少风险。

（1）在不知道该投资什么的时候，千万要把钱紧紧地攥在手里，不要轻易投资，如果决定投资股市了，不知道该选择哪只股票的时候，也千万不要投资。如果一个公司你不能用一句话来描述它，就不要买它的股票，一句话，诸如，这公司成长速度很快，这公司潜力很大，而不是啰唆地讲一堆这个指标，那个指标，结果却没有一个明晰的判断。这种方法也适合于房产，购买哪个房产公司的房子，也可以这样来思考。

（2）不要期望过高，投资里最忌讳的是贪欲，当你期望过高的时候，你就容易做梦，醒不了，要知道很多情况下，投资的回报率能达到10%就已经很不错了。你期望你的投资回报率能涨到最大，总想吃最大的西瓜，结果很可能是连芝麻也吃不到。不要看到某只股票上涨，你也去追捧，记住，公司的股票和公司是有区别的，有时候，股票只是一家公司不真实的影子而已。

（3）不要低估风险，在购买股票的时候，不要想着自己赚多少，而是要先想自己能赔多少，而且不要相信债务大于资金的公司有什么法宝，尽量不去操作ST股票（1998年，沪深交易所宣布，对财务状况或其他状况出现异常的上市公司股票交易进行特别处理（Special treatment），由于"特别处理"，在简称前冠以"ST"，因此这类股票称为ST股），因为有的公司现在股票市值虽然好，但是他们可能通过发行股票或借贷来支付股东红利，终归有一天会陷入困境的。

（4）不要把鸡蛋放在一个篮子里，除非你非常有钱，否则就不能把赌注放在一两个公司上，也不要相信那些只关注一个行业的投资公司。

（5）盈利是唯一判断公司股票走势的指标，无论分析师和公司怎样吹嘘，都要记住一个原则，盈利就是盈利，这是唯一的标准，而且坚持投资一定要自己独立判断，不受他人影响。

投资本身玩的也是数字，所以科学地计算利润就很必要，一定不要被感觉迷惑，要有真实的数据依据，投资的时候，一旦对某项投资产生怀疑要立刻抛弃，因为在实际操作的时候，直觉是很重要的，以上的投资方法，虽然不能保证完全不亏损，但坚持这样的投资策略却是最安全的，即使亏也亏不了太多。

如何以时间换取空间？
——套利

  套利是巴菲特的理财技巧之一。巴菲特早期做私募基金时，大约每年有40%的资金在做套利。套利使巴菲特在市场情况不好时，即使其他基金大都亏损，仍保持了投资组合的盈利。

  巴菲特说：套利是指在不同的市场同时买卖相同的有价证券或是外汇，目的是为了撷取两者之间微小的差距，自从第一次世界大战之后，套利或者风险套利的定义，已延伸至包括从已公开的企业购并、重整再造、清算等企业活动中获利，大部分的情况下，套利者期望不管股市变动如何皆能获利，他面临的主要风险是宣布的事件未如预期般发生。

  在一般情况下，各个国家的利息率的高低是不相同的，有的国家利息率较高，有的国家利息率较低。利息率高低是国际资本活动的一个重要的因素，在没有资金管制的情况下，资本就会越出国界，从利息率低的国家流到利息率高的国家。资本在国际间流动首先就要涉及国际汇兑，资本流出要把本币换成外币，资本流入需把外币换成本币。这样，汇率也就成为影响资本流动的一个重要因素。

  套利行为的基本诱因是两个市场间的价差超过了买进与卖出的交易费用，而套利活动的结果则使在这些市场交易的相类似的商品的价格保持在买进与卖出所确定的范围内。任何价格如有偏离由交易费用所确定的范围的倾向，都会诱发套利行为，从而迫使价格重新返回到这一范围内。

  假设某一时期一英镑在伦敦与美元的兑换率低于一英镑在纽约与美元的兑换率。如果两个市场上汇率之差超过了交易费用，套利者就会用英镑在伦敦市场买进美元，然后在纽约市场卖出美元换回英镑。两个市场的汇率之差减去交易费用即为套汇者的净收益。但套汇行为将提高买进市场即伦敦的英镑兑换率，降低卖出市场即纽约的英镑兑换率，直到套汇者不再能够获得净收益为止。

套利交易目前已经成为国际金融市场中的一种主要交易手段，国际上绝大多数大型基金均主要采用套利或部分套利的方式参与期货或期权市场的交易。随着我国期货市场的规范发展以及上市品种的多元化，市场蕴涵着大量的套利机会，只要我们认真观察，潜心研究，及时捕捉，套利交易势必使我们获得稳定的回报。

套利一般可分为三类：跨期套利、跨市套利和跨商品套利。

跨期套利是套利交易中最普遍的一种，是利用同一商品在不同交割月份之间正常价格差距出现异常变化时进行对冲而获利的，又可分为牛市套利（bullspread）和熊市套利（bearspread）两种形式。例如在进行金属牛市套利时，交易所买入近期交割月份的金属合约，同时卖出远期交割月份的金属合约，希望近期合约价格上涨幅度大于远期合约价格的上账幅度；而熊市套利则相反，即卖出近期交割月份合约，买入远期交割月份合约，并期望远期合约价格下跌幅度小于近期合约的价格下跌幅度。

跨市套利是在不同交易所之间的套利交易行为。当同一期货商品合约在两个或更多的交易所进行交易时，由于区域间的地理差别，各商品合约间存在一定的价差关系。例如伦敦金属交易所（LME）与上海期货交易所（SHFE）都进行阴极铜的期货交易，每年两个市场间会出现几次价差超出正常范围的情况，这为交易者的跨市套利提供了机会。例如当LME铜价低于SHFE时，交易者可以在买入LME铜合约的同时，卖出SHFE的铜合约，待两个市场价格关系恢复正常时再将买卖合约对冲平仓并从中获利，反之亦然。在做跨市套利时应注意影响各市场价格差的几个因素，如运费、关税、汇率等。

跨商品套利指的是利用两种不同的、但相关联商品之间的价差进行交易。这两种商品之间具有相互替代性或受同一供求因素制约。跨商品套利的交易形式是同时买进和卖出相同交割月份但不同种类的商品期货合约。例如金属之间、农产品之间、金属与能源之间等都可以进行套利交易。

　　交易者之所以进行套利交易，主要是因为套利交易的风险较低，套利交易可以为避免始料未及的或因价格剧烈波动而引起的损失提供某种保护，但套利的盈利能力也较直接交易小。套利的主要作用一是帮助扭曲的市场价格回复到正常水平，二是增强市场的流动性。

　　一个简单的例子就是，以较低的利率借入资金，同时以较高的利率贷出资金，假定没有违约风险，此项行为就是套利。这里最重要的是时间的同一性和收益为正的确定性。

　　在现实中，通常会存在一定的时间先后顺序，也可能是以很小的概率出现亏损，但仍被称作"套利"，主要是从广义上而言的。

　　通俗地说，套利就是在同一时间进行低买高卖的操作！

　　在我国目前的证券市场中，比较获得人们认同的套利包括ETF套利、期货套利、权证套利等。

　　套利成功的关键在于对套利机会的捕捉上，可以说一个套利计划的成功实施主要靠投资者的耐心等待机会与果断实施计划来完成。

最常见的股票

——普通股

　　普通股是指在公司的经营管理和盈利及财产的分配上享有普通权利的股份，代表满足所有债权偿付要求及优先股东的收益权与求偿权要求后对企业盈利和剩余财产的索取权，它构成公司资本的基础，是股票的一种基本形式，也是发行量最大、最为重要的股票。

　　普通股是随着企业利润变动而变动的一种股份，是股份公司资本构成中最普通、最基本的股份，是股份企业资金的基础部分。普通股的基本特点是其投资收益（股息和分红）不是在购买时约定，而是事后根据股票发行公司的经营业绩来确定。公司的经营业绩好，普通股的收益就高；反之，若经营业绩差，普通股的收益就低。普通股是股份公司资本构成中最重要、最基本的股份，亦是风险最大的一种股份，但又是股票中最基本、最常见的一种。在我国，上交所与深交所上市的股票都是普通股。

一般可把普通股的特点概括为如下四点。

（1）持有普通股的股东有权获得股利，但必须是在公司支付了债息和优先股的股息之后才能分得的。普通股的股利是不固定的，一般视公司净利润的多少而定。当公司经营有方，利润不断递增时普通股能够比优先股多分得股利，股利率甚至可以超过50%；但赶上公司经营不善的年头，也可能连一分钱都得不到，甚至可能会连本也赔掉。

（2）当公司因破产或结业而进行清算时，普通股东有权分得公司剩余资产，但普通股东必须在公司的债权人、优先股股东之后才能分得财产，财产多时多分，财产少时少分，没有则只能作罢。由此可见，普通股东与公司的命运更加息息相关，荣辱与共。当公司获得暴利时，普通股东是主要的受益者；而当公司亏损时，他们又是主要的受损者。

（3）普通股东一般都拥有发言权和表决权，即有权就公司重大问题进行发言和投票表决。普通股东持有一股便有一股的投票权，持有两股者便有两股的投票权。任何普通股东都有资格参加公司最高级会议即每年一次的股东大会，但如果不愿参加，也可以委托代理人来行使其投票权。

（4）普通股东一般具有优先认股权，即当公司增发新普通股时，现有股东有权优先（可能还会以低价）购买新发行的股票，以保持其对企业所有权的原百分比不变，从而维持其在公司中的权益。比如，某公司原有1万股普通股，而你拥有100股，占1%，现在公司决定增发10%的普通股，即增发1000股，那么你就有权以低于市价的价格购买其中的1%即10股，以便保持你持有股票的比例不变。

获得稳定利息的股票
——优先股

优先股是"普通股"的对称，是股份公司发行的在分配红利和剩余财产时比普通股更具有优先权的股份。优先股也是一种没有期限的有权凭证，优先股股东一般不能在中途向公司要求退股（少数可赎回的优先股例外）。

优先股的主要特征有二：一是优先股通常预先定明股息收益率。由于优先股股息率事先固定，所以优先股的股息一般不会根据公司经营情况而增减，而且一般也不能参与公司的分红，但优先股可以先于普通股获得股息，对公司来说，由于股息固定，它不影响公司的利润分配。二是优先股的权利范围小。优先股股东一般没有选举权和被选举权，对股份公司的重大经营无投票权，但在某些情况下还是可以享有投票权的。

如果公司股东大会需要讨论与优先股有关的索偿权，即优先股的索偿权先于普通股，而次于债权人，优先股的优先权主要表现在两个方面：①股息领取优先权。股份公司分派股息的顺序是优先股在前，普通股在后。股份公司不论其盈利多少，只要股东大会决定分派股息，优先股就可按照事先确定的股息率领取股息，即使普遍减少或没有股息，优先股亦应照常分派股息。②剩余资产分配优先权。股份公司在解散、破产清算时，优先股具有公司剩余资产的分配优先权，不过，优先股的优先分配权在债权人之后，而在普通股之前。只有还清公司债权人债务之后，有剩余资产时，优先股才具有剩余资产的分配权。只有在优先股索偿之后，普通股才能参与分配。

优先股的种类很多，为了适应一些专门想获取某些优先好处的投资者的需要，优先股有各种各样的分类方式，主要分类有以下几种。

1. 累积优先股和非累积优先股

累积优先股是指在某个营业年度内，如果公司所获的盈利不足以分派规定的股利，日后优先股的股东对往年来付给的股息，有权要求如数补给。对于非累积的优先股，虽然对于公司当年所获得的利润有优先于普通股获得分派股息的权利，但当该年公司所获得的盈利不足以按规定的股利分配时，非累积优先股的股东不能要求公司在以后年度中予以补发。一般来讲，对投资者来说，累积优先股比非累积优先股具有更大的优越性。

2. 参与优先股与非参与优先股

当企业利润增大，除享受既定比率的利息外，还可以跟普通股共同参与利润分配的优先股，称为"参与优先股"。除了既定股息外，不再参与利润分配的优先股，称为"非参与优先股"。一般来讲，参与优先股较非参与优先股对投资者更为有利。

3. 可转换优先股与不可转换优先股

可转换的优先股是指允许优先股持有人在特定条件下把优生股转换成为一定数额的普通股。否则，就是不可转换优先股。可转换优先股是近年来日益流行的一种优先股。

4. 可收回优先股与不可收回优先股

可收回优先股是指允许发行该类股票的公司，按原来的价格再加上若干补偿金将已发生的优先股收回。当该公司认为能够以较低股利的股票来代替已发生的优先股时，就往往行使这种权利；反之，就是不可收回的优先股。

搭上股市航母
——蓝筹股

蓝筹股是指具有稳定的盈余记录，能定期分派较优厚的股息，被公认为业绩优良的公司的普通股票，又称为"绩优股"。

　　蓝筹股指多长期稳定增长的、大型的、传统工业股及金融股。此类上市公司的特点是有着优良的业绩、收益稳定、股本规模大、红利优厚、股价走势稳健、市场形象良好。

　　商务印书馆《英汉证券投资词典》解释：蓝筹股bluechip。亦作：绩优股、实力股。经营管理良好，创利能力稳定、连年回报股东的公司股票。这类公司在行业景气和不景气时都有能力赚取利润，风险较小。蓝筹股在市场上受到追捧，因此价格较高。

　　在海外股票市场上，投资者把那些在其所属行业内占有重要支配性地位、业绩优良、成交活跃、红利优厚的大公司股票称为蓝筹股。"蓝筹"一词源于西方赌场。在西方赌场中，有两种颜色的筹码、其中蓝色筹码最为值钱，红色筹码次之，白色筹码最差。投资者把这些行话套用到股票。美国通用汽车公司、埃克森石油公司和杜邦化学公司等股票都属于"蓝筹股"。

　　蓝筹股并非一成不变。随着公司经营状况的改变及经济地位的升降，蓝筹股的排名也会变更。据美国著名的《福布斯》杂志统计，1917年的100家最大公司中，目前只有43家公司股票仍在蓝筹股之列，而当初"最蓝"、行业最兴旺的铁路股票，如今完全丧失了入选蓝筹股的资格和实力。

　　在香港股市中，最有名的蓝筹股当属全球最大商业银行之一的"汇丰控股"。有华资背景的"长江实业"和中资背景的"中信泰富"等，也属蓝筹股之列。中国内地的股票市场虽然历史较短，但发展十分迅速，也逐渐出现了一些蓝筹股。

　　蓝筹股有很多，可以分为一线蓝筹股，二线蓝筹股，绩优蓝筹股，大盘蓝筹股，中国蓝筹股；还有蓝筹股基金。

1. 一线蓝筹股

　　一、二线，并没有明确的界定，而且有些人认为的一线蓝筹股，在另一些人眼中却属于二线。一般来讲，公认的一线蓝筹，是指业绩稳定，流股盘和总股本较大，也就是权重较大的个股，这类股一般来讲，价位不是太高，但群众基础好。

2. 二线蓝筹股

A股市场中一般所说的二线蓝筹，是指在市值、行业地位上以及知名度上略逊于以上所指的一线蓝筹公司，是相对于几只一线蓝筹而言的，如上海汽车、五粮液、中兴通讯等。

3. 大盘蓝筹股

蓝筹股是指股本和市值较大的上市公司，但又不是所有大盘股都能够被称为蓝筹股，因此要为蓝筹股定一个确切的标准比较困难。从各国的经验来看，那些市值较大、业绩稳定、在行业内居于龙头地位并能对所在证券市场起到相当大影响的公司——比如香港的长实、和黄，美国的IBM，英国的劳合社等才能担当"蓝筹股"的美誉。市值大的就是蓝筹。

抓住现金牛
——绩优股

绩优股就是业绩优良公司的股票，也做"蓝筹股"但对于绩优股的定义国内外却有所不同。

在我国，投资者衡量绩优股的主要指标是每股税后利润和净资产收益率。一般而言，每股税后利润在全体上市公司中处于中上地位，公司上市后净资产收益率连续3年显著超过10%的股票当属绩优股之列。

在国外，绩优股主要指的是业绩优良且比较稳定的大公司股票。这些大公司经过长时间的努力，在行业内达到了较高的市场占有率，形成了经营规模优势，利润稳步增长，市场知名度很高。

绩优股具有较高的投资回报和投资价值。其公司拥有资金、市场、信誉等方面的优势，对各种市场变化具有较强的承受和适应能力，绩优股的股价一般相对稳定且呈长期上升趋势。因此，绩优股总是受到投资者、尤其是从事长期投资的稳健型投资者的青睐。

蓝筹，一般是指绩优股；大蓝筹，就是规模很大的绩优股；大蓝筹时代，就是规模很大的绩优股涨得多涨得好，超过其他类型的股票的时代。

绩优股的特点是投资报酬率相当优厚稳定，股价波幅变动不大。当多头市场来临时，它不会首当其冲而使股价上涨。通常的情况是，其他股票已经连续上涨一截，绩优股才会缓慢攀升；而当空头市场到来，投机股率先崩溃，其他股票大幅滑动时，绩优股往往仍能坚守阵地，不至于在原先的价位上过分滑降。

躲得越远越好
——垃圾股

垃圾股指的是业绩较差的公司的股票，与绩优股相对应。这类上市公司或者由于行业前景不好，或者由于经营不善等，有的甚至进入亏损行列。其股票在市场上的表现萎靡不振，股价走低，交投不活跃，年终分红也差。A股的正式名称是人民币普通股票。它是由我同境内的公司发行，供境内机构、组织或个人（不含台、港、澳投资者）以人民币认购和交易的普通股股票。

垃圾股一般是指评级为非投资级的股票（BB以下），垃圾股不仅是指经营出现问题的公司所发行的股票，一些新上市的高科技公司，或是一些财务杠杆太大的公司股票都有可能被评级为BB级以下，中国的很多商业银行股票被S&P评为垃圾股。由于投资垃圾股的风险大，所以风险回报率（收益率）也高，20世纪80年代末，美国兴起了垃圾股投资热潮。垃圾股从此不是垃圾！

垃圾股顾名思义就是那些业绩较差，问题多多的个股。一般每股收益在0.10元以下的个股均可称作垃圾股。上市公司拥有在市场直接融资的便利，又有各种优惠政策的关照，按理经营业绩应相当理想，但由于上市公司的经营领导层、市场环境的变化及机制等原因，导致上市公司的业绩如"小二黑过年，一年不如一年"。有些上市公司之所以上市就是为了在证券市场"圈钱"而非给股东提供回报，上市后既没实现企业改制，建立现代企业制度，也没有利用从市场配置回来的资金进行有效的发展及壮大实力。企业还是沿着"老路"走下去，经受不住市场经济考验，业绩滑落下去。随着上市公司的增多，迈入垃圾股的数量也呈增大的趋势。

垃圾股的存在，并不能说这些股票没有一点价值，按照人们日常生活中的废物利用原则，垃圾股同样具有一定的投资价值。特别是在目前企业上市受到一定约束的情况下，上市公司起码还具有"壳资源"的价值。在实际股市里，有一些垃圾股的股价远远超过绩优股的股价，特别是在1998年市场热炒资产重组个股之时，一度流行"越穷越光荣"的说法。另一方面部分股市"大黑马"股票均是从垃圾股中产生的，如"科利华"、"ST通机"、"国嘉实业"，中国股市首只百元股票"亿安科技"也是从以前的垃圾股"深锦兴"蜕变而来的。因此垃圾股炒作还是值得考虑的。

目前国内垃圾股可分为三个部分：一部分是ST股票，即连续两年亏损或净资产值低于1元的股票；一部分是PT股票是指连续三年亏损的股票；还有一部分是指除去前面两类且业绩在0.10元以下的股票。

实实在在的收益
——股利

股息、红利亦合称为股利。股份公司通常在年终结算后，将盈利的一部分作为股息按股额分配给股东。股利的主要发放形式有现金股利、股票股利、财产股利和建业股利。

现金股利亦称派现，是股份公司以货币形式发放给股东的股利；股票股利也称为送红股，是指股份公司以增发本公司股票的方式来代替现金向股东派息，通常是按股票的比例分发给股东。股东得到的股票股利，实际上是向公司增加投资；新建或正在扩展中的公司，往往会借助于分派股票股利而少发现金股利。财产股利是股份公司以实物或有价证券的形式向股东发放的股利。建业股份公司是以公司筹集到的资金作为投资盈利分发给股东的股利。这种情况多发生在那些建设周期长、资金周转缓慢、风险大的公司。因为建设时间长，所以一时不能赢利，但又要保证股利的发放以吸引投资者。

股利的发放一般是在期末结算后，在股东大会通过结算方案和利润分配方案之后进行。有些公司的股利一年派发两次，但是中期派息与年终派息有所不同，中期派息是以上半年的盈利为基础，而且要考虑到下半年不至于出现亏损的情况。公司董事会必须决定将可动用作为判断标准。从根本上讲，看股东们考虑的是眼前利益还是将来公司的发展，从而所带来的更大利益。

股利的派发权是属于股东大会，但派发股利的具体方案则由董事会提出，一经股东大会认可，即可确定进行。公司股票是可以转让的。为了确定哪些人可以领到股利，必须在发放股利前确定一些日期界限。这里有4个重要日期需要注意，因为它们无论对于那些注重当前收入的人，或是对注重资本利得的人都是十分重要的。它们分别是：

（1）宣布股利日：董事会宣布决定在某日发放股利的日期。

（2）除息日：除去股息日期。在除息日当天或其后购买股票者将无权领取最近一次股利。除息日一般在股权登记日后面若干天。

（3）股权登记日：凡此日在公司股东名册上有名字的人都可分享到最近一次股利。由于股票交易与股东是不断变化的，公司很难确定某期股息派发中股东有哪些人。因此，董事会必须决定某一天为股权登记日，让股东进行股权登记，以便公司确认股东并派发股息。

（4）股利发放日：将股利正式发放给股东的日期。

上述日期对股票交易是十分重要的。如果持股人在除息日前一天卖出股票，那么他将失去享有股利的权利，如果持股人在除息日当天或以后买进股

票，那么他也无权分享即将分配的一次股利，这次股利仍将归原股东领取。很显然，股利的宣布日、发放日对股票交易价格都有一定的影响。

搭上港股直通车
——港股

港股是指在香港联合交易所上市的股票。

香港证券交易的历史，可追溯到1866年，但直至1891年香港经纪协会设立，香港才成立了第一个正式的股票市场。1969年—1972年间，香港设立了远东交易所、金银证券交易所、九龙证券交易所，加上原来的香港证券交易所，形成了4间交易所鼎足而立的局面。在1972年至1973年短短的2年间，香港有119家公司上市，1973年年底上市公司数量达到296家。1980年7月7日4间交易所合并而成香港联合交易所。4间交易所于1986年3月27日收市后全部停业，全部业务转移至联交所。

1986年—2000年的香港市场1986年，香港市场开始了其崭新的现代化和国际化发展阶段。中国对香港前途的保障，增强了投资者对香港经济的信心，公司盈利和房地产价格回升，香港市场从此进入一个新的发展时期：交易品种多元化，市场参与者日益国际化，交易手段不断完善，证券市场进入了长期繁荣的牛市。

2000年以后的香港证券市场香港是亚太地区最重要的金融中心之一，2000年以来的香港证券市场，正在成长为一个全球化的证券市场。香港证券市场的构成就其交易品种来说，包括股票市场、衍生工具市场、基金市场、债券市场。

香港证券市场的主要组成部分是股票市场，并有主板市场和创业板市场之分。截至2000年年底，主板和创业板市场合计的市值达到48 620亿港元，在世界主要证券交易所中排行第11位，在亚洲地区排行第2。

香港市场的衍生产品种类繁多，主要可分为股票指数类衍生产品、股票衍生工具、外汇衍生工具产品、利率衍生工具产品、认股权证等五大类。

在香港注册成立的基金几乎都是开放式基金，对于投资者来说，随时可以把资金拿回来，变现性好，对于海外投资者而言，尤其具有吸引力。根据香港金融管理局的划分，香港的债券市场目前分为港元债券市场和在香港发行及买卖的外币债券市场两大类。其中港元债券市场以外汇基金债券、债券发行计划债券；外币债券市场中以龙债券最具代表性。

依托于内地经济的高速发展，香港已经成为亚洲地区发展最快的国际金融中心。近年来，香港交易所的规模迅速扩大，在全球交易所的排名不断提升。

纸面的输赢

——涨跌幅

涨跌幅，即该交易日当前最新成交价与昨核算相比较所产生的价格差。当日最新成交价比昨核算高为正；当日最新成交价比昨核算低为负。

涨跌幅限制是指证券交易所为了抑制过度投机行为，防止市场出现过分的暴涨暴跌，而在每天的交易中规定当日的证券交易价格在前一个交易日收盘价的基础上上下波动的幅度。股票价格上升到该限制幅度的最高限价为涨停板，而下跌至该限制幅度的最低限度为跌停板。

欧美等发达国家证券市场大多有涨跌幅限制的规定。在我国上海、深圳证券交易所曾实行过无涨跌幅限制的交易制度，但股价的暴涨暴跌是很难控制的。历史上也曾出现过延中实业（600601）、申华实业（现华晨集团，600653）、东北电（现ST东北电，0585）等股票一日涨幅超过100%的情况，也有过如西南药业（600666）等一日暴跌超过50%的情况。因此，上海、深圳证券交易所也都曾实行过0.5%～10%不等的涨跌幅限制制度。目前我国上海、深圳两交易所实行的是10%的涨幅限制，其具体内容如下：

上海、深圳证券交易所自1996年12月16日起，分别对上市交易的股票（含A、B股）、基金类证券的交易实行价格涨跌幅限制，即在一个交易日内，除首日上市的证券外，上述证券的交易价格相对于上一个交易日收盘价格的涨跌幅度不得超过10%。计算公式为：上一个交易日的收盘价×（1±10%）。计算结果四舍五入至0.01元，超过涨跌幅限制的委托为无效委托，交易所作自动撤单处理。例如：深发展（0001）上一个交易日收盘价为17.81元，则其今日涨跌幅限制为：跌停板17.8×0.9＝16.029（元），四舍五入后为16.03元；涨停板17.81×1.1＝19.591（元），四舍五入后为19.59元；在16.03元—19.59元之间的委托均为有效委托，而低于16.03元和高于19.59元的委托则为无效委托。

自1998年4月起，中国证监会对部分上市公司的股票实行特别处理，即ST，其股票涨跌幅限制为5%。计算公式为：上一个交易日的收盘价×（1±5%），计算方法同上。

另外，对于ST类的股票，其涨幅限制为5%，跌幅则没有限制。

对于两市原有的老基金和各地证交中心挂牌交易的基金经过清理规范后上市的证券投资基金，在其上市首日，涨跌幅限制为其上市时每份基金单位资产净值的30%，即每份基金单位资产净值×（1±30%），次日起涨跌幅限制为前个交易日收盘价的10%。

涨跌幅限制最直接的作用是对市场一天之内的暴涨暴跌进行抑制，预防短期市场风险。但另一方面，涨跌幅限制也具有一定程度的助涨助跌作用，同时也容易受到大资金的控制。从总体上看，涨跌幅限制只能改变短期大盘和个股走势，对中长期市场的波动没有太大的影响。

股市源头活水
——N股

N股是指那些在中国大陆注册、在纽约（New York）上市的外资股。

我国上市公司的股票有A股、B股、H股、N股和S股之分。这一区分主要依据股票的上市地点和所面对的投资者而定。

在我国股市中，当股票名称前出现了N字，表示这只股是当日新上市的股票，字母N是英语New（新）的缩写。看到带有N字头的股票时，投资者除了知道它是新股，还应认识到这只股票的股价当日在市场上是不受涨跌幅限制的，涨幅可以高于10%，跌幅也可大于10%。这样就较容易控制风险和把握投资机会，如N北化、N建行、N石油等。

A股的正式名称是人民币普通股票。它是由我国境内的公司发行，供境内机构、组织、或个人（不含台、港、澳投资者）以人民币认购和交易的普通股票。1990年我国A股股票一共只有10只，至1997年年底，A股股票增加到720支，A股总股本为1 646亿股，总市值17 529亿元人民币，与GDP的比率为22.7%。1997年A股年成交额为30 295亿元人民币。我国A股股票市场经过几年快速发展，已经初具规模。

B股的正式名称是人民币特种股票。它是以人民币标明面值，以外币认购和买卖，在境内（上海、深圳）证券交易所上市交易的。它的投资人限于外国的自然人、法人和其他组织、香港、澳门、台湾地区的自然人、法人和其他组织、定居在国外的中国公民、中国证监会规定的其他投资人。现阶段B股的投资人，主要是上述几类中的机构投资者。B股公司的注册地和上市地都在境内，只不过投资者在境外或在中国香港、澳门及台湾。

H股，即注册地在内地、上市地在香港的外资股。香港的英文是

HongKong，取其字首，在香港上市外资股就叫作H股。依次类推，纽约的第一个英文字母是N，新加坡的第一个英文字母是S，因此，纽约和新加坡上市的股票分别叫做N股和S股。

经济的晴雨表
——股票指数

股票指数即股票价格指数。是由证券交易所或金融服务机构编制的表明股票行市变动的一种供参考的指示数字。由于股票价格起伏无常，投资者必然面临市场价格风险。对于具体某一种股票的价格变化，投资者容易了解，而对于多种股票的价格变化，要逐一了解，既不容易，也不胜其烦。为了适应这种情况和需要，一些金融服务机构就利用自己的业务知识和熟悉市场的优势，编制出股票价格指数公开发布，作为市场价格变动的指标。投资者据此就可以检验自己投资的效果，并用以预测股票市场的动向。同时，新闻界、公司老板乃至政界领导人等也以此为参考指标，来观察、预测社会政治、经济发展形势。

我国的股票指数如下。

1. 上证指数

上证指数是由上海证券交易所编制的股票指数，于1990年12月19日正式开始发布。该股票指数的样本为所有在上海证券交易所挂牌上市的股票，其中新上市的股票在挂牌的第二天纳入股票指数的计算范围。该股票指数的权数为上市公司的总股本。由于我国上市公司的股票有流通股和非流通股之分，其流通量与总股本并不一致，所以总股本较大的股票对股票指数的影响就较大，上证指数常常就成为机构大户造市的工具，使股票指数的走势与大部分股票的涨跌相背离。上海证券交易所股票指数的发布几乎是和股票行情的变化同步的，它是我国股民和证券从业人员研判股票价格变化趋势必不可少的参考依据。

2. 深圳综合股票指数

深圳综合股票指数系由深圳证券交易所编制的股票指数，1991年4月3日为基期。该股票指数的计算方法基本与上证指数相同，其样本为所有在深圳证券交易所挂牌上市的股票，权数为股票的总股本。由于以所有挂牌的上市公司为样本，其代表性非常广泛，且它与深圳股市的行情同步发布，它是股民和证券从业人员研判深圳股市股票价格变化趋势必不可少的参考依据。在前些年，由于深圳证券所的股票交投不如上海证交所那么活跃，深圳证券交易所现已改变了股票指数的编制方法，采用成份股指数，其中只有40只股票入选并于1995年5月开始发布。现深圳证券交易所并存着两个股票指数：一个是老指数深圳综合指数；一个是现在的成份股指数，但从最近3年来的运行势态来看，两个指数间的区别并不是特别明显。

3. 上证180指数

上海证券交易所于7月1日正式对外发布的上证180（行情资讯）指数，用以取代原来的上证30指数。新编制的上证180指数的样本数量扩大到180家，入选的个股均是一些规模大、流动性好、行业代表性强的股票。该指数不仅在编制方法的科学性、成分选择的代表性和成分的公开性上有所突破，同时也恢复和提升了成分指数的市场代表性，从而能更全面地反映股价的走势。统计表明，上证180指数的流通市值占到沪市流通市值的50%，成交金额占比也达到47%。它的推出，将有利于推出指数化投资，引导投资者理性投资，并促进市场对"蓝筹股"的关注。

4. 沪深300指数

沪深300指数是由上海和深圳证券市场中选取300支A股作为样本编制而成的成份股指数。沪深300指数样本覆盖了沪深市场六成左右的市值，具有良好的市场代表性。沪深300指数是沪深证券交易所第一次联合发布的反映A股市场整体走势的指数。它的推出，丰富了市场现有的指数体系，增加了一项用于观察市场走势的指标，有利于投资者全面把握市场运行状况，也进一步为指数投资产品的创新和发展提供了基础条件。

股市的专业术语

——K线图

　　K线将买卖双方力量的增减与转变过程及实战结果用图形表示出来。经过几百年来的使用与改进，K线理论被投资人所广泛接受。

　　K线图又称蜡烛图、日本线、阴阳线、棒线等，目前常用的说法是"K线"，起源于18世纪日本德川幕府时代（1603—1867年）的米市交易，用来计算米价每天的涨跌。因其标画方法具有独到之处，人们把它引入股票市场价格走势的分析中，经过300多年的发展，目前广泛地应用于股票，期货，外汇，期权等证券市场。

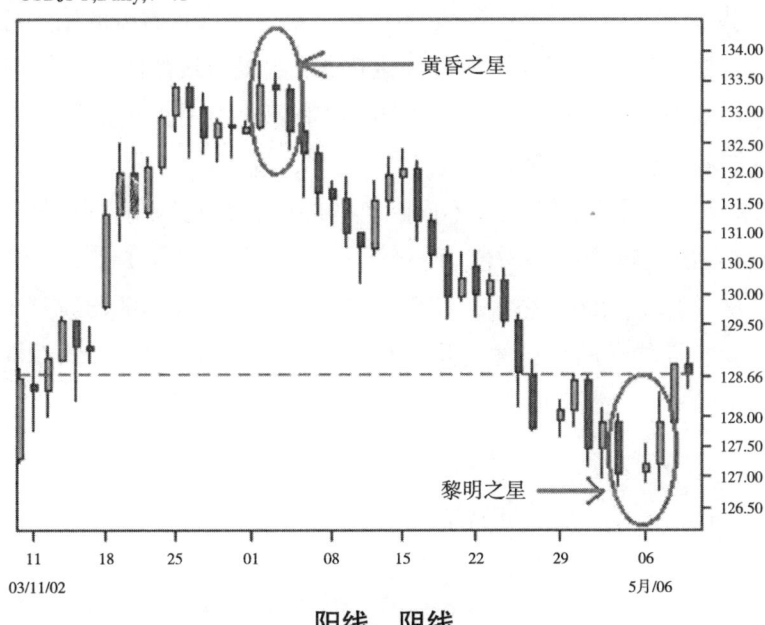

阳线、阴线

K线图有直观、立体感强、携带信息量大的特点，能充分显示股价趋势的强弱、买卖双方力量平衡的变化，预测后市走向较准确，是各类传播媒介、电脑实时分析系统应用较多的技术分析手段。

K线图上一般用红线标注表示涨势，用淡蓝色标注表示股票下跌。K线上标示了开盘价、收盘价、最高价、最低价4个价位，也就是记录了一个时间段里的起点、终点、最低点和最高点。K线分阳线和阴线。当收盘价高于开盘价，也就是股价走势呈上升趋势时，我们称这种情况下的K线为阳线，中部的实体以空白或红色表示。当收盘价低于开盘价，也就是股价走势呈下降趋势时，我们称这种情况下的K线为阴线。中部的实体为蓝色。一般而言，阳线表示买盘较强，卖盘较弱，这时，由于股票供不应求，会导致股价的上扬。阴线表示卖盘较强，买盘较弱。实体以上的细线叫上影线，实体以下的细线叫下影线。在看图的时候主要看两个部分，一是看上下影线的长短，二是看阴线阳线实体的大小。

为了满足不同的需要，K线图又可以细分为：5分钟K线图、15分钟K线图、30分钟K线图、60分钟K线图、日K线图、周K线图、月K线图，甚至45天K线图。看K线图就是为了判断股价的走势。初学者喜欢看分时图，股价上下比较明显，熟悉以后，就无一例外地运用K线图做短线的随时观察5分钟K线图和15分钟K线图。判断大势看长期图，如周K线图和月K线图。看K线图时应该将长期图和短期图一起看。

在K线图上，还覆盖着几条不同颜色的曲线，就是均线，有5日均线（每天以以往5日的收盘价的平均值画一个点，这些点的连线）、有10日均线，20、30、60、120、250日均线，还可以自己定日期。长期的均线是不容易做的，因此，长期均线的趋势经常是大盘的趋势。如30日以上的均线在某一天改变了原来的方向，那么就应该引起大家注意。

股票贵贱的标尺

——市盈率

市盈率指在一个考察期（通常为一年）内，股票的价格和每股收益的比例。投资者通常利用该比例值估量某股票的投资价值，或者用该指标在不同公司的股票之间进行比较。市盈率通常用来作为比较不同价格的股票是否被高估或者低估的指标。市盈率越低，代表投资者能够以较低价格购入股票以取得回报。

了解市盈率，首先需要了解每股收益（EPS）。每股收益＝净利润／总股本。它是测定股票投资价值的重要指标之一，是分析每股价值的一个基础性指标，也是综合反映公司获利能力的重要指标。该比率反映了每股创造的税后利润，比率越高，表明所创造的利润越多。若公司只有普通股时，净收益是税后净利，股份数是指流通在外的普通股股数。如果公司还有优先股，应从税后净利中扣除分派给优先股东的利息。有一点需要注意的是，如果在报告期，上市公司发行了新股，每股收益与以前比，可能会明显下降，这种下降是正常的。因为由于股本的增加与净利润的增长不同步，并不是上市公司的盈利能力下降了。所以，一旦上市公司发行了新股，市盈率可能会明显提高。因此投资者在使用市盈率时，要注意该公司最近一次发行新股是在什么时候。

然而，用市盈率衡量一家公司股票的质地时，并非总是准确的。一般认为，如果一家公司股票的市盈率过高，那么该股票的价格具有泡沫，价值被高估；然而，当一家公司增长迅速、未来的业绩增长非常看好时，股票目前的高市盈率可能恰好准确地估量了该公司的价值。在考虑市盈率的时候，不应该忘记三样东西：一是和企业业绩提升速度相比如何；二是企业业绩提升的持续性如何；三是业绩预期的确定性如何。

需要注意的是，利用市盈率比较不同股票的投资价值时，这些股票必须属于同一个行业，因为此时公司的每股收益比较接近，相互比较才有效，因为不同行业股票的市盈率往往呈现出比较大的差别。比较不同行业、不同国家、不同时段的市盈率是不大可靠的，比较同类股票的市盈率往往更有实用价值。

公司质量是基石
——净资产收益率ROE

ROE，即净资产收益率，净资产收益率又称股东权益收益率，是净利润与平均股东权益的百分比。该指标反映股东权益的收益水平，指标值越高，说明投资带来的收益越高。

净资产收益率是公司税后利润除以净资产得到的百分比率，用以衡量公司运用自有资本的效率。

净资产收益率可衡量公司对股东投入资本的利用效率。它弥补了每股税后利润指标的不足。例如，在公司对原有股东送红股后，每股盈利将会下降，从而在投资者中造成错觉，以为公司的获利能力下降了，而事实上，公司的获利能力并没有发生变化，用净资产收益率来分析公司获利能力就比较适宜。

根据中国证监会发布的《公开发行证券公司信息披露编报规则》第9号的通知的规定：加权平均净资产收益率（ROE）的计算公式如下：$ROE = P / E_0 + NP \div 2 + E_i \times M_i \div M_0 - E_j \times M_j \div M_0$。其中，P为报告期利润；NP为报告期净利润；$E_0$为期初净资产；Ei为报告期发行新股或债转股等新增净资产；E_j为报告期回购或现金分红等减少净资产；M_0为报告期月份数；M_i为新增净资产下一月份起至报告期期末的月份数；M_j为减少净资产下一月份起至报告期期末的月份数。

在2002年6月21日中国证监会发布的《关于进一步规范上市公司增发新股的通知（征求意见稿）》中指出：

上市公司申请增发新股，除应当符合《上市公司新股发行管理办法》规定的条件外，还须满足以下条件。

（1）最近三个会计年度加权平均净资产收益率平均不低于10%，且最近一年加权平均净资产收益率不低于10%。扣除非经常性损益后的净利润与扣除前的净利润相比，以低者作为加权平均净资产收益率的计算依据。

（2）增发新股募集资金量不得超过公司上年度末经审计的净资产值。资产重组比例超过70%的上市公司，重组后首次申请增发新股可不受此款限制。

（3）最近一期财务报表中的资产负债率不低于同行业上市公司的平均水平。

（4）前次募集资金投资项目的完工进度不低于70%。

（5）增发新股的股份数量超过公司股份总数20%的，其增发提案还须获得出席股东大会的流通股（社会公众股）股东所持表决权的半数以上通过。股份总数以董事会增发提案的决议公告日的股份总数为计算依据。

（6）最近一年内公司治理结构不存在重大缺陷（如资金、资产被具有实际控制权的个人、法人或其他组织及其关联人占用，原料采购或产品销售的关联交易额占同类交易额的50%以上等）、信息披露未违反有关规定。

（7）披露的最近一期会计报表不存在会计政策不稳健（如资产减值准备计提比例过低等）、或有负债数额过大、潜在不良资产比例过高等情况。

（8）最近两年内公司不存在擅自改变募集资金用途的情况。

（9）中国证监会规定的其他条件。上市公司如需增发新股必须符合上述条件。

第6章

[经济贸易课]

经济领域内的世界大战

——国际贸易

古代有一个国家的皇帝下了一道非常奇怪的圣旨，本国的大臣必须穿丝绸衣服，但是老百姓却不能养蚕，只能种粮食。结果丝绸价格一涨再涨，依然供不应求。邻国见到这一情况，就发动全国的老百姓都去养蚕制丝，再转而卖到这个国家，许多人发了大财。几年过后，这个皇帝又下了第二道圣旨，本国大臣只能穿土布衣服，于是邻国的丝绸就卖不动了，不仅如此，因为举国造丝，无人种粮，他们只得向这个国家高价购买粮食。出乎意料的，该皇帝又下了第三道圣旨：本国的粮食一粒都不能卖到外国去。可想而知，不动干戈，一个没有种粮食的国家便就此灭亡了。

有道是"天下熙熙皆为利来，天下攘攘皆为利往"，国家与国家之间亦是如此。这个故事中聪明的国王利用贸易战，轻而易举地就消灭了一个国家，虽然听起来有点不可思议，但我们从中能清晰地看到：国际贸易对于一个国家来说，具有重大的意义。有人将国际贸易称为"没有硝烟的战争"，这一点都不为过。

国际贸易亦称"世界贸易"或"进出口贸易"，泛指国际间的商品和劳务（或货物、知识和服务）的交换。它由各国（地区）的对外贸易构成，是世界各国对外贸易的总和。国际贸易在奴隶社会和封建社会就已产生，并随生产的发展而逐渐扩大。到资本主义社会，其规模空前庞大，直至扩展到世界范围。

国际贸易与国内贸易在性质上并无多大不同，但由于它是在不同国家（地区）之间进行的，因此与国内贸易相比具有以下特点。

（1）国际贸易涉及不同国家（地区），不同国家（地区）之间在政策措施、法律体系方面可能存在的差异和冲突，在语言文化、社会习俗等方面也有较大的差异，因此，国际贸易所涉及的问题远比国内贸易复杂。

（2）国际贸易的交易数量和金额一般都较大，运输距离较远，履行时间较长，不可控的客观因素（如索马里海盗问题）较多，因此，交易双方承担的风险远比国内贸易要大。

（3）国际贸易容易受到交易双方所在国家的政治、经济、双边关系及国际局势变化等条件的影响。

（4）国际贸易除了交易双方外，还需涉及运输、保险、银行、商检、海关等部门的协作、配合，其过程较国内贸易要复杂得多。

20世纪中后期，国际贸易迅猛发展，各国为了各自经济利益，加上国际贸易特有的特点，各国家间贸易摩擦、纷争不断，有的甚至兵戎相见。

20世纪后期，日本汽车工业呈现出一派欣欣向荣的景象，"车到山前必有路，有路就有丰田车"是其汽车工业繁荣最好的例证，与之相比，美国的汽车工业则发展缓慢。1980年，美日之间爆发了旷日持久的汽车贸易战。从1980年到1992年，双方有关汽车贸易摩擦的谈判几乎就没有间断过。到了1992年，时任美国总统的老布什亲自带领美国汽车制造商组团到日本进行谈判。精明的日本人欲擒故纵，同意从该年起将对美轿车出口量由230万辆降至165万辆，紧接着便暗度陈仓，进一步扩大日本公司在美国本土的汽车生产，并通过在其在他国的汽车生产，借助第三国将汽车源源不断地开入美国。面对这种情况，1993年美国总统克林顿在《美日框架协议》中要求日本进一步开放汽车市场，但遭拒绝。到了1995年5月16日，美国政府终于决定实施单边报复，宣布将对来自日本的豪华轿车征收100%的关税。这一举措顿时在日本国内引起轩然大波，并迫使日本人"真正地"坐下来与美国人谈判。在经过拉锯式的谈判后，双方终于达成《美日汽车及汽车零件协议》。日本同意放宽对汽车配件市场的管制，增加购买美国生产的汽车零配件的数量，美国则放弃了对日出口汽车及其零配件一贯设定数量目标的做法。自此，这场美日汽车贸易大战趋向缓和。然而，还远远未到画上句号的时候，双方的摩擦仍然时断时续。

为了更好地解决各国间的贸易纷争，维护世界经济和贸易的秩序，1994年成立了世贸组织（World Trade Organization），简称WTO。WTO的主要职能有：组织实施各项贸易协定；为各成员提供多边贸易谈判场所，为多边谈判结果提供框架；解决成员间的贸易争端；对各成员的贸易政策与法规进行定期审议；协调与国际货币基金组织、世界银行的关系。

各国货币的"身价"
——汇率

一个外星人到地球参观，看到地球上有两棵果树都结了果子，但是一棵种在A国，一棵种在B国。外星人很想吃，于是，他就对地球人说："我要买你们的果子吃。"

地球人说："好，但首先你要确定到哪里去买，到A国去买，1A元1个；到B国去买，1B元1个。"

外星人说："那我用1B元买一个好了。"

地球人说："且慢！其实你不用花钱就可以，你先从A国借一个果子，到B国去换1B元，拿1B元到A国去，就可以换10个果子，从其中拿出一个果子还给A国人，你就白得了9个果子。你再拿9个果子去换9B元，再到A国去换90个果子，再拿这90个果子去换90B元，然后到A国去换900个果子——这样下去，A国的好东西就都被你买光了！"

外星人说："哪有这样的好事！那A国人为什么不到B国去卖个好价格？"

地球人说："A国有关方面规定，10A元等于1B元，相当于规定了10个A国的果子等于1个B国的果子啊！"

这就是汇率在发挥作用。汇率，也称作汇价，是国家与国家之间兑换货币时的比率。通俗地说，汇率就是用一种货币去购买另一种货币的价格。比方说要购买一美元，你得花多少欧元，或者反过来说，要购买一欧元，你得付出多少美元。汇率的高低也就直接影响该商品在国际市场上的成本和价格，直接影响商品的国际竞争力。

汇率的特性在于它多半是浮动的比率。只要货币能够透过汇率自由交换，依交换量的多寡，就会影响隔天的汇率，因此，有人也以赚汇差营利，今日以较低的比率购进某一外币，隔日等到较高的比率出现时，再转手卖出。所以有时通过汇率也能看出一个国家的经济状况。了解外汇也能看出这个国家的出口贸易状况。

一个小小的汇率竟有这样大魔力！可能有人会问，汇率的比价到底是怎么确定的呢？汇率比价是由国家之间规定的，但是国家在制定汇率的时候一般是根据利率来制定的，经济学上称为利率平价理论，一国利率提升，其他国家的资金就会涌向这个国家，导致这个国家的利率上升，一国利率下降，本国资金就会涌向他国，导致本国的利率下降。这是由凯恩斯提出来的，普通读者无须知道汇率是怎么算出的，那是专业人士的事情，只要明白汇率的上下波动，对我们实际生活的影响就足够了。汇率上升，同样会引起利率上升，汇率下降会引起利率下降，我们普通老百姓可以根据汇率升降情况来判断自己的投资消费决策。

汇率除了影响到出境旅游、海外购物以外，其波动还和利率一样，影响到生活的方方面面，2008年的金融危机，与人民币汇率的提升有着重要的关系。在汇率上升的时候，尽量不要做出口生意。汇率上升的时候，可以多安排出国旅游，或去国外考察，因为此时同样的钱可以换回更多的外币；汇率下降的时候，要避免出国考察或旅游，应多安排海外出口，因为这样能换回更多的人民币。总之汇率上升，在海外消费最合适；汇率下降，在国内消费最合适。

你的钱在其他国家能买到什么?

——购买力平价

购买力平价理论认为正如"一物一价"原则成立一样,汇率是可以决定的,或者说汇率是应该决定的。如果世界上只有一种产品,其计算就极为简单,但事实并非如此。

1986年9月,英国著名的杂志《经济学人》推出了一个有趣的"巨无霸指数"。巨无霸指数是一个非正式的经济指数,用于测量两种货币的汇率在理论上是否合理。假设一个麦当劳巨无霸在美国的价格是4美元,而在英国是3英镑,那么经济学家认为美元与英镑的购买力平价汇率就是3英镑=4美元。而如果在美国一个麦当劳巨无霸的价格是2.54美元,在英国是1.99英镑,在欧元区是2.54欧元,而在中国只要9.9元的话,那么经济学家由此推断,人民币是世界上币值被低估最多的货币。因为根据一物一价定律,相同的商品在全世界都应当有相同的价格。如果巨无霸指数大于1,则说明在这个国家麦当劳的价格较美国低,反之则比美国高。从汇率的角度说,就是这个国家货币的汇率被低估,或者美元的汇率被高估。

同样的产品在世界各地的货币标价却相差巨大,而且与官方的汇率换算完全不符,因此,在一些西方经济学家眼中,麦当劳的巨无霸已经成为评估一种货币真实价值的指数。

在英语国家里从"巨无霸指数"衍生出了"汉堡包经济"一词。1986年之后的每一年,《经济学人》都要发布一次新的"巨无霸指数",这个指数也由此风靡全球。对于用麦当劳巨无霸来测量各个国家的货币购买力,经济学家对其科学性是持有争议的,因为这种测量方法假定购买力平价理论成立,而购买力平价理论是否成立目前尚无定论。

购买力平价理论认为，人们对外国货币的需求是由于用它可以购买外国的商品和劳务，外国人需要其本国货币也是因为用它可以购买其国内的商品和劳务。因此，本国货币与外国货币的交换，就等于本国与外国购买力的交换。所以，用本国货币所表示的外国货币的价格也就是汇率，决定于两种货币的购买力比率。由于购买力实际上是一般物价水平的倒数，因此，两国之间的货币汇率可由两国物价水平之比表示。这就是购买力平价说。从表现形式上来看，购买力平价说有两种定义，即绝对购买力平价和相对购买力平价。

购买力平价理论，采用一种根据各国不同的价格水平计算出来的货币之间的等值系数，使我们能够对各国的国内生产总值进行合理的比较，然而这种理论汇率与实际汇率可能会有很大的差距。根据一价定律，相同的商品在全世界都应当有相同的价格，因此购买力平价理论指出，在对外贸易平衡的情况下，两国之间的汇率将会趋向于靠拢购买力平价。

购买力平价理论认为：用现行的货币汇率来比较各国人民的生活水平会产生误导。比如，墨西哥比索相对于美元贬值一半，那么以美元为单位的国内生产总值也将减半。可是，这并不表明墨西哥人变穷了。如果以比索为单位的收入和价格水平保持不变，而且进口货物对墨西哥人的生活水平并不重要（因为此时进口货物的价格将会翻番），那么货币贬值并不会带来墨西哥人生活质量的恶化。如果采用购买力平价，就可以避免这个问题。

而对购买力平价理论持批评意见的经济学家认为，假定所有国家商品价格的相等是错误的，那么不同国家的人对于同一种商品的估价是不同的。例如，一种在甲国是奢侈品的商品，在另一个国家有可能只是一般日用品。而购买力平价理论却没有考虑到这种情况。汇率表示本国货币在另一个国家的购买力，而购买力平价汇率与能在另一国买到多少东西无关。此外，购买力平价在统计学上具有欺骗性，例如，可以通过精心选择所用的商品获得对某国有利或不利的结果。

越是收入水平低的发展中国家，其本国汇率越是低于购买力平价。这是因为，即使"一物一价"的法则在工业制品等贸易产品上基本成立，但在非贸易产品的很多服务上，却反映出工资水平的差距，反映出收入越低的国家其服务价格越便宜。由此可以发现，经济发展水平越高，汇率与购买力平价的理论数值间的偏离幅度越小，当接近发达国家的水平时，汇率就会下降到与购买力平价大体相当的水平。

两利相权取其重，两弊相权取其轻

——比较利益

杨振宁在研究理论物理之前，曾经在芝加哥大学做实验物理的研究，然而他的研究并不顺利。虽然导师对他的见识非常赏识，但动手能力差使他在实验物理的研究方面始终没有进展。在芝加哥大学有一个笑话流传至今："哪里有爆炸，哪里就有杨振宁。"后来，在导师的建议下，他转攻理论物理。1957年，杨振宁与李政道以他们提出的宇宙不守恒理论共同获得了诺贝尔物理学奖。他们两个人是最早获得诺贝尔奖的华人。

对于杨振宁而言，实验物理并不是他的强项，理论物理更加具有比较优势。正是由于利用了这个比较优势，他才获得巨大的成功。

现代经济以及当今世界都明显地基本上依赖于个人之间、企业之间和民族之间的专业化和分工。虽然人们很早就认识到了专业化分工的好处，但是，在英国著名经济学家大卫·李嘉图提出比较利益原则以后，才产生了分析巨大"贸易来源"的基本方法。

李嘉图的比较利益原则是在亚当·斯密绝对成本差异的基础上发展起来的。亚当·斯密认为国际分工应按由于地域自然条件不同而形成的商品成本绝对差来分工，即一个国家输出的商品一定是在生产上具有绝对优势、生产成本绝对低于他国的商品。李嘉图发展了这一观点，他认为决定国际分工与国际贸易的一般基础不是绝对成本，而是比较成本或比较利益。一国与另一国相比，即使在商品生产成本上都处于绝对劣势，但只要本国集中生产那些成本劣势较小的商品，而另一个在所有商品生产成本上都处于绝对优势的国家，集中生产那些成本优势最大的商品，即按照"有利取重，不利取轻"的原则进行国际分工与国际贸易，同样也会增加社会财富，交易双方也都能获得利益。

以低价取胜
——倾销

1999年1月，中国出口的黄磷在欧盟遭遇反倾销调查。欧盟认为，作为涉案企业的云南马龙化建股份有限公司属于"国有企业"，是"非市场经济"，在出口中得到了政府的价格补贴，从而得以在欧洲进行倾销。但是，云南马龙的管理者已经拥有公司股权，公司有30%的股票已经上市，并不存在政府对公司管理的干预。虽然矿料的供应商有许多属于国有企业，但其生产、投入由市场决定，定价也由供需双方自行确定。鉴于此，云南马龙及时向欧盟提出市场经济地位的申请。经过一番调查，欧盟终于认可了云南马龙的市场经济地位。在这起反倾销案中，云南马龙赢得了胜利。

这只是一个非常普通的有关"倾销"与"反倾销"博弈的案例。其实近年来，中国制造业逐渐兴起，中国企业被国外指控倾销的事件屡有发生。自从1979年欧洲共同体对我国糖精发起首例反倾销指控以来，到目前为止，我国已经成为世界上遭受反倾销指控最多的国家，中国的对外贸易也因此受到很大的影响。

那么到底什么是倾销呢？《关于执行1994年关贸总协定第6条的协议》规定：在正常的贸易过程中，一种产品从一国出口到另一国，如果该产品的出口价格低于在其本国内消费的相同产品的可比价格，也即以低于其正常价值的价格出口到另一国，则该产品将被认为是倾销。

按照倾销的目的，商品倾销可以分为三种形式。①偶然性倾销。因为销售旺季已过，或公司改营其他业务，而把"剩余产品"向外国抛售。这种倾销对商品进口国危害不大，相反消费者还会从中获益，一般不会遭遇"反倾销"调查。②间歇性倾销，即以低于市场价格甚至是成本价格的价格，向外国市场倾销，垄断市场后再行提价。此种倾销将对商品进口国的经济秩序产生很大的影响，普遍受到各国的强烈反对。③长期性倾销，即产品出口价格低于国内价格但高于生产成本，采用规模经济来扩大生产，降低成本。此种倾销亦被各国所反对。

倾销常常还具有以下几个明显的特征。

第一，倾销是一种人为的低价销售措施。它是指由出口商根据不同的市场，以低于有关商品在出口国市场价格的价格对同一商品进行差价销售。

第二，倾销的动机和目的是多种多样的。有的是为了销售过剩产品，有的是为了争夺国外市场，扩大出口，但只要对进口国某一工业的建立和发展造成实质性损害或实质性威胁或实质性阻碍，就会招致反倾销措施的惩罚。

第三，倾销是一种不公平竞争行为。商家将产品以倾销的价格在国外市场销售，从而获得在该国市场的竞争优势并进而消灭竞争对手，造成垄断的局面，然后再提高价格以获取高额利润。

第四，倾销往往给进口方的经济或生产者的利益造成损害，特别是掠夺性倾销扰乱了进口方的市场经济秩序，给进口方经济带来毁灭性打击。

根据世贸组织的有关规定，遭遇倾销的国家有权对外国商品在本国市场上的倾销行为采取抵制措施。通常的做法是对倾销的外国商品除征收一般进口税外，再增收附加税，使其不能廉价出售，此种附加税称为"反倾销税"。例如，美国政府规定：外国商品刚到岸价低于出厂价格时被认为商品倾销，将立即对其采取反倾销措施。虽然在《关税及贸易总协定》中对反倾销问题做了明确规定，要按照客观公正的原则去对待反倾销，要严格按照相关法律法规操作，但实际上各国仍各行其是，只是把反倾销作为贸易战的主要手段之一而已。

我们仔细分析一下就会知道，中国制造的产品物美价廉，深受世人喜爱，价格之所以比那些产品进口国的同类产品低很多，主要是因为中国拥有大量廉价的劳动力，产品的生产成本本来就低，所以价格也就比较便宜，因此，有关中国出口企业进行倾销的说法大多是站不住脚的。

金融危机到来后，国际保护主义有所抬头。针对中国的反倾销案正迅速增加，其中很多都是以反倾销为借口，把反倾销当作保护本国民族工业的一种手段。对此，我国出口企业和政府要灵活应对，切实保护自己的合法权益。

世界加工厂
——中国制造

圣诞节过后，美国人萨拉清理圣诞礼品时忽然发现，自己家里的玩具、袜子、鞋子、DVD等，几乎都贴着"中国制造"的标签。于是她异想天开：如果过一年没有"中国制造"的日子会怎样呢？接下来，萨拉和她的丈夫凯文以及她的两个孩子一起开始了这次"冒险"。在没有"中国制造"的日子里，全家人遇到了出人意料的烦恼。为了给孩子买鞋，萨拉跑遍了附近的商场也一无所获，最后不得不订购了一双价格不菲的意大利童鞋。在沃尔玛、塔吉特等大型连锁超市里，到处都是"中国制造"的产品。孩子们想要玩具，却只能在琳琅满目的货柜前逛来逛去。孩子过生日时，萨拉为了买生日蜡烛，甚至开车跑遍了全城……

这个故事生动形象地说明，"中国制造"的影响力已经无处不在。故事中萨拉的一家原本想要摆脱"中国制造"，结果却惹得麻烦缠身。

毫无疑问，改革开放以来，中国经济的巨轮之所以能持续、高速地前进，与中国的对外贸易密不可分，"中国制造"成为中国发展的巨大引擎。"中国制造"遍布全球，这是经济全球化的结果。

"中国制造"给人最深的印象是价格便宜。就目前来说，"中国制造"

之所以能遍布世界，其主要原因在于物美价廉。"中国制造"的主体贸易有一半以上是加工贸易，其产品完全按照外国提供的要求和标准生产，产品的附加值很少，因此，即使有了这样辉煌的出口成绩，中国还不能被称作真正的世界工厂，最多只能称作一个世界加工厂。

在"中国制造"风光无限的外表下，也暴露出了一系列深刻的问题。第一，资源的浪费和对生态环境的破坏。目前，中国每日耗水量居世界第一，污水排放量居世界第一，能源消费和二氧化碳排放量居世界第二。种种迹象表明，"中国制造"必须走转型之路，摘掉"世界加工厂"的帽子，开拓一条新型工业化之路。第二，"中国制造"需要重塑国际形象。美国《商业周刊》曾经发文指出，"中国制造"存在商业道德问题。"中国制造"最危险的东西是迅速蔓延的重利轻义的资本主义风气。2008年发生的"三鹿奶粉事件"，让世人对中国的食品安全感到担忧。

中国要想由"世界加工厂"转变为真正的"世界工厂"，还有很长的一段路要走。首先，生产企业必须要提升产品质量和核心竞争力，现在中国制造的大多都是些低附加值产品，而一些高附加值、高新技术产品均无法生产。其次，还得丰富"中国制造"的内涵，提升其在人们心目中的形象，生产者必须加强自身的道德修养，绝不能以次充好，蒙骗消费者。只有这样，才能让"中国制造"真正成为全球市场的新宠，才能使中国成为一个全新的"世界工厂"。

做美国的农民最幸福

——贸易补贴

美国于2002年5月出台了一部名为《2002年农业保障和农村投资法》的法律，实施期为2002—2007年，由10个部分组成。这部法律规定的主要农业补贴政策大多集中于"商品补贴"、"资源保育补贴"和"农产品贸易补贴"条款之中，在其中的"商品补贴"条款中，主要通过"贷款差额补贴"、"固定收入补贴"和"反周期补贴"等措施，对种植小麦、饲料谷物、棉花、大米、油籽的农民构建"三级收入安全网"，提供巨额收入补贴。对乳制品、食糖、花生生产者继续提供价格补贴、贷款补贴和进口保护。

目前，美国农业补贴政策已经越来越受人们的关注，甚至成为国际间争论的焦点，人们认为美国联邦政府应该取消对农业的补贴，以使其他国家的农民能平等地与美国农民展开国际竞争。

贸易补贴，指的是国家对进出口贸易给予津贴。贸易补贴可以是直接的，也可以是间接的。直接贸易补贴简单来说就是减轻负税（如出口退税）。间接贸易补贴则一般采取放宽信贷、廉价使用能源或免费使用基础设施等方式来实现。贸易补贴能提高出口企业在国际上的竞争力，但会使别国同类企业受到严重影响，属于一种不正当竞争方式，历来为人们所反对。

虽然农业劳动力在美国总就业人数中所占的比重不到3%，但美国仍是一个农业大国，其农业总产量一直位居世界前列，同时也是全球最大的农产品出口国。一点是因为美国农业已实现高度机械化，但更重要的一点就是美国的农业补贴政策。

美国的农业补贴政策始于20世纪30年代，涉及农产品生产、储存、销售等多个环节，涉及的产品多达20多种，是多角度的综合性补贴。美国农业补贴主要体现在其所颁布的一系列农业法案中，通过法律的效力来影响国际贸易、环境保护、食品安全以及农村发展。自《1933年农业调整法》到《2008年农业法案》，美国主要发布了16个与农业保护相关的法案。1996—2002年，美国根据《1933年农业调整法》、《1949年农业法案》以及1933年成立的商品信用公司对其农业提供了年均约160亿美元的补贴。2002年，美国又颁布了《农业保障和农村投资法》，规定了约165亿美元的农业补贴，对谷物、油籽和陆地棉的生产产生了很大的影响。由此可见，做美国的农民真的是一件幸福的事。

美国的这种做法不可避免地受到很多农业国家的指责，但美国政府总是以各种理由拒绝降低补贴。为了规范反补贴的行为，关贸总协定谈判乌拉圭回合达成了反补贴协议。《反补贴协议》将补贴分为三种基本类型：禁止性补贴、可诉补贴和不可诉补贴。针对前两种补贴，有关国家可以向世界贸易组织申诉，通过世界贸易组织的争端机制授权采取反补贴措施。世界各国为了保护其国内产业，纷纷根据规定，制定了各自的反补贴立法，在必要时可以征收反补贴税。

农业是国家经济的根本，中国的农业这些年尽管发展势头不错，但随着经济全球化的到来，不可避免地会受到发达国家的冲击。就目前的国际贸易形势来看，补贴与反补贴的斗争将会越来越频繁，越来越激烈，我国应大力加强反补贴的立法与实践，合理利用世贸组织的反补贴协议，努力为中国农业的发展创造良好的环境。

国内外公民享有同等待遇
——国民待遇

国民待遇本来是经济法学上的概念，简单的举个例子来说，就是一个欧洲人能在中国获得和中国人一样的权利，这个权利的获得的先决条件就是中国人在欧洲时能获得和欧洲人一样的权利。当然，这个国民待遇是非政治性的。国民待遇的核心价值是平等待遇。所以，后来这个词多演变为国民平等享受法律权限内的待遇。

国民待遇又称平等待遇，具体是指一个国家给予其境内的外国公民、企业和商船在民事权利方面与其国内公民、企业、商船同等的待遇，即专指外国自然人、法人、商船等在民商事方面而非政治方面的待遇。它通过国内立法和国际条约加以规定，为各国所普遍确认和接受。

国民待遇是最惠国待遇的有益补充。在实现世贸组织所有成员平等待遇的基础上，世贸组织成员的商品或服务进入另一成员领土后，也应该享受与该国的商品或服务相同的待遇。这正是世贸组织非歧视贸易原则的另一体现——国民待遇原则，严格来讲应是外国商品或服务与进口国国内商品或服务享受平等待遇的原则。

值得注意的是，赋予外国人在民事实体权利方面完全等同，只是法律意义上的大致平等，其限制是极为严格的，也体现了对等互惠的原则。依条约、国内立法在对等互惠基础上给予的国民待遇，在许多国家间的贸易条约及国内立法中都有体现，例如，1811年的《奥地利民法典》第13条规定："外国人享有与国内人同样之权利，须经证明其本国亦准予奥国民享有同一之权利。"

世贸组织及原关贸总协定正是以国际条约、协定的方式规定其缔约方之间彼此给予国民待遇的。世贸组织国民待遇主要表现在《1994年关贸总协定》、《服务贸易总协定》、《知识产权协定》、《与贸易有关的投资措施协议》及其他协议的相关条款中。

国民待遇原则的适用范围并不局限于货物贸易。在服务贸易方面，《服务贸易总协定》第十七条规定：每一成员方应在其承担义务计划表所列的部门中，和依照表内所述的各种条件和资格，给予其他成员方的服务和服务提供者的待遇，就影响服务提供所有规定来说，不应低于给予其本国相同的服务和服务提供者。在保护知识产权方面，《与贸易有关的知识产权协议》规定，缔约一方对其他缔约方国民提供的待遇，不得低于对自己国民所提供的待遇，其对象包括知识产权领域的商标权、专利权和版权等。在与贸易有关的投资方面，《与贸易有关的投资措施协议》中列举了与国民待遇原则不相符的与贸易有关的投资措施，包括那些本地法律或行政规则项下义务性或强制性的措施，或为取得优惠所必需的规定，如当地成分、出口比例、外汇平衡等，并要求各缔约国分别在一定的期限内予以取消。

贸易顺差、逆差的喜与忧
——出口与进口

美国贸易逆差已经连年创下历史新高。2007年2月13日，在美国商务部公布的2006年贸易统计数字当中，贸易逆差达到7 636亿美元，比2005年多出533亿美元。其中，尤为引人关注的就是美国对华贸易逆差，与2005年相比激增15.4%，达到2 325亿美元，同样创下了纪录。美国媒体的报道称，美中的贸易逆差在美国全部逆差中占到了30%。鉴于此，美国频频要求中国加快人民币升值的脚步。

贸易顺差，是指在特定年度一国出口贸易总额大于进口贸易总额，又称"出超"，表示该国当年在对外贸易中处于有利地位。而贸易逆差是指一国在一定时期内（如一年、半年、一季、一月）进口贸易总值大于出口总值，俗称"入超"。贸易逆差表明一国的外汇储备减少，该国商品的国际竞争力弱，该国当年在对外贸易中处于不利地位。

各国之间的贸易往来一般都采用国际货币（如美元、欧元等）结算，因此国际间的贸易不可避免地会涉及外汇储备问题。外汇储备是指以外汇计价的资产，包括现钞、国外银行存款、国外有价证券等。外汇储备是一个国家国际清偿力的重要组成部分，同时对于平衡国际收支、稳定汇率有重要的影响。

改革开放以来，我国经济持续快速发展，其中对外贸易的拉动作用非常明显，每年都会有巨额的贸易顺差。我国贸易顺差的迅猛增长，为我国创收了更多的外汇。截至2006年2月底，中国内地的外汇储备总额为8 537亿美元（不包括港澳的外汇储备），首次超过日本，位居全球第一。截至2008年4月末，中国的外汇储备增加到1.76万亿美元，比东北亚其他国家和地区外汇储备的总和还多，有学者认为，这个数字已经超过了世界主要七大工业国（包括美国、日本、英国、德国、法国、加拿大、意大利，简称G7）的总和。随后，中国的外汇储备持续上升，截至2008年9月末，达到创纪录的19 056亿美元。受全球金融危机的影响，加之美元、欧元、人民币汇率的波动，2008年10月末，中国的外汇储备降至1.89万亿美元以下，为自2003年年底以来首次下降，截至2008年12月，中国外汇储备达19460.30亿。2009年6月，中国的外汇储备超过了2万亿美元，中国成为全世界第一个外汇储备超过2万亿美元的国家。

一般来说，出口大于进口的贸易顺差将提供就业机会，所以人们大多不反对出现这种情况。拥有的外汇越庞大，抵御各种风险的能力就越强。比如在1998年亚洲金融危机期间，正是雄厚的外汇储备让中国免受冲击。相反，巨额的贸易逆差表明一个国家的国际清算能力弱，对该国的国民经济也会产生不利的影响，因而各国政府都力图避免出现这种情况。然而，任何事情总有其两面性，贸易顺差也并不是越大越好。

过高的贸易顺差也是一件危险的事情，它往往意味着本国经济的增长主要依赖于外部需求。对外依存度过高，抵御风险能力低，一旦外部需求降低，本国经济将受到致命的打击。例如，受此次由美国次贷危机引发的金融海啸影响，中国南方沿海城市一些外贸企业纷纷倒闭，由此引发了一些社会问题。另外，中国因巨额的贸易顺差带来的外汇储备的膨胀，给人民币带来了升值压力，也给国际上贸易保护主义势力以口实，认为巨额顺差反映的是人民币被低估。这增加了人民币升值压力和金融风险，为人民币汇率机制改革增加了成本和难度。

为什么各国经济的联系越来越紧密？

——经济全球化

"经济全球化"恐怕是当下"曝光率"最高的字眼。随着沃尔玛遍地开花、NIKE鞋满地走、互联网进入千家万户，全球化似乎也就成为人们的日常用语了。但是全球化究竟是什么？全球化将对我们的生活产生何种影响呢？

"经济全球化"这个词，据说最早是由特·莱维于1985年提出的。

"全球化"一词在经济领域中是指"经济全球化"，用来表示世界各国在生产、投资、贸易、经营、流通、消费等方面经济活动的相互交往、渗透、依赖和融合的历史过程。它揭示出当今时代一种全球范围日益发展的经济开放、融为一体的变革景象，表现为跨国性和全球性的商品、资本、信息、技术和人才的大流动。

全球化是现代经济发展的必然趋势。它是现代市场经济体系的全球化，现代市场机制作用的全球化，现代市场经济运行规则的全球化。其核心是全球统一市场的形成与完善。其实质是一个国家经济之间的依存性和国际性大大提高，民族性和地域性大大减少的过程。

经济全球化的产生、发展和壮大有着深刻的时代背景和演化根源。

（1）当代科学技术日新月异地飞速发展，使全球经济体系日益整合为一个紧密相连的"地球村"结构，成为经济全球化最为重要的衍生根源。

（2）世界范围的经济自由化和市场化，使传统的国际分工逐渐演变为世界分工，成为经济全球化日益加速的制度保障。

（3）国际贸易与投资的迅速增长，使各国经济的相互依存性日益加深，成为经济全球化浪潮席卷世界的首要因素。

（4）跨国公司是集生产、贸易、投资、金融、技术开发和转移以及其他服务于一体的经营实体，是推动经济全球化的主要驱动力量。

（5）国际金融市场与体系的迅猛发展，使影响全球的金融中心形成一个全时空的世界金融体系，成为经济全球化迅速成长的强大动力。

（6）国际经济的相互依存性日益加深，投资、贸易、金融以及技术、人才等全球化发展趋势不断增强，民族经济逐渐成为世界经济。

自20世纪80年代以来，"全球化"一词在西方传媒中频频出现，并逐渐成为被世界各国所广泛接受的共同理念。如今，全球化问题仍然是国际社会所普遍关心和深入探讨的热点问题之一。

经济全球化的载体是跨国公司。随着跨国公司联合和兼并浪潮的进一步高涨，跨国公司日益成为世界生产的主要组织者，他们通过对外直接投资在国外建立分支机构形成了超国家的生产和销售网，把世界各国的市场和经济活动空前地统一起来，推动了世界经济的发展和经济国际化。

目前，6.4万多家跨国公司通过它们的80多万家子公司已经渗透到各国和地区的几乎所有产业和部门，进行跨越国家和地区界限的生产要素和资源优化组合。这些跨国公司的产值已占世界总产值的1／3以上，跨国公司内部和相互贸易占世界贸易的2／3以上，跨国公司的直接投资占世界直接投资的90％，控制的技术专利占80％。国家之间的竞争已经主要体现为企业特别是大跨国公司之间的竞争。

经济全球化是个充满矛盾的进程，是一把"双刃剑"，它既为各国经济发展带来了新的机遇，同时又对各国的"国民经济"构成了严峻挑战。经济全球化是一种世界现象。其广泛影响早已超出了经济范围，日益扩散到政治、文化、教育、科技以及生活方式、思想观念、伦理道德等领域。不仅表现为贸易全球化、生产全球化、投资全球化、金融全球化、信息全球化，而且还引发出了所谓的文化全球化、政治全球化、环保全球化甚至犯罪全球化等。对于不同的国家、民族与产业发展，经济全球化有着不同的作用和影响。它要求各国间的经贸政策必须协调一致，寻求一条能够同时促进经济发展、社会进步和环境保护三位一体的可持续发展的道路。必须抓住机遇，积极参与，发展自己，防范风险，化弊为利，争取主动。

一个地区的发展导致另一个地区的衰落
——回荡效应

  著名发展经济学家、诺贝尔经济学奖得主缪尔达尔在《富裕国家与贫穷国家》一书中，曾经提出过一条非常富有创见的"循环累积因果原理"，当他将这一原理运用到国际贸易领域中时，他发现：西方经济学一贯宣扬的自由贸易原理，实际上只有在双方工业化水平大致相当的条件下，才是彼此互利的可行原理，否则就会加剧两国利益的不平衡，使富国和穷国的发展分别出现上升的"扩展效应"和下降的"回荡效应"。

  缪尔达尔是这样解释的：发达国家先进工业品的出口将使其工业进一步得到提升，劳动力从农业及其他低端的工业部门流向高端的工业部门，并且由于对技术人员的需求增加，教育随之提高，文化也进一步发展，反过来更促进了经济、社会的进步，产生"扩展效应"。但对于不发达国家来说，进口先进工业品的结果，就是使本国相对应的工业生产部门因为无力与之竞争而衰落，对技术人员的需求减少，大部分国民的生活水平和教育水平都无法得到提高，文化也因此落后，反过来又阻碍了经济、社会的发展，产生"回荡效应"。与"回荡效应"相对应的就是"扩展效应"。

  现在大学生就业难的问题让大家伤透了脑筋，大部分人都将其归咎于大学扩招和课程设置不适应社会需要。但这两种解释都不能令人满意，因为中国大学生占总人口的比例远远低于国际平均水平，何况中国的经济还正处于高速发展的过程当中。如果用"回荡效应"来解释，可能比较合理一点：大学生就业难正是中国高端工业部门较为衰落的结果。

  缪尔达尔对不发达国家摆脱"回荡效应"的建议是："穷国必须独立策划自己的发展道路，不能简单地模仿富国"，以及"对外采取贸易保护政策，然后制定经济计划，以干预市场活动，促进社会累积过程的上升运动"。

为什么理论和现实差距这么大？
——里昂惕夫之谜

20世纪30年代，瑞典经济学家俄林创立了著名的要素禀赋说，得到了西方经济学界的普遍接受。然而第二次世界大战以后，美国知名经济学家里昂惕夫利用统计资料，对美国贸易结构进行考察，却得出了完全相反的结论。理论和现实之间的矛盾，一时震惊了整个西方经济学界，被称为"里昂惕夫之谜"。

根据"赫克歇尔—俄林"的要素比例理论，在贸易中，各国出口的商品是本国拥有相对丰裕的生产要素，并在生产中密集使用这种要素生产的产品；而进口的是本国相对稀缺的生产要素，并在生产中密集使用这种要素生产的产品。这一理论与许多国家的贸易模式相吻合。

然而当美国经济学家华西里·里昂惕夫对1947年美国出口行业和进口竞争行业的资本存量与工人数量的比值进行了计算后，计算的结果让他大吃一惊：美国出口品的资本含量比进口品少30%。这就意味着，美国出口的竟是劳动密集型产品，进口的却是资本密集型产品。用里昂惕夫的话来说："美国参加国际分工，是建立在劳动密集型生产专业化基础之上的。换言之，这个国家是利用对外贸易来节约资本和安置剩余劳动力，而不是相反。"而第二次世界大战结束后，美国是世界公认的资本最富裕的国家，其劳动力是相对稀缺的。这一结果引起了经济学家的广泛关注，人们称之为里昂惕夫之谜。

许多经济学家对里昂惕夫之谜提出了种种解释，里昂惕夫本人比较推崇人力资本的观点，即认为，当时美国的教育程度是世界上最高的，教育本身就是一种投资，将一些非熟练的劳动者转变为熟练的劳动者，需要投入大量的经费进行培训。美国的劳动者接受了较高水平的教育，这些科技专业劳动者本身就是一种资本的积累，他们更类似于资本，是一种人力资本。美国出口行业比与进口竞争的行业使用的熟练劳动力更多，因此其出口产品是人力资本密集的产品，而不是单纯的劳动密集型产品。里昂惕夫认为，由于美国工人比外国工人的劳动生产率高，即美国工人一年劳动的产量是外国工人一年劳动产量的3倍，因此美国工人所使用的资本应乘以3。但有的经济学家很难接受这一观点，里昂惕夫之谜的解释仍然值得进一步探讨。

直到弗农1966年提出"产品周期理论"，才解开了"里昂惕夫之谜"。在弗农看来，科技创新在对外贸易中具有相当重要的作用，即创新产品初始垄断优势以及其后技术转移与扩散形成的垄断优势的丧失，决定着国际贸易的格局变化，从而推动一国产业结构的演进。关于这一点，我们可以从美国产业结构变化中看得更清楚。

国际金融理论的核心内容之一
——汇率决定理论

2005年7月实行人民币汇率改革以来，人民币对美元保持持续升值的态势。2008年4月，人民币兑美元的汇率首度破7.0。随着人民币汇率突破7.0的关口，人民币汇率问题再一次强势吸引了人们的眼球。汇率决定理论也备受人们的关注。

汇率决定理论是国际金融理论的核心内容之一，主要分析汇率受什么因素影响以及是如何决定的。汇率决定理论随经济形势和西方经济学理论的发展而发展，为一国货币局制定汇率政策提供理论依据。

汇率决定理论主要包含以下几个方面。

1. 国际借贷说

美国经济学家葛逊在1861年提出了国际借贷说。他以金本位制度为背景，较为完善地阐述了汇率与国际收支的关系。他认为，汇率的变化是由外汇的供给与需求引起的，而外汇的供求主要源于国际借贷。国际借贷可分为流动借贷和固定借贷。流动借贷是指已经进入实际支付阶段的借贷；固定借贷是指尚未进入实际支付阶段的借贷。只有流动借贷才会影响外汇的供求。在一国进入实际支付阶段的流动借贷中，如果债权大于债务，外汇的供给就会大于外汇的需求，引起本币升值、外币贬值。相反，如果一定时期内进入实际支付阶段的债务大于债权，外汇的需求就会大于外汇的供给，最终导致本币贬值、外币升值。

2. 购买力平价说

购买力平价说是20世纪20年代初由瑞典经济学家卡塞尔率先提出的。其理论的基本思想是：人们需要外币是因为外币在其发行国国内具有购买力，相应的，人们需要本币也是因为本币在本国国内具有购买力。因此两国货币汇率的决定基础应是两国货币所代表的购买力之比。其中，绝对购买力平价说认为，在某一时点，两国货币之间的兑换比率，等于两国货币的购买力之比，即两国一般物价水平之比。相对购买力平价说认为，汇率在某段时期的变动，取决于该时期两国物价水平的变动，即汇率变动与两国物价水平的相对变化成比例。一般认为，购买力平价说揭示了汇率变动的长期原因，具有很强的解释力。

购买力平价理论是最有影响的汇率理论，由于它是从货币基本功能的角度分析货币的交换比率，合乎逻辑，表达简洁，因此，在计算均衡汇率和分析汇率水平时被广泛应用。我国的换汇成本说就是购买力平价说的实际应用。

3. 利率平价说

这种理论认为，当两国利率水平不同时，会使资本从低利率国家流向高利率国家；套利者既要考虑利率差异所造成的两国资产收益水平的差异，也要考虑汇率变动所引起的收益变动。为避免汇率风险，套利者会将套利与掉期业务结合进行。大量掉期外汇交易的结果，使低利率货币的现汇汇率下降，远期汇率上升，而使高利率货币的现汇汇率上升，远期汇率下降；远期差价和两国利差相等。

4. 国际收支说

这种理论认为，汇率主要取决于外汇市场上的外汇供求状况；外汇供求是由国际收支决定的；外汇供求均衡是国际收支平衡的另一种表现；所有影响国际收支状况的因素，都必然影响外汇供求状况，如国内外国民生产总值水平、国内外价格水平、利率水平以及人们对汇率变动的预期等。该理论对于短期外汇市场的分析很有意义。

5. 资产市场说

这种理论认为，一国金融市场供求失衡后，不仅可以通过国内商品市场的调整来恢复均衡，而且在国际资本完全流动的条件下，可以通过国外资本市场的调整来完成。汇率作为两国货币的相对价格，它的变动有助于消除资产市场的供求失衡。两国资产市场供求存量保持均衡时的汇率就是均衡汇率。

6. 汇兑心理说

1927年，法国巴黎大学教授艾伯特·阿夫塔里昂根据边际效用价值论的思想提出了汇兑心理说。他认为，汇率取决于外汇的供给与需求，但个人之所以需要外汇不是因为外汇本身具有购买力，而是由于个人对国外商品和劳务的某种欲望。这种欲望又是由个人的主观评价决定的，外汇就如同商品一样，对不同的人有不同的边际效用。因此，决定外汇供求进而决定汇率最重要的因素是人们对外汇的心理判断与预测。

各种汇率决定理论在理论上都存在着自身的优点与缺陷。诚然，汇率决定理论的发展离不开基础经济理论与分析技术的发展，然而制度或社会经济结构背景对经济理论发展的制约也绝不可忽视。汇率决定理论亦是如此。第二次世界大战以后，世界经济领域内最显著的结构变化莫过于国际资本流动。这一变化特征无疑成为汇率决定机制及其重要的经济结构背景。汇率决定理论正是伴随着国际资本流动的不断发展而不断演变，并趋于完善的。

对于开放经济而言，汇率无疑是一个至关重要的经济变量。汇率的高低，直接影响着一个国家的对外竞争力，并由此关系到一国国内就业和产出的状况。汇率的变动不仅对一国国际收支（包括进出口收支、非贸易收支、国际资本流动，国内经济和国内转价水平）产生影响，而且还影响到世界经济和国际金融体系的运作。因此，对汇率决定理论的探讨始终是国际金融领域内最基础、最核心的内容之一。

第7章

[宏观调控论]

经济学的变革
——凯恩斯革命

"凯恩斯革命"一词是用来形容英国经济学家约翰·梅纳德·凯恩斯经济思想对西方经济理论与政策所产生的巨大影响的。其标志是1936年出版的《就业、利息和货币通论》（以下简称《通论》）一书，它在西方经济学的发展史上具有划时代的意义。

凯恩斯是20世纪世界上最负盛名的经济学家之一。在凯恩斯《通论》出版之前，几乎所有的古典经济学家都信奉"供给能创造出自己的需求"的萨伊定律，否认存在普遍意义上的生产过剩的经济危机。

20世纪30年代资本主义世界爆发的经济大危机，对古典经济观念产生了巨大冲击，传统经济理论陷入困境。凯恩斯摒弃了被古典经济学视为金科玉律的"萨伊定律"，推翻了传统经济学关于宏观均衡的国民收入和就业量必然是充分就业的教义，提出了"有效需求原理"。由于凯恩斯经济学说在假设前提、理论结构和政策主张等方面，都与传统的古典经济学有着重大的区别，为现代宏观经济的建立奠定了基础，在促进西方战后经济复苏和发展方面发挥了极其重要的作用，因此，人们把凯恩斯经济学说的产生比喻为"凯恩斯革命"。

凯恩斯革命理论包括以下内容。

1. 有效需求理论。经济危机的根源在于"有效需求"不足，有效需求不足又是"消费倾向"、"资本边际效率"和"流动偏好"三个心理因素共同作用的结果。在自由放任的资本主义社会中，非自愿失业是个长期存在的现象，而且单纯依靠市场手段难以彻底将其消灭。只有在国家积极干预的条件下，通过刺激有效需求，才能实现充分就业。

2. 均衡分析方法。有效需求决定总产量与总就业量，用总需求与总供给的均衡关系来说明国民收入的决定及其他宏观经济问题，为现代宏观经济学提供了基本分析方法。

3. 货币理论体系。通过"流动偏好"分析，把传统的价值论问题从单纯的实际变量的决定，转向货币对利率、利率对经济的影响，从而把实物经济与货币经济结合起来，形成统一的经济理论体系。

4. 国家经济干预政策。反对传统经济理论的自由放任政策，论证了国家干预经济生活的必要性，提出了以财政政策为主、货币政策为辅的需求管理政策，确立了充分就业宏观调控目标，制定了系统的宏观经济政策体系。

凯恩斯革命理论是以总需求为核心的宏观理论体系。在假定总供给（资本、技术、资源等）既定的前提下，重点分析总需求如何决定国民收入，以总需求不足来解释失业的存在。

看得见的手如何调节经济运行？
——宏观调控

刚刚过去的2008年，经济形势复杂多变：国内自然灾害、国际金融危机、大宗商品与金融市场剧烈波动……接连不断的意外，考验着宏观调控者的智慧。党中央、国务院果断决策，一年内两次调整宏观经济政策，引领中国经济穿越急流险滩。

政府宏观经济调控，也称"有形之手"、"看得见的手"，其目的是为了补救"看不见的手"在调节微观经济运行中的失效。在现代市场经济的发展中，市场是"看不见的手"，而政府的引导被称为"看得见的手"。为了克服"市场失灵"和"政府失灵"，人们普遍寄希望于"两只手"的配合运用，以实现在市场经济条件下政府职能的转变。

　　随着资本主义萌芽而出现的重商主义，强烈主张国家对经济的干预。早期重商主义者力图在国内以贮藏货币的形式把货币积累起来，以达到积累货币财富的目的：晚期重商主义者为了鼓励输出，实现出超，主张国家实行保护关税的政策并采取扶植和鼓励生产出口商品的工场手工业的政策。德国的历史学派反对古典学派的自由放任思想，强调国家对经济发展的特殊作用，主张国家干预经济生活和实行保护贸易，用国家的力量保护和促进经济发展。

　　发展经济学家罗森斯坦·罗丹以计划管理或规划的必要性为中心，突出国家干预的作用。罗森斯坦·罗丹指出，新古典主义主张的自由放任的经济不可能保证总供给与总需求的平衡，这一点甚至连最坚定的自由经济的拥挤者也不得不承认。如果总供给与总需求处于失衡状态，价格就不再是经济选择的可靠参数，而整个价格机制就会瓦解。平衡总供给与总需求的任务只能依靠深思熟虑的政策去完成。对比之下，规划起着市场机制所不能起的作用。罗森斯坦·罗丹认为，规划不啻于理性的、深思熟虑的、前后一致的、协调的经济政策的另一种说法。规划利用的手段可能是间接的（如货币的、财政的和商业的政策），也可能是直接的（如公共投资）。通过规划，一国可以实现总供求的均衡、充分就业及保证最佳的经济增长。罗森斯坦·罗丹的观点可以概括为：即使是在竞争条件下的市场机制也是有缺陷的，为了实现国民收入的最大化和最优化，国家必须以规划为中心对经济进行干预。

　　为什么人们对房价迅速上涨反应如此强烈？因为这个问题直接关系到他们能不能改善住房条件，甚至能不能住得起房。如果这个市场能够让中低收入家庭按照自己的收入状况，较好地解决自己的住房问题，那么，普通老百姓就不会像现在这样，对房地产市场有那么多的意见。从这个意义上说，房地产市场宏观调控不仅是"调"市场行为，更重要的是"调"政府自身的行为。

　　综观世界各地的情况，很难找到一个国家是完全靠市场来解决所有人的住房问题的。这是因为，人们收入水平的不同，决定了市场机制在住房领域不是万能的。收入差距越大、贫困人口越多，有能力通过市场解决住房问题的家庭就越少，住房问题也就越突出。所以，在解决居民住房问题上，我们还需要政府这只"看得见的手"发挥作用。

我们对房地产市场的宏观调控充满期待。如果说，20多年的房改在房地产业展示了市场力量的巨大魅力，那么，在完善社会主义住房保障体系的道路上，则需要展现政府的责任和智慧了。

国家宏观调控的手段分为以下几种。

（1）经济手段：是指政府在依据和运用价值规律的基础上借助经济杠杆的调节作用，对国民经济进行宏观调控。经济杠杆是对社会经济活动进行宏观调控的价值形式和价值工具，主要包括价格、税收、信贷、工资等。

（2）法律手段：是指政府通过经济立法和司法，运用经济法规来调节经济关系和经济活动，以达到宏观调控目标的一种手段。通过法律手段可以有效地保护公有财产、个人财产，维护各种所有制经济、各个经济组织和社会成员的合法权益；调整各种经济组织之间横向和纵向的关系，维护经济运行的正常秩序。法律手段的内容包括经济司法和经济立法两个方面。经济立法主要是由立法机关制定各种经济法规，保护市场主体权益；经济司法主要是由司法机关按照法律规定的制度、程序，对经济案件进行检察和审理的活动，以维护市场秩序，惩罚和制裁经济犯罪。

（3）行政手段：是指采取强制性的命令、指示、规定等行政方式来调节经济活动，以达到宏观调控目标的一种手段。行政手段具有权威性、纵向性、无偿性及速效性等特点。当然，行政手段是短期的非常规的手段，不可滥用，必须在尊重客观经济规律的基础上从实际出发来加以运用。

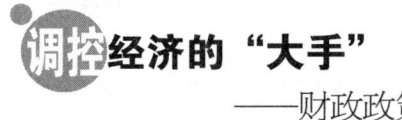

调控经济的"大手"
——财政政策

尽管新加坡经济低迷最严重的时期已经过去，但人们对全球经济的信心尚未恢复到正常水平。新加坡财政部长尚达曼称，虽然税收预计将因经济放缓而减少，但2010年的财政支出可能还会增加，政府的扩张性财政政策立场在2010年不会出现重大变化。

财政政策是政府进行宏观调控的主要政策之一。

财政政策是指国家根据一定时期政治、经济、社会发展的任务而规定的财政工作的指导原则，通过财政支出与税收政策来调节总需求。增加政府支出，可以刺激总需求，从而增加国民收入，反之则压抑总需求，减少国民收入。税收对国民收入是一种收缩性力量，因此，增加政府税收，可以抑制总需求从而减少国民收入，反之，则刺激总需求从而增加国民收入。

财政政策是国家整个经济政策的组成部分。

政府支出有两种形式：其一是政府购买，指的是政府在物品和劳务上的花费，如购买坦克、修建道路、支付法官的薪水等，其次是政府转移支付，以提高某些群体（如老年人或失业者）的收入。

税收是财政政策的另一种形式，它通过两种途径影响整体经济。首先，税收影响人们的收入。此外，税收还能影响物品和生产要素，因而也能影响激励机制和行为方式。

财政政策工具包括收入政策工具和支出政策工具。收入政策工具主要是税收。支出政策工具分为购买性支出政策和转移性支出政策，其中，购买性支出政策又有公共工程支出政策和消费性支出政策之别。

（1）税收政策是通过增税和减税两个方面来发挥对经济周期的调节作用的。具体来说，税收政策有以下几个特点。

①需要经过一定的法律程序，决策时滞较长。

②对于政府来说："减税容易增税难"，减税大家都很高兴，但要是增税，就会遭到纳税人的反对。

③税收直接影响人们的可支配收入，而且是无偿的永久性的影响。当政府以增加税收的办法来弥补财政赤字时，实质上是将资金从个人或企业手中转移到政府手中，当政府所扩大的支出效率不高或无效益时，对需求的抑制作用将是双重的。

④政府的减税政策存在不确定因素。因为减税是通过增加居民的可支配

收入来实现的，而这又依赖于居民的边际消费倾向，因此对于政府来说是不确定因素。

（2）公共工程支出政策。政府更多地承担民间不愿意投资或在萧条年份不愿意投资的工程，扩大公共工程支出，这样可以扩大总需求，从而有助于经济的增长。公共工程支出政策具有如下特点。

①积累性强。公共工程支出政策往往形成若干公共投资项目，可供居民长时期消费，具有积累性质。

②效率低下的可能性大。由于投资于公共工程的目的是刺激经济，解决就业问题，决策往往比较仓促，因此公共工程本身是否必要就成了问题。

③时滞长。

④公共工程政策是指中央政府动用地方性政策工具来调节经济，有可能打破原有的均衡，形成地区间新的不平衡。

（3）政府消耗性支付政策。政府直接购买劳务和消费品并用于当期，如增加政府雇员、提高雇员工资、扩大办公设备的购买等。这一政策具有如下特点。

①与公共工程支出政策相比，其时滞短。

②与转移支出政策相比，其公平性差。

③这一政策的效率取决于政府工作的效率。

④政府雇员工资变动对劳动力市场有重要的影响。

⑤消耗性支出，特别是政府雇员提高工资的资金来源应该是税收，避免用政府举债收入，这是由政府活动本身是向社会提供公共服务的特性所决定的。

（4）转移支付政策。通过政府为企业、个人或下级政府提供无偿资金援助，以调节社会分配和生产的政策。例如，对居民的补助，对企业的投资补助、限价补助、进出口补助等，都会直接促进企业生产发展或保证企业利润的提高。这一政策具有如下特点。

①对国民收入分配的影响功能较强。转移支出本身具有直接影响国民收入分配的功能，政府增加对低收入者的支出，可以缩小贫富的差距。

②转移支付政策对需求的扩张作用更大。低收入者的边际消费倾向要比

高收入者的边际消费倾向大，增加对低收入者的财政补贴支出，对社会总需要的刺激作用更大。

③积累性差。转移支付资金转化为积累资金的可能性要比上述两项支出政策小，其用于消费的部分将更大。

④对需求的影响与受益者的层次关系重大。例如，从年龄结构来看，通常年轻人的边际消费倾向最大，中年人次之，老年人的边际消费倾向最低。

（5）公债政策。公债发行是财政部门的重要事项，但发行公债会对金融状况造成一定的影响，甚至是重大的冲击。

调控经济的杠杆
——货币政策

据初步统计，我国2008年上半年有6.7万家中小企业倒闭。作为劳动密集型产业代表的纺织行业，中小企业倒闭超过1万家，有2／3的纺织企业面临重整。

在我国经济高速发展的现在，为什么突然出现这么多的企业倒闭呢？如此众多的中小企业倒闭，其原因是很复杂的，有经济大环境因素。企业自身的结构因素。市场优胜劣汰等诸多原因，但有一条原因不可否认，那就是我国的货币政策。

金融体系完整的国家都有中央银行，从广义上说，中央银行就是政府的银行，在特殊时期采取必要措施，以保证货币政策的贯彻实施。英国的中央银行是英格兰银行，美国的中央银行是联邦储备体系，日本的中央银行是日本银行，而我国的中央银行是中国人民银行。

中央银行在宗旨、职能、业务等方面和一般的商业银行有着很大的差别。可以说，中央银行是银行的银行，中央银行与商业银行之间具有管理和被管理的特殊关系。作为政府的银行，中央银行在国家经济中占有举足轻重的地位，对于促进经济的发展起着至关重要的作用。中央银行实施货币政策，有三样制胜"法宝"：存款准备金率、再贴现率和公开市场业务。

1. 存款准备金率

作为追求最大利益的银行家，应当明白存款是有需即付的，只要有顾客来提取他自己的存款，银行必须在第一时间支付，这就需要银行有足够的储备，以便能够满足这种需求。银行需要具备的这些储备就叫作存款准备金。那么存款准备金的数额是多大呢？

如果所有的存款在同一时间必须全部付清，那么准备金的数额就要等于存款的总量，但是在现实中，这种情况几乎从来没有发生过，而且，在同一天之内，总有一些人存款，一些人取款，这两类交易的数额常常互相抵消。对于银行家来说，以准备金形式持有的资金是无利可图的，它们躺在银行的保险柜里连利息都赚不到，于是早期的银行家们就想到把顾客的存款借贷出去。把大部分货币存款借贷出去赚取利息，而留下小部分货币存款作为现金准备金应付顾客的支取。这样银行家的利润在开始单纯的收取手续费的基础上，又增加了借贷的利息，实现了利润的最大化。

那么商业银行留取准备金的数额应该占存款总额的多大比重呢？这就需要由中央银行来制定。

各国的金融法规都有明确的规定，商业银行必须把自己吸纳的存款的一部分存入中央银行，而这部分资金与存款总额的比率，就是存款准备金率。中央银行如果提高存款准备金率，那么流通中的货币就会成倍缩减，因为商业银行交到中央银行的准备金多了，可供自身支配的资金便少了，所以银行给企业的贷款就会减少，相应的，企业在银行的存款会更少，于是在整个社会上就会出现"存款—贷款"的级级递减，导致社会货币总量的大幅降低。就像我们在调试音响的过程中，如果降低功放机的功率，输出的音量就会减小，中央银行提高存款准备金率就是这个道理。反之，如果中央银行把存款准备金率调低，那么流通中的货币量就会成倍增加。

2. 再贴现率

企业向商业银行借贷货币时，常常把没有到期的商业票据转让给银行，以取得贷款，这种行为在经济学上被称为贴现。

而中央银行作为"银行的银行"，扮演的是最后贷款人的角色。商业银行在囊中羞涩、资金周转困难时，就需要向中央银行借贷。这种借贷和企业向商业银行借贷的性质一样，也需要有所付出。于是商业银行就如法炮制，把从企业那里得来的没有到期的商业票据再转让给中央银行，这种行为在经济学上称为再贴现。而中央银行接受商业银行的票据也是有条件的，即要在票据原价的基础上打折，这个折扣率就是再贴现率。很明显，中央银行如果对再贴现率做出改动，就相当于增加或减少了商业银行的贷款成本，即抑制或鼓励商业银行的信用扩张积极性，同时，货币供应量也会相应地收缩或膨胀。

贴现率是一个在现代经济学中占有重要地位的基本概念，它解决了未来的经济活动在今天如何评价的问题。所谓贴现率，是指未来的款项折合为现值的利率。

前面已经介绍过，商业银行需要增加贷款或者现金吃紧时，就需要一部分货币，这时它们就把自己银行拥有的一部分商业票据交给中央银行，中央银行按照一定的比率扣除一部分钱后兑换为现金。这样商业银行就可以把票据换为现金或者充当存款准备金，以扩大自己的放款数量。而这个折扣率就称为再贴现率。

再贴现率是商业银行将自己拥有的未到期票据向中央银行申请再贴现时的预扣利率。再贴现意味着商业银行向中央银行借款，增加了货币投放，也就是直接增加货币供应量。再贴现率的高低直接决定着再贴现额的高低，并且间接影响商业银行的再贴现需求，进而影响再贴现的整体规模。一方面，再贴现率的高低直接决定再贴现成本的高低，如果再贴现率提高，那么再贴现成本就随之增加，反过来也是同样的道理，因此会影响到再贴现需求；另一方面，再贴现率的变动，是中央银行政策意向的反应。中央银行通过调整贴现率来实现某种货币政策，当经济过热时，中央银行为了控制货币数量和商业银行的放款额度，就会提高再贴现率，以减少商业银行的借贷款数量；而当经济萧条时，中央银行就会降低再贴现率，把商业银行手中的债券吸收过来实行贴现以增加商业银行的准备金，鼓励商业银行发放贷款，刺激社会的消费和投资，实现社会经济的正常运转。

3. 公开市场业务

在平时对货币政策进行宏观调控时，中央银行使用得最多的是公开市场业务。

公开市场业务是指中央银行在公开的金融市场上购买或售卖政府有价证券，增加或减少商业银行的准备金，从而影响整个经济活动，实现既定目标的行为活动。中央银行买进有价证券时，会向出卖者支付货币，从而增加流通中的货币量；而中央银行在卖出有价证券时，就会使流通中的货币量减少。

公开市场业务最大的优点是对经济的震动小，因而中央银行可以经常运用它对经济进行微调，而且操作灵活方便。自20世纪50年代起，美联储90%的货币吞吐就是通过公开市场业务来实现的，其他很多国家也都采用公开市场业务来调节货币供应量。

公开市场业务的操作可以分为两类：能动性的公开市场操作和保卫性的公开市场操作。能动性的公开市场业务以改变准备金水平和基础货币为目的；保卫性的公开市场业务则以抵消影响货币基数的其他因素的变动为目的。例如，美联储公开市场操作的对象是美国财政部和政府机构证券，特别是美国国库券。

公开市场操作相对于其他货币政策工具而言，具有主动性强、灵活性强等明显的优越性。于是各国政府的货币操作手段逐渐出现趋同趋势，都逐渐向依赖中央银行的公开市场业务靠近。但是公开市场业务要想有效地发挥作用，还必须满足一些重要的前提，只有这样，公开市场业务才能最大限度地发挥作用。

从上述分析中我们可以看出，国家的货币政策就像一只"大手"，不断地校正着国家经济的方向，会对经济产生重大的影响。那么，我们就很有必要对货币政策做深入的了解。

通常来说，货币政策是指中央银行为实现既定的经济目标（如稳定物价、促进经济增长、实现充分就业和平衡国际收支）而运用各种工具调节货币供给和利率，进而影响宏观经济的方针和措施的总和。

货币政策分为紧缩性的和扩张性两种。

紧缩性的货币政策通过削减货币供应的增长率来降低总需求水平。在这种政策下，取得信贷较为困难，利息率也随之提高。因此，在通货膨胀较严重时，采用紧缩性的货币政策较为合适。

扩张性的货币政策是通过提高货币供应的增长速度来刺激总需求。在这种政策下，取得信贷更为容易，利息率会降低。因此，当总需求与经济的生产能力相比很低时，采用扩张性的货币政策最为合适。

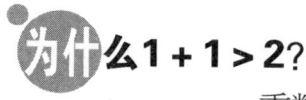

为什么1 + 1 > 2?
——乘数效应

2005年8月，一则重大消息在中国互联网产业上空"爆炸"——互联网巨擎雅虎计划以近10亿美元的价格获得中国最大的电子商务公司阿里巴巴35%的股权，阿里巴巴将正式吞并雅虎中国公司。此次阿里巴巴将其搜索引擎与中国雅虎的搜索业务强强整合在一起，能够收到"双赢"的效果：一方面，中国雅虎拥有的庞大客户群有可能成为阿里巴巴的电子商务客户，辅助阿里巴巴业务链的产品挖掘出更多的延伸价值。另一方面，阿里巴巴的电子商务客户基础能够巩固雅虎中国的搜索业务，发挥更大的价值。两者相互促进，相互带动，提升的是电子商务和搜索业务的商业价值，放大的是阿里巴巴和雅虎中国的竞争优势——这就是合并所带来的潜在"乘数效应"。

乘数效应是指一个变量的变化以乘数加速度方式引起最终量的增加。乘数效应的应用涉及生活的方方面面。

在经济学中，乘数效应通常被称为支出／收入乘数效应，是宏观经济学中的一个概念，是指支出的变化导致经济总需求与其不成比例的变化。这一概念通常与凯恩斯经济学相联系，其他一些经济学学派低估或否认这一效应对于宏观经济，尤其是从长期看来的重要性。

在经济学中所说的乘数主要有以下几个。

投资乘数是指投资支出的变动引起收入的成倍变化。普遍理解为：在有效需求不足，社会有一定数量的存货可以被利用的情况下，投入一笔投资可以带来数倍于这笔投资的国民收入的增加。

目前中央政府实行积极的财政政策和适度宽松的货币政策，同时加大投资力度，计划在2010年年底前投资4万亿无人民币扩大内需，以此促进经济增长。投资规模的扩大有利于拉动经济增长，但是投资对经济规模的影响程度不仅取决于投资规模，还取决于投资乘数。一笔原始投资对经济增长的拉动是倍乘的，可以促进国内生产总值番倍增加，因此为了提高投资拉动经济增长的效果，还应促进投资乘数的增加。

政府购买支出乘数是指国民收入变化量与引起这种变化量的最初政府购买支出变化量的倍数关系，或者说是国民收入变化量与促成这种变化量的最初政府购买支出变化量的比例。通俗的说法是，政府采购支出每增加一美元所引起的GDP的增量。

税收乘数用来反映税收变动与其所引起的国民收入变动的倍数的关系。由于税收是对纳税人收入的一种扣除，因此税收高低会影响到投资，进而影响到国民收入。税收变动与国民收入呈反方向变化，即税收减少，国民收入增加，税收增加，国民收入减少。因此，税收乘数是负值。税收乘数又指收入变动与税收变动的比率。

政府转移支付乘数是指收入的变动与政府转移支付变动的比率。政府转移支付增加，人们可支配收入也增加，因而，消费会增加，总支出和国民收入也会增加，因而政府转移支付乘数为正值。

平衡预算乘数是指政府购买和税收以相同数量增减时，国民收入变动量与政府购买或税收变动量的比率。平衡预算乘数的值为1。

你有多少货币？

——货币供应量"三兄弟"M_0、M_1、M_2

在日常生活中，如果有人问："你有多少货币？"你可能会掏出自己的钱包说自己有多少钞票。钞票是货币，那么银行存款是不是货币呢？实际上，我们手里的钞票、银行里的存款，甚至短期国库券都可以说成是"货币"。为什么呢？因为货币最主要的功能就是购买商品时进行支付结算。钞票随时可以购买商品；当款项数额比较大时，银行存款可以开出支票结算；甚至在有些情况下可以有短期国库券直接支付。所以说，不仅钞票是货币，而且银行存款和短期国库券也是货币，它们都会对社会购买力产生影响。

钞票和银行存款虽然都是货币，但它们的流动性有很大的不同。现钞直接就是现实的购买力，而银行存款则必须满足一定的条件才能变成购买力。为了测算、掌握流通中货币供应量的情况，更有效地调控货币供应量，国际货币基金组织根据货币涵盖范围的大小和流动性的差别，把货币供应量家族划分成"三兄弟"：

老幺M_0，又叫"现钞"，是指流通于银行体系以外的现钞，也就是居民和企业手中的现钞。M_0虽然是货币家族的老幺，但最机灵、流动性最强，具有最强的购买力。

老二M_1，又叫"狭义货币"，由流通于银行体系以外的现钞（M_0）和银行活期存款构成。其中活期存款由于随时可以变现（提取），所以流动性和购买力不亚于现钞。M_1是货币家族的老二，代表了一国经济中的现实购买力，因此，对社会经济生活有着最广泛和最直接的影响。许多国家都把M_1作为调控货币供应量的主要对象。

老大M_2，又叫"广义货币"，由流通于银行体系之外的现钞加上活期存款

（M_1），再加上定期存款、储蓄存款等构成。M_2是货币家族的老大，包括了一切可能成为现实购买力的货币形式。定期存款、储蓄存款等不能直接变现，所以不能立即转变成现实的购买力，但经过一定的时间和手续后，也能够转变为购买力，因此它们又叫作"准货币"。由于M_2对研究货币流通的整体状况有着重要意义，因此近年来，很多国家开始把货币供应量的调控目标转向M_2。

目前中国人民银行公布的货币划分口径是：

M_0：流通中现金；

M_1：M_0＋企业活期存款；

M_2：M_1＋准货币（定期存款＋居民储蓄存款＋其他存款）。

我们一般所说的货币，通常主要是指M_1，即流通中的现金＋企业活期存款。

需要注意以下两点。

（1）流动性：货币的流动性指各种货币转换为现金所需要的时间和成本。转换成现金的时间越短，成本越低，流动性也就越强。

（2）国际货币基金组织：国际货币基金组织（the International Monetary Fund，IMF）是政府间的国际金融组织，它是根据1944年7月在美国新罕布什尔州布雷顿森林市召开的联合国和联盟国家的国际货币金融会议上通过的《国际货币基金协定》建立起来的。1945年正式成立，至今IMF已有184个成员国。

你的个人收入有多少？

——个人所得税

在日常生活中，不知道你是否有过这样的经历，有时候拿到了一笔外快，在扣税后，感觉少了一大笔钱。因此，如何对个人所得税进行税收筹划，怎样合理避税、节税就成了不少人关心的话题之一。

个人所得税，其实是指调整征税机关与自然人（居民、非居民人）之间在个人所得税的征纳与管理过程中所发生的社会关系的法律规范的总称。个人所得税法，就是有关个人的所得税的法律规定。

个人所得税分为境内所得和境外所得。主要包括以下11项内容。

（1）工资、薪金所得。它是指个人因任职或受雇而取得的工资、薪金、奖金、年终加薪、劳动分红、津贴、补贴以及与任职或受雇有关的其他所得。

（2）个体工商户的生产、经营所得。

（3）企事业单位的承包经营、承租经营所得。它是指个人承包经营、承租经营以及转包、转租的所得，包括个人按月或者按次取得的工资、薪金性质的所得。

（4）劳务报酬所得。个人从事设计、装潢、安装、制图、化验、测试、医疗、法律、会计、咨询、讲学、新闻、广播、翻译、审稿、书画、雕刻、影视、录音、录像、演出、表演、广告、展览、技术服务、介绍服务、经济服务、代办服务以及其他劳务的所得。

（5）稿酬所得。个人因其作品以图书、报纸形式出版、发表而取得的所得。这里所说的"作品"，是指包括文字、图片、乐谱等能以图书、报刊方式出版、发表的作品；"个人作品"，包括本人的著作、翻译的作品等。作者去世后取得其遗作稿酬的，应按稿酬所得项目计税。

（6）特许权使用费所得。个人提供专利权、著作权、商标权、非专利技术以及其他特许权的使用权的所得。提供著作权的使用权的所得，不包括稿酬所得。作者将自己文字作品手稿原件或复印件公开拍卖（竞价）的所得，应按特许权使用费所得项目计税。

（7）利息、股息、红利所得。

（8）财产租赁所得。个人出租建筑物、土地使用权、机器设备、车船以及其他财产的所得。财产包括动产和不动产。

（9）财产转让所得。个人转让有价证券、股权、建筑物、土地使用权、机器设备、车船以及其他自有财产给他人或单位的所得，包括转让不动产和动产所得。对个人股票买卖的所得暂不征税。

（10）偶然所得。个人取得的所得是非经常性的，属于各种机遇性所得，包括得奖、中奖、中彩以及其他偶然性质的所得（含奖金、实物和有价证券）。

（11）其他所得。

在这里，也许有人会问：为什么要缴纳个人所得税？这就需要我们了解税收的意义之所在，税收的一个重要功能就是调节收入差距，缩小人民的贫富差距，维持社会的平衡发展。其原则就是收入越高所缴纳的个人所得税就越多，从而用于补贴低收入阶层的教育、医疗、市内交通等开支。

一般来说，我们所说的个人收入，是在缴纳个人所得税之后的收入。所以，正确地认识税收的意义，充分掌握缴纳个人所得税的技巧，也是提高个人收入的一种方式。一个人收入的多少不仅反映了个人购买能力的大小，还与国家的GDP有关。个人收入指数上升说明国家经济景气，而个人收入下降则表明国家经济发展缓慢或衰退。

当然，缴纳个人所得税是每个公民应尽的义务和责任，可是，在同等条件下，如果不是偷税漏税，而是以合理的方式来降低所应缴纳的个人所得税，从而增加个人的收入，从某种角度而言，这不也相当于是在为自己加薪吗？

为什么收入高的人多交税？
——累进税

小林的父母在同一家单位上班，他的妈妈是普通员工，每月实发工资3 500元；爸爸是一名经理，每月实发工资5 000元。小林父母的收入不同，所交的个人所得税也不同，爸爸每个月要比妈妈多交不少钱，这是为什么呢？

所谓个人所得税，是指国家对本国公民、居住在本国境内的个人的所得和境外个人来源于本国的所得征收的一种所得税。在有些国家，个人所得税是主体税种，在财政收入中占较大比重，对经济亦有较大影响。

为什么收入高的人交税多？原来，税收的一个重要功能就是调节收入差距。其原则是从富人那里多征一点，用于补贴低收入阶层的教育、医疗、市内交通等开支。一般所采取的办法是累进税，按照课税对象数额的大小，规定不同等级的税率。课税对象数额越大，税率越高；课税对象数额越小，税率越低。通俗地讲，就是收入越高，交的税就越多。

累进税率的形式有全额累进税率和超额累进税率。

（1）全额累进税率简称全累税率，即征税对象的全部数量都按其相应等级的累进税率计算征税额。

采用全额累进税率进行征税，方法简单，易于计算。但在两个级距的临界部位会出现税负增加不合理的情况。例如，某甲月收入2 000元，适用税率5%；某乙月收入2 001元；适用税率10%。甲应纳税额为100元，乙应纳税额为200.1元。虽然，乙取得的收入只比甲多1元，而要比甲多纳税100.1元，税负极不合理。这个问题，要用超额累进税率来解决。

（2）超额累进税率。超额累进税率简称超累税率，是把征税对象的数额划分为若干等级；对每个等级部分的数额规定相应税率，分别计算税额，各级税额之和为应纳税额。超累税率的"超"字，是指征税对象数额超过某一等级时，仅就超过部分，按高一级税率计算征税。

例如，我国个人所得税的起征点原来是1 600元，从2008年3月份起调整为2 000元，使用超额累进税率的计算方法如下：

缴税＝全月应纳税所得额×税率－速算扣除数

全月应纳税所得额＝（应发工资－四金）－2 000

实发工资＝应发工资－四金－缴税

以上面所列举的小林的父母为例，小林妈妈应缴个人所得税＝（3 500－2 000）×10%－25＝125（元）；小林爸爸应缴个人所得税＝（5 000－2 000）×15%－125＝325（元）。在这里，爸爸比小林妈妈收入高1 500元，就要多交200元的个人所得税。

累进税率的特点是税基越大，税率越高，税负呈累进趋势。在财政方面，它使税收收入的增长快于经济的增长，具有更大的弹性；在经济方面，它有利于自动地调节社会总需求的规模，保持经济的相对稳定，被人们称为"自动稳定器"；在贯彻社会政策方面，它使负担能力大者多负税，负担能力小者少负税，符合公平原则。累进税的这些优点，决定了其为多国所采用。

税赋应该由谁承担？

——税赋归宿

在经济学上"税赋归宿"的概念，是指一项税收最终的经济负担者。在这里要指明，它是相对于法定纳税人而制定的，之所以这样规定，是因为最终的税收负担者和法定纳税人有时候并不一致。

我们生活中的很多商品都已经是税后的价格，有人算了这样一笔账：在我国，假如一袋一公斤的盐为2元。其中就包含大约0.29元的增值税。而每瓶3元的啤酒包含大约0.44元的增值税、0.12元的消费税。如果你花100元买一件衣服，其中包括14.53元的增值税。如果你花100元买一瓶化妆品，其中除了14.53元的增值税外，还包含25.64元的消费税。如果你吸烟，每包8元，其中大约4.07元是消费税、增值税。总之，只要你消费，就需要纳税。

在经济学家看来，税收会影响市场上价格对资源的调节功能，因为在税收的影响下，企业对生产成本的估计必然会发生扭曲。比方说，政府规定，每生产一个面包就要向政府交纳一块钱的税，那么最高兴的肯定是生产蛋糕和饼干的企业，因为这实质上是提高了面包的成本，从而使得面包在市场上处于相对劣势，很明显这样的税收会扭曲价格的信号功能，打乱市场上已有的均衡状态，从而带来一连串的次级效应。

然而除此之外，经济学家更担心另一种危险，善良的人们出于好心提出的建议却让穷人们更加贫困。

我们总有这样的想法，为了使社会更加公平，应该向那些有钱的人收税，然后补贴那些穷人。因此有人提出，应该对高尔夫球具、高档手表、游艇征收奢侈品税，他们认为这些商品是只有少数富人群体才能消费的高档奢侈品，对其征税实际上就是对富人征税，体现了境况好的人应该多纳税的原则，能够起到公平的效果。然而这样的"传统智慧"又一次被经济学家否定，而且经济学家告诉我们，所谓的奢侈品税，往往会让穷人更穷，而富人则毫发未损。真的是这样吗？

这涉及了经济学中一个非常有趣的话题——税收归宿。它所要研究的是究竟谁最终承担税收，显然对商品征税会提高商品的价格，而消费者可能会承担一部分税费，同时生产者也有可能需要承担一部分，那么税收变动便影响了市场的均衡，在这种情况下市场参与者之间又该如何分配呢？

经济学家们分析说，像游艇这类奢侈品，属于非生活必需品，而且替代产品很多，因此属于需求富有弹性而供给缺乏弹性的商品，当这类商品由于税收而提高价格时，富人们会选择其他消费方式，而生产奢侈品的企业却不得不承担需求减少带来的损失，甚至不得不降价，甚至停止生产，最终税收负担都会落在企业的员工身上。

事实也证明了经济学家的预测是正确的。1991年初，美国的有钱人为了逃避税收转而前往邻国巴哈马购买游艇，导致美国度假胜地南佛罗里达的游艇销售量迅速下降了90%。令人吃惊的是，包括"奔驰"、"凌志"在内的高级轿车的销售量也急剧下降。最初美国国会曾预计"奢侈品税"将每年为国库带来3亿美元的收入，结果第一年仅仅收到了3 000万美元，只有预期的1/10，最终，美国政府不得不在1993年取消了这项"亏本"的税种。

经济学家进一步分析说，在市场供给的双方中，弹性越小的一方，承担的税负比例也越大。奢侈品的供给弹性不大，但需求弹性较大，因此供给方也就是生产厂商承担了税负。如果对大米、食油这些日常生活品征税则恰恰相反，新增的价格将会转嫁到消费者身上。

相反，如果政府提出对房东收税，大多数人会认为，至少有一部分税收会转嫁到房屋租赁者的头上，但经济学家说房东将是直接的受害者。首先房屋租赁是一个需求富有弹性而供给缺乏弹性的市场，因此房租的税收就大部分由房东承担了，而租户也不必担心房东会提高价格，事实上，如果房东能够提高价格并且全部把房子租出去，那么他们早就这样做了。

经济学家的解释是，税收增加引起租房成本提高，而租赁者会降低他们的需求，在需求减少的市场上，房东们不得不接受最高的出价，而当价格维持不变时，房东不得不按原价出租他们的房子。除非所有房东统一退出市场而降低供给。

为什么蛋糕忽然变小了？
——漏桶理论

阿瑟·奥肯曾经形象地说："当我们拿起刀来，试图将国民收入这块蛋糕在穷人和富人之间做平均分配时，整个蛋糕却忽然变小了。"

经济学家们强调效率，却忽视了公平；现实中公平和效率往往是矛盾的，一味讲求公平，却又影响了效率。美国经济学家阿瑟·奥肯对此提出了著名的"漏桶原理"。该理论告诉我们公平和效率的交替关系：为了效率就要牺牲某些公平，而为了公平就要牺牲某些效率。

假定有这样一个国家，只有富人和穷人，分别集中居住在东部和西部。国家每天分给东部和西部同样多的粥。东部富人这边人很少，粥相对就多，每天的粥喝不完；西部穷人那边人很多，很多人吃不饱，因此穷人们都认为这样很不公平。

于是，政府决定，从富人的锅里打一桶粥，送给穷人吃，以减轻不平等的程度。政府的愿望很美好，只不过为了把粥送到穷人那里，政府需要重新买盛粥用的桶，要雇用挑桶的人，这样就增加了很多开支。更为不幸的是，政府用的那个桶破了一个洞，成为了一个漏桶，一路上漏掉了不少，等粥送到穷人那里时已经所剩无几了。为实现公平而增加了开支，甚至丧失了公平，这就是效率的损失。

漏桶原理体现在很多实际情况中，比如对富裕家庭增加一定的税收来帮助贫困家庭，那么，贫困家庭的受资助总量总是小于富裕家庭所缴纳的税收总量，因为在转移的过程中有很多中间环节，要有一定的支出；同时，这样的做法又会对人们的工作积极性、储蓄和投资等产生影响。于是，该政策就变成了一个漏桶，漏出的就是效率的损失。

402爱心社，河北省的一个由民间网络慈善组织蜕变而来的正规民间慈善组织，2007年的时候曾经面临网友的质疑——在调查中，70%的投票者选择了其是"打着爱心的幌子聚敛钱财的非法组织"的选项。质疑的焦点是"402爱心社每次都会从募捐来的爱心款中提取7%作为他们的提成。"

这与"漏桶原理"不谋而合。在实现美好理想的过程中，不可避免地要付出一定的代价。同理，在开展慈善事业的过程中，也不能绝对避免出现漏水的桶——一些人鱼目混珠。正如我们要修水桶一样，自然就要加强对民间慈善组织的监管。但正如水桶会老化或受碰撞，必然要漏水一样，对民间慈善组织的监管也很难尽善尽美，正如水总是要运的，民间慈善事业也总是要开展的。

这就如同用刀子划分蛋糕，平等代表了如何分，而效率则代表蛋糕的大小，人们必须在平等和效率之间做出选择，因为，效率关注的是能不能尽量把蛋糕做大，而公平则更加关注能不能平均地分蛋糕。

为什么涨也滞后，跌也滞后？
——工资粘性

　　工资粘性或工资黏性是指工资率不能随劳动供求的变动而及时迅速地变动。失业率上升时，劳动力市场供给是超过需求的。因此相对于失业率较少的时期，工人的工资似乎应该有所下降。2009年9月15日纽约时报的一则小新闻却记录了截然不同的答案，美国在2008年经历了自大萧条后最为严重的失业危机，可是工资却一反常态地继续小有上升。

　　"粘性工资"不会随着价格的起伏而立刻变化，总有一段滞后，需要经过一段时间后才能调整。关于"粘性工资"的原因，有工资合同说、公会协议说、效率工资说等等解释，都言之有理。至少进入2008年下半年，美国价格水平开始大幅下降，美国劳动者的平均周薪依然原地不动，紧接着微微上升、"粘性工资"在很大程度上成为了雇主为下一次复苏所预付的成本，为了不伤害高效率员工的积极性，保持他们良好的工作状态，有必要把工资维持在实际出清工资之上。

　　新凯恩斯学派认为，工资是由雇佣合同规定的，在协商合同时，劳动者根据他预期的价格水平来决定他要求的工资的高低，如果劳资双方同意某一水平的工资，合同便会被签订下来。在合同期限内，劳动者必须按照根据他预期的价格水平计算出来的工资提供劳动，即使在此期间实际的价格水平有所变动，劳资双方也必须遵守合同中规定的工资水平。基于这样的事实，新凯恩斯学派提出了两个工资具有粘性的主要原因，即合同的长期性与合同的交错签订。

　　合同总是具有期限的，而这种期限通常都不是短暂的，因为过于短暂的合同会增加劳资双方的谈判成本和调整成本。经调查研究发现，在美国占有决定性的重要行业中，劳动合同的期限往往为三年，即货币工资在三年内不能改变，这样，由于合同具有期限，而且期限往往较长，因此工资的调整总是缓慢的，这便使工资具有了粘性。

　　一个社会经济中所有的劳动合同不可能是在同一时间签订的，也不可能同时达到终止期，因此，各种长期合同都是交错签订的，从而工资的调整也是交错进行的。这种合同的交错签订使得工资的调整不可能非常及时，这也是工资具有粘性的另一个重要原因。

为什么发行国债反而有害？
——挤出效应

　　国债的信用风险很小，在市场上很受欢迎，很多投资者喜欢这种投资工具，因此大量购买，从而导致企业用于非生产的资金减少，造成企业与政府争资金的情况。如果政府将用国债所筹集的资金用于弥补财政赤字，那么这种国债的"挤出效应"就非常明显，是有害于生产的。基于这个原因，很多古典经济学家提出了国债有害论。

　　通俗地说，挤出效应就是政府支出对减少私人支出，尤其是减少私人投资支出的影响。

　　当政府通过在公开市场上出售政府债券来为其支出筹资时，由于货币供给量没有增加，政府债券出售使债券价格下降，利率上升。利率上升减少了私人投资，引起了挤出效应，而挤出效应的大小取决于投资的利率弹性，投资的利率弹性大则挤出效应大。

　　当政府通过增加税收来为其支出筹资时，增税减少了私人收入，使私人消费与投资减少，引起了挤出效应。而挤出效应的大小取决于边际消费倾向，边际消费倾向越大，税收引起的私人消费就减少越多。

　　2009年上半年，零售公司销售收入增长乏力，平均增速远低于宏观消费增速。上半年社会消费品零售总额增长15%。而51家零售公司（不包含ST公司）营业收入加权平均增长仅4.13%，其中收入下滑的有15家，8家收入增长在0~5%之间，10家为5%~10%，7家为10%~15%。增长差异和公司所处业态以及所处的区域的竞争状况、区域经济有很大的关系。连锁业态、内地城市、集中度较高的城市的零售公司增长较快。

　　引起上述现象最主要的一个原因就是"挤出效应"。消费疲软时候挤出效应尤为明显。2009年上半年汽车销售额增长41%，与2002年类似，政府政策推动和降价是主要原因。经济处在最初的复苏阶段时，政府推出包括汽车等在内的促进消费的政策，导致了大件消费对其他消费的挤出效应。另外，房地产市场火爆对日常消费的挤出效应也非常明显，对家电消费的推动作用则有所滞后。

应该通过什么方式拉动经济增长？

——霍夫曼定理

　　霍夫曼定理又被称作"霍夫曼经验定理"是指资本资料工业在制造业中所占比重不断上升并超过消费资料工业所占比重。

　　20世纪30年代初，德国经济学家W.C.霍夫曼根据工业化早期和中期的经验数据推算出了该定理。他把工业化某些阶段产业结构的变化趋势外推到工业化后期。通过设定霍夫曼比例或霍夫曼系数（霍夫曼系数=消费品工业的净产值/资本品工业的净产值），对各国工业化过程中消费品和资本品工业（重工业）的相对地位变化做了统计分析。得到的结论是，各国工业化无论开始于何时，一般都具有相同的趋势，即随着一国工业化的进展，消费品部门与资本品部门的净产值之比是逐渐趋于下降，霍夫曼比例呈现出不断下降的趋势，这就是著名的"霍夫曼定理"。

霍夫曼把工业化过程分为四阶段。

（1）消费品工业在整个制造业中居于占压倒优势的地位，其净产值平均为资本品工业净产值的5倍。

（2）消费品工业最初所具有的主导地位被削弱，资本品工业逐渐发展起来，但前者的产值仍是后者净产值的2.5倍。

（3）两类工业的净产值大致相当。

（4）消费品工业远不及资本品工业增长来得迅速，后者的净产值将大于前者。

"对同一个问题，10个经济学家会给出11种不同的答案。"有人主张中国应走"重工业化道路"，通过投资拉动经济增长，随后这一理论在我国很快风行起来。2004年年底，著名经济学家吴敬琏先生对这种说法进行了批驳。他认为，霍夫曼定理对应的是依靠大量资源和资本投入支撑的外延（粗放）增长。当前，信息化时代方兴未艾，服务业成为国民经济的主导部门，这种由重工业推动经济增长的模式已经过时，我们大可不必重走西方国家的老路。

为什么必须明确产权？
——科斯定理

当大家都认为"外部影响"是市场机制失灵的原因的时候，科斯却认为市场机制可以解决"外部影响"问题，前提是必须让它产权清晰。

"科斯定理"是对美国著名经济学家、现代产权理论开拓者、1991年诺贝尔经济学奖得主R.H.科斯提出的产权理论与观点的通称。科斯是最早对产权安排、交易费用与资源配置效率之间的内在联系进行研究的经济学家，其有关思想见诸《企业的性质》和《社会成本问题》这两篇著名的论文中。后来人们把科斯有关产权的思想归纳为"科斯定理"，并做出如下区分。

科斯定理I。在法律及市场结构可以保障自由交换的条件下，如果交易费用为零，那么不管财产权利的初始安排如何，当事人之间的谈判都会导致财富最大化的安排，即市场机制会自动使资源配置实现帕累托最优。

科斯定理II。在交易费用为正的世界里，不同的财产权利界定会产生不同的资源配置效率。换句话说，由于交易是有成本的，不同的产权安排会使交易成本有很大的不同，因此会对资源配置的效率产生不同的影响。为了保证资源配置的优化，法律制度对产权的初始安排和重新安排的选择是至关重要的。如果不能保证资源的最优配置，产权就会让渡或交易。实现这种产权交易的有效途径之一，就是在市场上通过等价交换，实现财产权利的重新配置。

科斯定理III。任何制度的选择与取舍均存在着一个成本比较的问题。如果成本大于收益，制度创新就没有必要。这个定理说明，由于清晰的产权制度安排有助于降低交易成本，提高资源配置的效率，因此，使得包括产权制度在内的制度选择，在经济运行和发展中具有十分重要的意义。而制度选择本身不是无代价的，而是有成本的。这种制度选择成本主要包括两个方面：一是制度的制定者和实施者所直接耗费的成本，即内在成本或私人成本；二是制度的制定和实施给接受者造成的资源耗费，即制度的外在成本与社会成本。

科斯定理宣称，在交易费用为零的条件下，只要产权明晰化，不论产权归谁，私有制的市场机制总会找到最有效率的办法，从而达到帕累托最优状态。

科斯定理的精华在于发现了交易费用及其与产权安排的关系，提出了交易费用对制度安排的影响，为人们在经济生活中做出关于产权安排的决策提供了有效的方法。

根据科斯定理，外部影响最终导致资源配置无效的原因在于产权不明确。如果产权明确，有些外部影响就不会发生。也就是说，解决外部影响问题时不一定要求政府干预，只要产权明确，市场就能自动解决外部影响问题。但是，在该理论提出以前，传统经济学认为解决外部影响的问题时要求有政府的干预。当出现外部不经济时就要进行征税，征税的数额应等于外部不经济给其他社会成员造成的损失，从而使得私人成本等于社会成本；当出现外部经济时，政府就要采取津贴的办法，使私人收益等于社会收益，从而使得资源配置达到最优。可以说，科斯定理对传统的经济学解决外部影响问题的方法提出了挑战，并且其科学性在理论和实践中也得到验证。

第8章

[民生经济课]

如何更全面地衡量一个国家的经济状况？

—— 绿色GDP

讨论绿色GDP之前，先来了解下GDP的相关知识。

一天傍晚，两位经济学研究生甲和乙边散步边讨论关于GDP增长的问题。讨论的过程中两位青年争吵了起来，难分高下的时候，突然发现前面的草地上有一堆狗屎。甲就对乙说："如果你能把它吃下去，我愿意出5 000万。"5 000万的诱惑可真不小，吃还是不吃呢？乙掏出纸笔，进行了精确的经济学计算，很快得出了经济学上的最优解——吃！于是甲损失了5000万，当然，乙的这顿"晚餐"吃得并不轻松。

两个人继续散步，突然又发现了一堆狗屎。这时候乙开始剧烈地反胃，而甲也有点心疼刚才花掉的5 000万。这时乙对甲说："你把它吃下去，我也给你5 000万。"于是，不同的计算方法，相同的计算结果——吃！甲心满意足地收回了5 000万，乙似乎也找到了一点心理平衡。

突然，两个人同时号啕大哭："闹了半天我们什么也没得到，却白白吃了两堆狗屎！"他们怎么也想不通，只好去请教他们的导师——一位著名的经济学泰斗。

听了两位高徒的故事，没想到泰斗也号啕大哭起来。只见泰斗颤巍巍地伸出一根手指头，无比激动地说："一个亿啊！一个亿啊！我亲爱的同学，感谢你们，你们仅仅吃了两堆狗屎，就为国家的GDP贡献了一个亿的产值！"

GDP是国内生产总值（Gross Domestic Product）的简称，是指在一定时期内（一个季度或一年），一个国家或地区的经济中所生产出的全部最终产品和劳务的价值。它不但可以反映一个国家的经济表现，更可以反映一国的国力与财富，常被公认为是衡量国家经济状况的最佳指标。

GDP可以衡量一个国家或地区的经济产出或生产能力。因为这个社会其实就是由投入和产出构成的。任何经济行为都可以用这两者来计算，对于一个国家或地区而言也不例外。到底一个国家或地区的生产能力有多强，或者说得更简单点就是创造了多少社会财富，这个时候就需要一个统一的度量单位，以便在国家与国家、地区与地区之间进行比较。而GDP就是这个统一的度量单位。也就是说，GDP是用来衡量国家或地区的社会总财富的尺子。

这里所说的社会总财富没有民族和国籍的区分，也就是说一国的领土范围之内，无论肤色如何，也不管是国内企业还是外国企业，只要它是在规定时间内所创造的都属于GDP的核算范围。例如，西门子在中国的分公司所获得利润就要计入中国的GDP，而不能计入德国的GDP；联想在美国的分公司所获得利润就会计入美国的GDP，而不会计入中国的GDP。

第二次世界大战之后，GDP逐渐被世界各国采用。我国于1985年建立GDP核算制度，1992年之后逐步建立起一套新的国民经济核算体系，GDP成为核心指标。作为一个国家或地区一定时期内社会经济活动成果的集中体现，目前，这一指标已成为各级政府制定经济发展计划和战略目标的重要依据，并成为家喻户晓、世人关注的经济"晴雨表"。

一般来说，一个国家的GDP大幅增长，反映出该国经济发展繁荣，国民收入增加，消费能力也随之增强，人民生活水平提高。反过来说，如果一个国家的GDP出现负增长，则说明该国经济处于衰退状态，消费能力降低，人民生活水平降低。但有的时候，却会出现反常的情况，GDP高速增长，但人民生活水平却并未随之提高。

为什么会出现这样一种反常现象呢？这是因为GDP代表的是全社会终端商品的价格总和，而我们的生活水平取决于全社会终端商品使用价值的总和。这两者既相互关联，又相互背离。比如，王先生家3年前每月吃10斤猪肉，每斤4.5元，共需45元。去年猪肉涨到了9元1斤，王先生家每月还吃10斤，需90元，因此，在王先生家的生活水平并没有任何提高的情况下消耗的GDP增加了一倍。今年猪肉涨到了13元1斤，王先生家吃不起10斤了，只能吃

7斤，需花费91元，这样王先生家在生活水平下降30%的情况下消耗的GDP反而还略有增加。王先生家的生活水平取决于他吃了多少肉，而GDP反映的是买这些肉花了多少钱，二者既有相互关联的一面，又有相互背离的一面。有时王先生花的钱多说明他吃的肉多了，有时他花的钱多反而吃的肉少了。

GDP的积极影响是多方面的，但也有其局限性。具体来说，GDP的局限性表现在以下两个方面。

其一，GDP不能反映经济增长的准确情况。因为现行GDP统计对没有效益的经济活动也照算不误，比如，年初的冰冻灾害造成了很大的经济损失，同时也造成了很多灾区人民生产生活上的困难，但是，GDP却增长上去了。这是为什么呢？因为救灾需要投入大量的人力、物力、财力，要花费大量的物资，所以GDP增长了。日常生活中有很多这样的例子，比方说早上开车上班的路上出了车祸，人被送到医院去抢救，车也要送到车行去修理，这样GDP就增加了。本来出车祸是不好的事情，也不会产生效益，但是对GDP来讲却是增长了。这种GDP的增长，其财富积累的效率是非常低的。

其二，GDP也不能反映经济增长的成本。比方说，有些地方经济增长虽然比较快，但是资源消耗非常厉害，造成了严重的资源浪费及环境污染，GDP虽然上去了，但是消耗的成本很大，破坏了生态平衡。这是非常不划算的。

因此，为了更好地衡量一个国家或地区的经济状况，经济学家提出了一种新型的GDP概念——绿色GDP。

厉以宁在第八届北大光华2006新年论坛上指出了可持续发展的双重含义：一是自然意义上的可持续发展，二是社会意义上的可持续发展。到现在为止，绿色GDP核算只涉及了自然意义上的可持续发展，即绿色GDP等于GDP减掉环境损害成本和自然资源的净消耗量。社会意义上的可持续发展是指社会稳定，人际和谐，区域之间、城乡之间协调发展，社会可持续发展得以实现。可持续发展的GDP核算应该把这两种含义的可持续发展都包括在内。

"绿色GDP"一词用来表示一种新型的国内生产总值的概念。具体是指去掉一些被视为不合理的具有外部影响的自然和人文支出后的国内生产总值。它反映了经济社会发展中扣除现实中的外部化成本，并从内部去反映可持续发展的质量和进程。

1. 狭义上的绿色GDP

狭义上的绿色GDP是指在现有GDP的基础上，扣除资源耗减成本与环境降级成本之后的余额，它反映了一个国家或地区在考虑了自然资源与环境因素以后的经济活动的最终成果。

2. 广义上的绿色GDP

著名经济学家、北京大学光华管理学院名誉院长厉以宁建议中国应当实行有利于可持续发展的新的GDP核算方式，将发展中涉及的自然和社会成本都考虑在内。这种可持续发展的新的GDP是对狭义上的绿色GDP概念的必要补充与延伸，是广义上的绿色GDP。他提出，在社会意义上的可持续发展GDP核算方面，应当扣除安全生产事故、突发事件以及司法腐败带来的各项损失。

同时他还认为，延伸绿色GDP范围是有必要的，这个延伸是指把与社会意义上的可持续发展有关的指标纳入GDP核算体系内。在新的核算体系中，应当从GDP中扣除因发生安全生产事故造成的GDP损失，以及为处理这些事故所发生的支出。具体来说，比如发生了矿难，煤矿就要停产整顿一段时间，自然会造成损失，而且，为了处理矿难就要投入资金来善后和消除隐患，这也应纳入GDP核算体系。他还指出，应从GDP中扣除掉社会上各种突发事件造成的GDP损失，以及为处理这些事件所发生的支出；扣除掉因为食品安全事故、医疗安全事故、建筑安全事故、交通安全事故等造成的GDP损失，以及为处理这些事件所发生的支出；扣除掉各种腐败及司法不公造成的损失。

而后，他又倡议应建立"可持续发展的GDP"统一核算体系，考虑到将收入差距之类的指标纳入"可持续发展的GDP"范围在核算方面难度较大，因此，目前可先列入以下指标。

（1）从GDP中扣除安全生产事故造成的GDP损失以及处理这些事故的支出。

（2）从GDP中扣除社会上各类突发事件造成的GDP损失以及处理这些事

件的支出。

（3）从GDP中扣除因食品、医疗、建筑、交通等安全事故造成的GDP损失以及处理这些事件的支出。

（4）从GDP中扣除司法不公和各种腐败造成的损失。

从理论上说，在GDP核算的基础上应当把上述损失扣除掉。但是，这方面的核算会遇到不少困难，主要是各种安全事故的货币折算，例如，安全事故的当事人及公众在心理上所受到的损害、处理安全事故和突发事件的机会损失如何用货币表示等，都是面临的难题。

我们需要的发展是经济、社会、生态的综合协调发展，是可持续发展。因此，应考虑将自然资本与可持续性的整体衡量结合起来，为经济发展提供"绿色"的衡量方法。1990年，美国经济学家Daly和Cobb曾经系统地比较了美国的传统GDP与绿色GDP之间的差异。1992年，联合国环境与发展大会通过了《21世纪议程》，标志着人类社会进入以"保持自然，崇尚自然，促进持续发展"为核心的绿色技术时代。随着人们对绿色技术、绿色产品以及绿色生活方式认识的加强，绿色GDP、绿色国民生产净值等也必将成为衡量发展的一个新尺度。

目前，人们正在探索制定能够完整体现可持续发展思想的指标体系。例如，1995年，世界银行按照可持续发展的思想，为评估各国财富制定了一套新的计算方法。它从自然资本、产出资本、人力资本三个方面来综合性地计算。按照这种统计方法，我国在世界192个国家和地区中排在倒数第31位，主要是因为我国自然资源匮乏（在新的统计结果中，自然资源仅占我国财富的8%）且人口规模庞大。因此，我国未来的发展必须以最有效的方式来利用有限的自然资源，不能再以资源高消耗、环境高污染为代价来换取GDP的高增长了。

什么才是真正属于自己的价值？

——GNP

　　GNP是一个国家的国民生产总值，它反映了一个国家的经济发展水平，强调的是国民性。从本质上来说，GNP才是真正属于自己的价值。

　　1929年，美国爆发了一次史无前例的世界性经济危机，其对世界经济的摧残程度也是前所未有的。但令人奇怪的是，当危机爆发之初，人们竟然没有丝毫察觉。当时的美国总统胡佛甚至认为经济形势正在转好。

　　我们没有理由嘲笑当时的人们的无知，因为当时除了苏联统计机构有尚不完善的国民经济平衡表之外，世界各国有关国民经济的统计几乎是空白，所以，人们自然也就不知道经济形势已经坏到了什么地步。

　　这次危机终于引发了人们了解国民经济状况的迫切性。于是，美国参议院财经委员会委托西蒙·库兹涅茨，建立一系列用来统计核算一国投入和产出的指标，由此发展出"国民收入账户"。这就是国民生产总值GNP的前身。1933年，当1929—1932年的国民收入统计资料公开时，人们才发现这次经济危机竟是如此可怕。

　　GNP就是国民生产总值（Gross National Product）的简称，是指在一定时间内，不管一个国家的生产要素流入哪个国家，只要它们仍然为该国的个人或法人所有，那么用这些要素生产出来的最终产品或劳务价值就称为该国的国民生产总值。这里强调的是一国的国民，也就是具有本国国籍的人，无论身在何地，他所创造的价值都应计入本国的GNP。

　　国民生产总值反映了一个国家的经济水平。按可比价格计算的国民生产总值，可以计算不同时期、不同地区的经济发展速度（经济增长率）。

　　国民生产总值的计算方法有以下三种。

（1）生产法（或称部门法）：从各部门的总产值（收入）中减去中间产品和劳务消耗，得出增加值，各部门增加值的总和就是国民生产总值。

（2）支出法（或称最终产品法），国民生产总值=个人消费支出＋政府消费支出＋国内资产形成总额（包括固定资本形成和库存净增或净减）＋出口与进口的差额。

（3）收入法（或称分配法）：将国民生产总值看作各种生产要素（资本、土地、劳动）所创造的增加价值的总额。因此，它要以工资、利息、租金、利润、资本消耗、间接税净额（间接税减政府补贴）等形式，在各种生产要素之间进行分配。这样，将全国各部门（物质生产部门和非物质生产部门）的上述各个项目加以汇总，即可计算出国民生产总值。

GDP和GNP，国内生产总值和国民生产总值无论是外国名还是中国名，都只差一字，所以很容易让人混淆。为了让大家更容易区分它们，我们在这里举个例子。假如有一家人，妻子在家里做手工艺品，一年的产值是6 000元，丈夫在外国做建材生意，一年的产值是13 000元。他们还有一间房屋出租给一个公司搞图书出版，该公司一年的产值是10万元。房屋的年租金是1万元。那么，这个家庭的GNP就是丈夫和妻子的生产总值，再加上房租，就应该是29 000元；这个家庭的GDP就是妻子和那家公司的生产总值以及房租，就是116 000元。

GDP和GNP的关系是：GDP＝GNP＋（外资生产总值－本国国民在外国的生产总值）。

对于上例而言，那个家庭的GDP=29 000＋（100 000－13 000）＝116 000（元）。

从上面的公式中，我们可以看到，对于一个国家来说，如果外资在这个国家内的生产总值和该国资本在外国的生产总值相等，那么这个国家的GDP就等于GNP，如果这两个值相差不大，那么这个国家的GDP就约等于GNP；如果外资在这个国家内的生产总值远远大于该国资本在外国的生产总值，那么这个国家的GDP就远远大于GNP；如果外资在这个国家内的生产总值远远小于该国资本在外国的生产总值，那么这个国家的GDP就远远小于GNP。

GDP和GNP，究竟哪个能比较真实地反映一国国民的生活水平呢？当然是GNP。GNP是本国国民生产的总产值，当然比GDP反映得要真实一些。即使外资在该国的产值再大，也不属于该国。外资在该国内，就像在一个人肚子里的用塑料膜严密封好的一块蛋糕，这块蛋糕虽然在这个人的肚子里，但是不属于这个人。还拿上例来说，真正能反映那个家庭生活水平的数据，是29 000元，而不是116 000元，那图书出版公司的产值再高，也和这个家庭无关。GNP才是真正属于自己的价值。

物价涨了还是跌了？
——CPI

　　从2007年开始，CPI如同脱缰野马一般，一路疯狂上涨，几乎令所有人尤其是普通百姓都瞠目结舌。于是，在网上流传着这样一句经典语句："你可以跑不赢刘翔，但必须跑赢CPI。"

　　随着市场经济体制的建立和完善，人们突然发现CPI这个曾经陌生的经济指标，已然和自己每天花出去的"银子"息息相关了。CPI的涨跌，牵动着越来越多的人的心。

　　CPI数值不断地升高已经成为人们在街头巷尾热议的话题，因为我们日常生活的方方面面越来越多地被它牵动着。粮价涨了，肉价涨了，油价涨了，房价涨了，似乎一切都在上涨！人们明显地感到自己的财富在缩水。

　　的确如此，你可以不喜欢运动，但你的财富一辈子都在赛跑，这是一场长达几十年的"马拉松"，这场比赛进行得悄无声息，甚至不管你愿不愿意参加。而你的对手就是CPI。

　　CPI全称为Consumer Price Index，翻译成中文就是消费者物价指数。它反映的是根据和居民生活有关的商品及劳动力价格所统计出来的一个指标。其作用是对通货膨胀水平进行的一个量化体现。通俗地说，现在我们吃的、喝的、用的一些物品，很多价格都在涨，那么到底涨了多少呢？这就需要一个统一的标尺来衡量，这个标尺就是CPI。

我国的CPI是按食品、烟酒及用品、衣着、家庭设备用品及服务、医疗保健及个人用品、交通和通信、娱乐教育文化用品及服务、居住这八大类来计算的。这八大类的权重总和加起来是100。其中，食品所占的比重最大，包括粮食、肉禽及其制品、蛋、水产品、鲜菜、鲜果。

在每一类消费品中选出一个代表品，比如大多数人是吃米还是吃面，是穿皮鞋还是穿布鞋等。国家统计局选出一定数量的代表品，把这些代表品的物价按每一月、每一季、每一年折算成物价指数，定期向社会公布。该指数就是我们所说的官方的CPI。

CPI作为一个固定的价格指数，不反映商品质量的改进或下降，对于新产品也不加考虑，它所考量的只是和居民生活相关的一些商品及劳务的价格。

CPI升幅过大，表明居民生活成本较之以前变高，如果你的收入没有增加，那么相对于社会环境来说，你的收入实际相当于降低了。举一个简单的例子：假如去年你得到100元没有花掉，而今年CPI上升了8%，那么你现在用这100元其实只能买到去年92元就能买到的商品及劳务服务。

因此，CPI的大幅上涨，即通常所说的"涨价"，是不受欢迎的。如果CPI升幅过大，则通货膨胀就会成为国民经济中的不稳定因素，央行就会有紧缩货币政策和财政政策的风险，继而导致经济前景不明朗。

CPI的变化会对股市产生一定的影响。CPI升幅过大，会导致通货膨胀，而央行为了抑制通胀，会采取加息等紧缩策略，导致股市流动资金的减少，继而减小股票的买盘。根据供求关系，在股票买盘小的情况下其价格就会下跌；反之，如果CPI降低，则股市走热，股票上涨。

CPI计算体系是1993年确立的，但一直以来都不为人们所重视。2007年年初，中国人民银行设定了3%的CPI目标，这一底线也被认为是央行加息的"警戒线"，但自2007年5月开始，这条警戒线却被轻松突破了。

2007年5月，CPI增速首次越线，达到3.4%，6月再上新台阶，达到

4.4%。到了8月，已是"连升三级"，达到了令人瞠目的6.5%。8月8日，曾经一心力保3%的央行甚至发出了"防止物价全面上涨"的警告。但是，CPI只是稍微放慢了上涨的脚步，9月降到6.2%。随后又急速上涨，达到2008年2月份的8.7%，创了11年来的新高。以食品类价格为例，食品类商品价格同比上涨23.3%，其中，肉禽及其制品价格上涨45.3%（其中猪肉价格上涨63.4%）。难怪大连动物园内很多老虎都吃不饱了，看来CPI的增长要让老虎吃素了。

细心的人也许会发现，从2007年以来，我国物价开始快速上涨，那些不断涨价的产品总是与人们的生活息息相关，如粮食、蔬菜、食用油、煤炭、电、自来水、天然气等，为什么这些生活必需品会涨得这么快呢？

粮食、蔬菜、食用油等生活必需品的价格上涨可以说是一种必然，因为我国耕地面积有限，而且土地资源为不可再生资源。在有限的土地上种植粮食作物要等上一年半载才能收获，而收获的粮食还需进一步加工才能上市，靠耕种土地赚钱很慢，于是越来越多的土地变成了住宅或厂房，因为人们普遍认为工业是快速致富之路，而这也是全球性的趋势。所以，在稀缺土地上种出来的粮食也就变得稀缺了，与人们生活密切相关的米、面、油等必需品也就不得不涨价了。我国的物价指数虽保持在7%左右的水平，但真正与人们日常生活密切相关的CPI指数实际上更高，只不过总体数值被那些降价促销的耐用消费品摊平了。

消费价格总体水平的上升，将进一步增加生活成本，影响居民的幸福水平。房价不断上涨，让有些人发现，买房不如买房地产股划算；黄金价格不断上涨，于是买不起实物金可以买黄金股；吃不起猪肉可以买农业股。在通胀环境中，人们可以想到什么产品价格上涨就买产销这种产品的企业的股票，这样就能够做到"跑不过刘翔，但总能够跑过CPI"。不过要注意的是，要把握好通胀的概念后再投资。

如何来把握经济的温度？

——PPI

我国的PPI自2007年10月份开始，涨幅持续提高，从3.2%持续攀升到2008年8月份的10.1%，涨幅达到了两位数。这引起了人们极大的关注。

PPI是经济"体温计"。它反映生产者获得原材料的价格波动情况，推算预期CPI，可以从中估计通货膨胀带来的风险。通过PPI的变化，我们就能大体判断国家经济的运行状况，并可由此预判未来国家的宏观经济政策。

PPI（Producer Price Index）是生产者物价指数的英文缩写，它是站在生产者的角度来观察不同时期货物和服务商品价格水平变动的一种物价指数，反映了生产环节的价格水平，也是制定有关经济政策和国民经济核算的重要依据。在我国，PPI一般指统计局公布的工业品出厂价格指数。目前我国PPI的调查产品有4000多种，包括各种生产资料和生活资料，涉及调查种类186个，其中，能源原材料价格在PPI构成中占较大的比重。

通常情况下，PPI走高意味着企业出厂价格提高，因此会导致企业赢利增加；但如果下游价格传导不利或市场竞争激烈，走高的PPI则意味着众多竞争性领域的企业将面临越来越大的成本压力，从而影响企业赢利，整个经济运行的稳定性也将受到考验。

我国近一年多PPI攀高的根本原因是：在全球需求急速扩张下，资源类产品价格持续走高，而我国部分资源匮乏、内外需求旺盛，经济对于外部资源的依存度越来越大，导致国内PPI走高，直至2008年8月份创下10.1%的新高。

PPI通常作为观察通货膨胀水平的重要指标。由于食品价格因季节变化波动加大，而能源价格也经常出现意外波动，为了能更清晰地反映出整体商品的价格变化情况，一般将食品和能源价格的变化剔除，从而形成"核心生产者物价指数"，进一步观察通货膨胀率的变化趋势。

在美国，生产者物价指数的资料搜集由美国劳工局负责，他们以问卷的方式从各大生产厂商搜集资料，搜集的基准是每个月包含13日在内的该星期的2300种商品的报价，再加权换算成百进位形态，为方便比较，基期定为1967年。一般而言，当生产者物价指数增幅很大而且持续加速上升时，该国央行相应的反应是采取加息对策阻止通货膨胀快速上涨，则该国货币升值的可能性增大；反之亦然。

总之，PPI和CPI作为经济运行的核心指标，对国民经济和资本市场有着深远的影响。PPI、CPI的走势在某种程度上表明了整个经济运行的健康程度，并可作为预判未来国家宏观经济政策变化的重要指标。

银行偷走了你的钱吗？
——负利率

负利率是指利率减去通货膨胀率后为负值。也就是说，你把钱存进银行里，过一段时间后，算上利息在内没有增值，反而贬值了。

把钱存在银行里，不但没有利息增值，反而赔钱，这是怎么回事呢？很多人说，我感觉不到自己的钱存在银行里会赔呀，怎么还会有负利率呢？难道银行还扣我的钱不成？明明存了一万元，利息按1%算，也会增值呀，怎么可能有负利率一说呢？这是很多不了解经济学的人的困惑。

负利率的确是存在的，而且你的钱存在银行里会贬值，为什么这么说呢？因为经济学上在计算收入的时候，分成名义收入和实际收入两种，所谓的名义收入，当然就是你账户上的钱了，你工资卡里的钱，这全都是名义收入。比如，你在银行里存了3 000元，现在的物价上涨了10%，通货膨胀率为10%。你的实际收入就是名义收入3 000元减去300元为2 700元。假设利率为

3%，那么你所获得的利息，在不扣除通货膨胀率的情况下，为90元，但扣除通货膨胀率之后，就是2 790元，所以你的3 000元存在银行里，不会增值，实际价值只有2 790元。当利率小于通货膨胀率的时候，就进入了负利率时代。

负利率的出现，意味着物价在上涨，而货币的购买能力却在下降，即货币在悄悄地贬值，存在银行里的钱也在悄悄地缩水。

虽然"负利率"问题已经明明白白地摆在了老百姓面前，但有着强烈"储蓄情结"的中国老百姓仍在"坚守"储蓄阵地。银行储蓄一向被认为是最保险、最稳健的投资工具，但也必须看到，储蓄投资的最大弱势是：收益较之其他投资偏低，长期而言，储蓄的收益率难以战胜通货膨胀，也就是说，特殊时期通货膨胀会吃掉储蓄收益。因此，理财不能单纯依赖"积少成多"的储蓄途径。在钱少的情况下，存几千元钱，负利率的效果体现不出来，你的损失也体现不出来，所以一般的老百姓也不会在乎。但在钱多的情况下，比如有几十万或者上百万财富的情况下，负利率的效果就比较明显了。因为有大钱的人不可能把所有资金都闲着，闲置资金是有机会成本的，用一笔资金去投资所赚的钱，就是资金闲置的机会成本。

如果在负利率时代，把300万元钱存在银行里，假设通货膨胀率还是10%，利率还是3%，那么你得到的实际价值就只有279万元钱，损失有21万元。如果不放在银行里，拿去投资比如炒股或其他的项目，如果收益率为10%，那么自己的收益就有30万。所以在负利率时代，理性经济人是不可能把钱存在银行的。虽然小额储蓄影响不大，因为你会觉得即使损失也没有多少钱，但是道理却是一样的，小额储蓄一样会损失，如果拿出来买基金或股票来投资的话，虽然赚得也不多，但是总比损失要强。

面对负利率时代的来临，将钱存在银行里已不合时宜。对于普通居民来说，需要拓宽理财思路，选择最适合自己的理财计划，让"钱生钱"。负利率将会对人们的理财生活产生重大影响。以货币形式存在的财富如现金、银行存款、债券等，其实际价值将会降低，而以实物形式存在的财富如不动产、贵金属、珠宝、艺术品、股票等，将可能会因为通货膨胀的因素而获得价格的快速上升。因此，我们必须积极地调整理财思路，通过行之有效的投资手段来抗击负利率。你必须行动，不能坐等财产逐渐缩水。其实，负利率不可怕，最可怕的是你面对负利率却无动于衷。

为什么会有错觉？
——货币幻觉

"货币幻觉"是一个经典的经济学术语，讨论的是通货膨胀导致的心理错觉，即通货膨胀发生时，实际购买力下降，货币不那么值钱了，但人们却有心理错觉。

"货币幻觉"一词是由美国经济学家欧文·费雪于1928年提出来的，是货币政策的通货膨胀效应。

"货币幻觉"在日常的投资生活中经常出现，人们通常理财的时候只盯住买的东西有没有升值，收回的钱是不是更多了，却往往忽视了"钱"本身代表的价值。最典型的例子就是当年的"万元户"称号，放在当前已经成为了"破落户"，如果按实际购买力来衡量，或许只有现在的百万富翁才能与当年的"万元户"相提并论，因为当年一万元能买一套房子，现在的百万富翁大概也只能买一套并不算得上好的房子，两者在购买力上并不见得有多少差别。

在理财生活中，货币幻觉随处可见，比如股票在完成拆分以后，变成了面值一元钱，投资者便非常容易接受，以为低价股票便宜，更值得投资。新股民往往更青睐低价股，认为低价股比高价股更安全，更容易获利。而事实恰恰相反，许多曾经的高价股在大盘从6 000点跌到现在的2 500点，其跌幅要远远小于指数，最明显的就是贵州茅台。

在人民币升值的过程中，很多人认为持有人民币是最好的，但是却事与愿违：人民币只是相对于美元升值，而相对于欧元、英镑、澳元、加元等货币，人民币均处于持续贬值趋势。

"货币幻觉"实在是人们"不知货币真面目，只缘身在货币中"的典型表现。作为普通的投资人，理财的时候不应该只把眼睛盯在哪种商品价格降还是升了，花的钱多了还是少了，而应把大脑用在研究"钱"的购买力、"钱"的潜在价值还有哪些等方面，只有这样，才能真正做到精打细算，花多少钱办多少事。否则，在"货币幻觉"的影响下，"如意算盘"打到最后却发现自己其实是吃亏了。

带薪休假
——职工福利

职工福利，是企、事业单位和机关团体为全体职工举办的集体生活福利设施、文化福利设施以及各项补贴制度的总称。它对方便职工生活，减轻职工负担，解决职工生活困难，提高职工生活水平，促进企业生产发展都有积极的意义。

职工福利是我国整个福利事业的一个组成部分，主要享受对象是在职职工，主要任务是满足职工的共同需要和特殊需要，主要作用发生在生活领域，但又同生产过程有着密切的关系。其内容是由它的对象、任务、目的所决定的，大致有三个方面：

为职工提供生活方便、减轻家务劳动负担而举办的集体福利设施，如职工食堂、托儿所、幼儿园、婴儿哺乳室、浴室、女职工卫生室以及宿舍等。

为满足职工的不同需要，减轻职工的生活开支而建立的福利补贴，如生活困难补贴、交通费补助、探亲往返车船费补贴、幼儿入托费补贴、房贴、取暖费、清凉饮料以及疗养费等。

为改善职工的文化生活，建设精神文明和企业文化而建立福利事业，如图书馆、阅览室、俱乐部、球场、游泳池、业余学校等。

在西方国家，企业也有不同程度的福利。从第二次世界大战起，欧美等国除了支付与劳动时间相应的基本工资之外，还出现了许多被称为边缘福利的形式。边缘福利也称补充工资或隐性工资。国际劳工组织在关于边缘福利的条款中，列举了下述项目：①由于加班劳动、轮班制的夜班及假日加班所增加的工资；②奖金及分红；③实物；④对未提供劳动的时间支付的工资（如年度带薪休假等）；⑤强制参加社会保险的保险费；⑥自愿参加社会保险的保险费；⑦直接津贴（婚丧津贴和离职津贴等）；⑧补助（负担社会福利设施的费用）。

如今的趋势是单位发福利卡，员工到福利卡的签约商户那里刷卡消费。有时也会用点卡，到指定的场所，输入账号、密码就可以采购，至于如何消费则是自愿、自由的。这种福利卡涵盖商场、超市、百货、餐饮、娱乐等领域，预示了现代人生活的一种简约趋势。比如餐补、车补、话补、节假日补助等，都可以预存到福利卡中，目前中国各个城市也都有基于本地的福利卡商户体系。

另外，在谈论职工福利的时候，还需要弄清楚它与其他几个常见名词的区别，因为人们常常会混淆它们。

福利和津贴：津贴是对职工在特殊条件下的额外工作给予的补偿，如夜班津贴、职务津贴等，与福利相比，两者的最大差别是，津贴是以现金的形式固定发放的，而福利是非现金形式的报酬，如实物、股票期权、培训、带薪休假等，有较大的变动性。

福利、奖金和工资：福利可以看作工资外的收入。工资有一定的标准、制度，而相比之下福利就显得随意得多。奖金也是工资外的收入，但不能称为福利，因为它是按照贡献大小发放的，存在着竞争性，而福利与奖金相比，不论员工贡献大小，人人皆有一份，突出的是平等性。

弄清楚了这几个概念的区别后，我们就能更深入地认识职工福利。对于员工和企业而言，职工福利具有如下重要作用。

（1）它是保证劳动力再生产的必要条件。随着生产的社会化，原来属于家庭的某些职能已经转化为社会的职能，职工某些必需的生活条件的提供也转化为社会的责任。如果不随着社会生产力的发展而逐步发展职工生活福利事业，就不能保证为职工提供必需的生活条件，从而就影响劳动力和物质资料的再生产。

（2）它是满足劳动者日益增长的物质文化生活需要的重要手段，社会主义劳动者的基本生活需要主要来源于按劳分配所得的劳动报酬，但是，这仅仅是一个方面，还需要克服意外事件，满足文化娱乐、卫生等方面的若干需要，发展必要的职工福利事业，做一些必要补充。

（3）它是方便职工生活的有效手段。职工福利为职工提供生活方便，减轻职工在生活琐事和家务劳动方面的负担，在遇特殊困难时给予必要的辅助，这些都有助于激发职工的积极性，促进生产的发展。

（4）它是建设社会主义精神文明和企业文化的具体措施。职工福利在丰富职工文化生活、满足职工精神上的需要和建设企业文化等方面有着重要的作用。积极发展这一事业，可以促进职工努力提高自己的文化、科学技术和职业道德等方面的水平，进而提高整个职工队伍的素质。

随着经济建设的不断发展，我国企业已经普遍认识到职工福利与企业生产效率之间存在着密切的关系，已经将其视为企业的一项必不可少的、重要的人事管理工作。

在杭州市某县有一家从事皮手套生产的私营企业，规模在当地五六十家同行中首屈一指。2007年7月的一天早晨，本来是工作日，来自河南农村的几名外来女工，却坐上了旅行社的豪华大巴，去宁波海边享受"带薪休假"。她们是该公司的普通员工，这是她们生平第一次去海边游玩。据该公司老总介绍，全体员工"5～7天的带薪年休假制度"是新推出的一项职工福利。在此之前，公司已实施带薪婚假、产假、丧假等制度。除去各种福利，还为员工提供各种补贴及保险。该单位的员工也说，公司为大家考虑得特别周到，在这里干活，大家觉得特别开心，可以找到"家"的感觉。该公司共有300多名员工，一年下来，员工流动率还不到1%，而行业内的流动率却高达20%～30%。与之相对的是，公司凝聚力不断加强，业务不断拓展，已经与数家外国公司签了订货合同。该私营公司为职工着想、关注职工福利的做法，已经取得了丰硕的回报。

随着我国经济的不断发展，企业对于职工福利已经越来越重视。相比之下，自私自利的企业家毕竟是少数，大部分企业在职工福利上做得还是到位的。越来越多的人已经形成这样一个共识：职工福利既可以促进企业自身的健康发展，又可以为构筑和谐社会做出应有的一份贡献。

老有所养
——老年福利

"未富先老"，中国的老年人福利任重而道远。单纯依靠子女养老，依照现在的国情来看已经不大现实。必须广泛动员社会力量，才能从根本上解决我国越来越严重的老龄化问题。

老年人福利是指国家和社会为了安定老年人的生活、维护老年人的健康、充实老年人的精神文化而采取的政策、措施和社会公益服务。许多人会有一种模糊的认识，就是老年人拿了退休金，即算是享受老年人福利了。实际上，这种看法是相当狭窄的。我国已经制定了《中华人民共和国老年人权益保障法》，并初步搭建了一个基本的老年福利政策框架，包括了老年人的物质生活和精神文化生活的各个方面，而绝不仅仅是养老金这一项内容。

按照世界卫生组织的规定，一个国家或地区60岁以上的老年人口比例如果在10%以上，或者65岁以上老年人口的比例在7%以上，就认为这个国家或地区进入了老龄社会。1999年10月我国便提前进入人口老龄化国家的行列，60岁以上的老年人人口达到1.26亿，占全国总人口的10%，并以年均3.32%的速度持续增长。如今，我国60岁以上的老年人口达到了1.3亿，是目前世界上老年人口最多的国家，占世界老年人口的1／5和亚洲老年人口的1／2。

世界上大多数国家都有老龄化趋势，我国也已经进入人口老龄化国家的行列。各个国家都把老年福利作为福利制度的重要内容之一，并推行了许多行之有效的措施。

以西方的一些发达国家为例，它们的老年人福利是在全民福利的模式中逐步建立起来的，基本上完全由政府开支。老年人除了可以享受公民的一切福利待遇以外，还可以享受社会提供给老年人的特有福利。美国、德国、瑞典、英国等都为老年人提供生活指导以及饮食配送。在瑞典，老年人乘坐公交车、上剧院、看电影、参观博物馆等都享受半价优惠。在对老年人来说尤为重要的医疗保健方面，美国提供住院和疗养性服务，德国、法国提供护理扶助，日本则有临终关怀医院等。需要指出的是，由于老年人平均寿命的延长，老年人的医疗和护理服务已成为衡量老年人福利水准的重要标志。老年人福利还包括精神文化生活，在这方面，许多国家对老年人的学校教育提供了很大的便利条件。法国由国家创办了多所老年大学，其开支均列入政府预算。瑞典国内所有的大学都对老年人开放。在巴西，大约有150所公立和私立大学招收老年大学生，规定60岁以上的老人不必参加高考就可以直接入校，当然，课程安排也相应地与常规不同。

与上述这些国家相比，我国的老年人福利差距立刻就显现出来了。近期有一项统计数据显示，在被调查的城市老人中，有98%的老人还在依靠自我养老，只有不到2%的老人由社区福利机构照顾。我国现有的老年人福利设施严重不足，社会福利机构的总床位数还不到老年人总数的1%，无法满足老年人养老需要，而且与发达国家3%～5%的比例相比，差距是相当大的。而在经济不发达的农村地区，农村老年人生活困难、缺医少药的现象还很普遍。我国存在着诸多欠缺，做得还远远不够。

那么，为什么在有着"尊老爱幼"悠久传统的中国，国家提供的老年人福利与其他国家相比会有着这么巨大的差距呢？归根结底，还要从我国的国情说起，它可以用四个字来表达，即"未富先老"。

我国还是一个发展中国家，虽然经济实力在不断增加，人均值却无法与发达国家相比。与此同时，我国60岁以上的老年人口已经超过人口总数的

10%，据推测，到2015年，我国60岁以上的老年人口将超过2亿，约占总人口的14%。到了21世纪中叶，将达到4亿左右，占总人口的20%以上。面对这么多的老年人口，国家财政明显感到力不从心。一方面是老年人福利建设资金不足，另一方面是全社会老年人的福利需求在迅速增长，这一矛盾显得尤为突出。

面对这种形势，推广"老年人福利社会化"，即广泛动员社会力量，而不是像欧美发达国家那样主要依靠国家财政将势在必行。"社会化养老"主要包括：一是投资渠道要多元化，形成国家、集体、企业和个人的多渠道投资，发展多种所有制养老机构；二是服务对象要扩大，福利机构不能只是面对"三无"老人、"五保"老人，而要面对全社会的老年人；三是采用多种服务形式，过去基本上是"供养"，现在要通过各种社区服务的方式为老年人福利提供支持。只有将我国的实际情况与国际的先进经验接轨，中国的老年人福利才会形成自己的特色，才会建立起真正的"老有所养、老有所医、老有所乐、老有所学、老有所为、老有所助"的和谐社会，才能让老年人享受如《桃花源记》所描述的美好生活。

从此不再看病难
——医疗福利

三国时代的名将张飞，纵横捭阖，自认天不怕地不怕，在诸葛亮面前也敢拍胸脯。诸葛亮笑着问他："你真的什么都不怕吗？我看，你肯定有怕的东西。"张飞大声答道："我什么也不怕！"于是，诸葛亮在自己手心上写了一个字，悄悄递给张飞。张飞一看，顿时没了脾气，连声说："怕！怕！我怕！"

这位猛将怕的是什么？很简单，那个字是"病"。张将军勇猛异常，唯独怕病。

《韩非子》中记载，蔡桓公也怕病，因为面有病色，面见神医扁鹊的时候，扁鹊劝他看病如果不及时就会发展成大病，蔡桓公不听，过了十天，他病入肌肤，扁鹊又劝他，他还不听，直到他病入骨髓的时候，自己才感觉到身体不适，想起扁鹊，扁鹊知道自己已经无能为力了，便收拾细软跑掉了，因为扁鹊认为小病已经发展成大病再也不能救了。蔡桓公因为不注意小病，最终丧命！

但是广大居民，尤其是农村居民，往往对小病不在意，不愿意去花那个钱。但往往很多小病都是一些重大疾病的隐患，直肠癌一开始表现都是痔疮的情况，很多当作痔疮治疗，几个月之后，如果还是不好，便血出现污色，痔疮流血。这时，应该早去化验，如果继续按痔疮治疗，直到出现低分化的癌细胞，也就到了晚期了。所以，我们不要因为小病就放松对它的治疗，以致恶果发生。

在现实生活中，"病"是人们最不愿提起的一个字，它不但让人的身体和精神饱受折磨，也在经济上给人们带来损失，让很多家庭背上了沉重的债务。所以，我国目前的医疗体制改革也已经到了扭转方向的时候了，这一点是大众的心声。医改的公平性与公益性是时代的要求，也是广大老百姓共同的期望。

我国现行的医疗福利体系是由不同历史时期形成的方案拼凑而成的。由此也就形成了现有医疗保障体系的最大特征：几套体系平行运转，相互分割。政府公务员享受公费医疗制度，城市有城镇职工医疗保障和城镇居民医疗保障两个体系，乡村又有新农合体系。这样整个医疗保障体系形成了多重分割：城乡分割、身份分割，地域分割。

这导致一个结果：政府为民众医疗投入的财政资金，未能公平地使用。因为不论是门诊还是住院，公费医疗、城镇职工医疗保险、居民医疗保险与新农合的报销比例和额度依次降低，而这四个群体的收入同样是依次降低的。这样一来，收入高的人得自财政的补助反而更多。这样的结果，违背了社会福利政策的初衷。

目前，我们的医改政策不仅在于创造更多的医疗资源，还在于将这些资源公平地为全民享有，以此实现医疗福利的增进。从这一目的来看，农村是我国医疗资源最为缺乏的地方，农民是我国医疗保障最为缺少的群体。

前不久陕西省神木县施行了"全民医保模式"，目的是着眼于广大老百姓医疗福利的推广。显然，为真正落实"人人享有基本生活保障"、"城乡统筹"等原则，有条件的地方还可以进行更深一步的跨越。此前公布的医改方案也提出了医疗福利"均等化"的原则。也就是说，财政的基本原则与平等的宪法原则要求逐渐统一目前相互分割而待遇悬殊的医疗保险体系，将所有人员，不论其为公务员还是普通工人，不论其为城市人口还是农村人口或流动人口，都纳入统一的国民医疗保险体系中。这应当是医疗保障制度改革的基本目标。唯有这样，才真正合乎政府建立医疗保障体系的基本原则，也才是合乎财政的基本原则。

广厦千万间

——住房福利

"安得广厦千万间，大庇天下寒士俱欢颜，风雨不动安如山！"

这是杜甫的千古绝唱——《茅屋为秋风所破歌》中的诗句。公元759年冬末，为躲避安史之乱，杜甫流亡到成都。第二年春天，在友人的帮助下，在风景秀丽的浣花溪畔盖起了一座茅屋。诗人十分喜悦，在这里居住四年，留下诗作240余首。不料，最终在一个深秋，风雨大作，屋破雨漏，杜甫长夜难眠，遂写下了这一名作。诗人潦倒至极，然而在诗中，依然表现出身处窘困却心念天下黎民的胸怀。让杜甫没有想到的是，他自伤贫困的一句诗仍是千百年后现代人内心的真实写照。

"民以食为天，家以居为先"。住房，是一项基本的生活需求。时至今日，住房问题依然是中国百姓普遍关心的一个严峻话题。特别是进入21世纪以来，人们对于房产的改革，越来越关注，甚至到了街头巷尾无不议论的程度。

1978年9月，城市住宅建设会议在北京召开，改革开放的总设计师邓小平同志说："解决住房问题能不能路子宽些，譬如允许私人建房或者私建公助，分期付款，把私人手中的钱动员出来，国家解决材料，这方面潜力不小。"

党的十一届三中全会召开后，针对住房问题，邓小平同志再一次说："城镇居民个人可以购买房屋，也可以自己盖，不但新房可以出售，老房子也可以出售，可以一次付款，也可以分期付款，10年、15年付清。住宅出售后，房租恐怕要调整，要联系房价调整房租，使人们考虑到买房合算，对低工资的职工要给予补贴。"

1997年，中国的住房改革正式上路。国务院提出建立"以经济适用房为主的多层次住房供应体系"，由此终结了推行几十年的福利分房制度。紧接着，众多工厂职工掏钱购买自己租住的单位房屋。中国由此飞速进入了"住宅私有化"的时代。大约在2000年，中国房地产市场开始进入"市场化、民营化"的阶段，而房价也踏上了飞速上涨的历程。然而此时，保障性住房并未按照国务院当年的要求，成为城镇住房市场的主体。这导致低收入和高房价的矛盾越来越深，太多的普通百姓陷入只能看、不能买的境地。

有一种观点认为，房价的上涨应归结于住房的刚性需求。从马歇尔的《经济学原理》到萨缪尔森、斯蒂格利茨的《经济学》以及中国权威学者所编的经济学教科书中，都找不到"刚性需求"这一术语。很显然，这是中国"经济学家"对现代经济学的独特贡献。刚性需求是什么，简单举个例子，中国未来有2亿多农民要成为城里人，他们需要房子，这是刚性需求，因为刚性需求的存在，中国的房价肯定会长期上涨。稍微有点经济学基本常识的人都知道，经济学里所讲的需求，不仅是有效需求、真实需求，而且是在"预算约束下"在一定时间内的需求。而我们的这些"经济学家"，在谈刚性需求的时候，却把经济学里关于需求的概念忘得一干二净，只讲需求，不讲居民的收入，不讲在什么时间内的需求。

高昂的房价，直接影响到人们的生活。最简单、最直观的一个现象就是，男大当婚，女大当嫁，可是，有多少爱情死于房价？虽然两者之间没有直接关系，但不可否认的是，不管什么时候，结婚总得有住的地方吧。中国有一个历史悠久的传统，老百姓都讲"盖房子娶媳妇"，在现代化的城市里，这演变成"买房子结婚"。然而，一套房子的价格对大多数年轻人来说，称得上是一个天文数字了。再者，人们的生活除了住房之外，还有孩子的上学和老人的健康，这两者都需要做很大的储备，人们不可能把钱全都存到房子里。在这样的情况下，人们对保障性住房的渴求就不难理解了。

"社会保障性住房"，是指由政府投资兴建或收购的，限定建设标准、供应对象和销售价格或租金标准，具有保障性质和特定用途的住房。保障性住房与市场上的商品房相比，一个为了公益，一个为了赢利，有着本质的不同。对于老百姓而言，保障性住房的最大特点当然就是便宜、实惠。

实际上，在10多年前的住房改革中，保障性住房就已经被定为主角，但由于各种原因，它一直站在中国房地产这个大舞台的边缘。现在，在中国楼市甘当了10多年配角的保障性住房，终于等来了"变换角色"的时刻。

2006年5月，国务院发布《中华人民共和国测绘成果管理条例（修订草案）》，提出6条房产调控纲要，明确重点发展中低价位、中小套型普通商品住房、经济适用住房和廉租住房。2007年8月8日，国务院下达《关于解决城市低收入家庭住房困难的若干意见》，明确提出"进一步建立健全城市廉租住房制度"、"改进和规范经济适用住房制度"以及"逐步改善其他住房困难群体的居住条件"。2008年，各地政府推进保障性住房建设的力度进一步加大。这表明，买不起商品房的老百姓，有望借助保障性住房来满足自己基本的生活需求，实现并不奢华的住宅梦想。相信随着保障性住房的推广，"广厦千万间，百姓俱欢颜"的梦想，离我们将会越来越近。

是什么在损害整个社会的福利？
——分利联盟

　　美国经济学家奥尔森认为，分利联盟的频繁活动会降低社会效率，造成经济停滞。

　　分利联盟是指由一批希望采取集体行动提高自身福利而不惜损害社会利益的个人所形成的组织或者集团。奥尔森认为，在边界不变的稳定社会中，会逐渐出现愈来愈多的分利联盟。这正是导致国家衰亡的关键要素。

　　尽管从逻辑上讲，通过提高整个社会的福利来增进利益集团每个成员的福利是一种可行的途径，然而更为有效并且也更为普遍的做法是，尽可能地为本集团成员争取社会福利中的更大份额。许多人用"切蛋糕"或"零和博弈"来描述社会福利分配中"均"与"不均"的问题。其含义是，社会福利的总量是既定的，有人多得了就必然有人少得。在奥尔森看来，这种描述未免过于客气，恰当的比喻应该是：一群人一齐冲进了瓷器店，争抢瓷器，结果是，尽管某些人多拿了一些，但是在争抢的过程中打碎了一些大家本来可以分到手的瓷器。由此可见，分利联盟的活动不可避免地会损害整个社会的福利和经济增长。

　　"寻租"（rent—seeking）行为，不过是对分利联盟之自利活动的另一种表述罢了。分利联盟可以通过寻租活动影响经济政策的制定，改变收入再分配的方案，从而增加分利联盟自己的收入。这些政策包括税收、补贴政策，禁止企业进入、禁止资金和人才的流动，建立关税和非关税壁垒的保护主义政策等。

　　在拆迁这个问题上，房地产开发商可能跟某些政府官员形成了一个分利联盟。要拆迁的鼓楼大街等地方具有很强的文化遗产的性质，保护好这些文化遗产是一种公共利益。但是因为有分利联盟的存在，他们从拆迁中可以捞取大量的经济利益，再加上其拥有强大的政治与经济资源，公共的文化利益就要为狭隘的经济利益让路，拆迁就是不可避免的了。而且，分利联盟总是要为掩盖自己的行为打出冠冕堂皇的旗号，正如历次拆迁中所提出的或者为了促进经济发展、改善居民居住条件，或者为了拓宽城市道路、缓解交通压力，或者为了更好地保护文化遗产等充分的理由。

达成利益共识，建立一整套规章制度来保证集体行动的实施，以实现那些表现为集团利益的个人利益，这是一个耗时耗力的长期的博弈过程。这需要一定的前提条件。社会和政治的稳定，是促使拥有潜在共同利益的社会成员结盟的必要甚至是充分条件。奥尔森认为，英国长期以来既没有受到专制统治，也没有遭到外敌入侵和革命动乱，但是这个在社会和政治上超稳定的国家，20世纪的经济发展速度比其他西方发达国家缓慢得多。其原因就在于长期以来形成的强大的分利联盟在作祟。长期以来，这些获得了垄断地位的组织或者行会在日益壮大的同时，也越来越保守僵化。这些分利联盟拒绝对变化迅速的环境做出反应，决策迟缓，行动迟钝，对一切可能威胁到自己既得利益的创新一概排斥，并且不惜为了自身的特殊利益而牺牲全社会的利益。这会使社会陷入一种僵化的均衡局面，奥尔森将这种现象称为"制度僵化症"。

穷人和富人的差距有多大？
——基尼系数

近年来，我国经济生活中，在国民经济整体快速发展的同时，不同行业、不同地区、不同个人之间的社会收入分配差距明显拉大，引起了社会各界人士的广泛关注。基尼系数也随之成为当前我国经济生活中最流行的经济学术语之一。

　　世界银行曾经发布了一份数据，最高收入的20%人口的平均收入和最低收入20%人口的平均收入，这两个数字的比，中国是10.7，美国是8.4，俄罗斯是4.5，印度是4.9，最低的是日本，只有3.4。

　　"基尼系数"即"基尼稠密度系数"，是一种测量收入分配不平等程度的统计指标，是由意大利统计学家科拉多·基尼于1912年根据洛伦茨曲线的研究方法而提出来的。

　　基尼系数主要是用来定量测定收入分配的差异程度，国际上把它作为综合考察居民内部收入分配差异状况的一个重要分析指标。

　　其经济含义是：在全部居民收入中，用于进行不平均分配的那部分收入占总收入的百分比。基尼系数最大为"1"，最小等于"0"。前者表示居民之间的收入分配绝对不平均，即100%的收入被一个单位的人全部占有了；而后者则表示居民之间的收入分配绝对平均，即人与人之间收入完全平等，没有任何差异，但这两种情况只是在理论上的绝对化形式，在实际生活中一般不会出现。因此，基尼系数的实际数值只能介于0～1之间。

　　2006年，城镇居民中20%最高收入组（25 410.8元）是20%最低收入组（4 567.1元）的5.6倍；农村居民中20%最高收入组（8474.8元）是20%最低收入组（1 182.5元）的7.2倍。

　　根据世界银行公布的数据显示，中国居民收入的基尼系数已由改革开放前的0.16上升到目前的0.47，不仅超过了国际上0.40的警戒线，也超过了世界所有发达国家的水平。

　　在0~1的变化区间内，基尼系数的值越大，说明收入分配越不平等。在具体通过基尼系数反映收入差距的状况时，一般认为，基尼系数在0.2以下，表示绝对平均；在0.2～0.3之间，表示比较平均；在0.3～0.4之间，表示较为合理；在0.4～0.5之间，表示差距较大；在0.5以上，表示差距相当悬殊。在现实实际中，按国际上多年测量的数据计算，它的取值范围一般在0.2～0.6之间。

用什么来衡量居民生活水平的高低?

——恩格尔系数

过去，中国人见面总是习惯性地问对方："吃饭了吗?"但是随着经济的发展，"吃饭了吗?"逐渐被"你好!"所代替。这主要是因为人们在饮食方面的支出越来越少，而在娱乐、出行等方面的消费比例越来越大了。这种现象被称为"恩格尔系数"降低了。

恩格尔系数是指食品支出总额占个人消费支出总额的比重。

19世纪中叶，德国统计学家、时任普鲁士统计局局长的恩斯特·恩格尔对153户比利时家庭的家庭预算和支出进行分析后发现，随着收入的增加，或者伴随人们富裕程度的上升，其家庭用于购买生活必需品的开支占总支出的比重会下降，用于非必需品方面的支出占总支出的比重会上升。在生活必需品中，食品占据了较大的比例。他指出："越是贫穷的家庭，其消费支出中食品开支比重就越大。"由此，人们把恩格尔关于"越是贫穷的家庭，其消费支出中的食品开支比重就越大"的表述称之为"恩格尔定律"，把家庭食品开支在消费支出中的比重称为"恩格尔系数"。但在具体数据的应用上，由于较难确定"生活必需品"的概念，人们一般以食品开支代替"生活必需品"。

"民以食为天"，吃是人们获得生存的首要条件，只有这一层次的需求获满足后，消费才会向其他方面扩展。因此，食品支出的比重从一个侧面反映了生活水平的高低。人们普遍认为：恩格尔系数的下降是一个国家或地区经济发展和居民生活水平提高的重要标志。一般而言，发达国家的恩格尔系数要低于发展中国家的恩格尔系数，而在同一个国家或地区中，收入水平高的居民群恩格尔系数相对要低一些。经济学者奥珊斯基和钱纳里分别从国家宏观层面和家庭微观层面验证了恩格尔系数和恩格尔定律的普适性。

20世纪70年代中期，联合国粮食及农业组织将恩格尔系数作为衡量一个国家和地区富裕程度的标准之一：恩格尔系数在59%以上为贫困，50%~59%为温饱，40%~50%为小康，30%~40%为富裕，低于30%为最富裕。联合国粮农组织的这一举措，使恩格尔系数成为评价国家或地区生活水平高低的重要标准之一，恩格尔系数和恩格尔定律得到了广泛的认同。

但是，恩格尔系数这个衡量指标并不是万能的，它有时会制造一些假象，出现失灵的情况。例如，在我国特别是贫穷地区，人们长期以来形成了"勒紧腰带过日子"的习惯。这种习惯会降低恩格尔系数，但人们的生活水平并没有提高。众所周知，在家庭收入不增加或增加十分有限时，家庭总支出的规模基本不变，但由于诸如学费、电费、水费、医药费、燃气费等刚性支出的急剧增加，一个现实的选择就只能是压缩食品支出。这种情况在中国特别是西部落后地区尤为普遍，为了应付急速增长的学费、药费和电费等刚性开支，"省吃俭用"成为中国百姓的通常选择，与其说这是中国人的一种美德，不如说是一种无奈。正是这种无奈，直接导致收入与恩格尔系数"双低"现象的产生。此外，不同地区的消费习惯也会影响恩格尔系数。"穿在上海，吃在广东"，是对上海和广东两地消费习惯的高度概括。广东的恩格尔系数较高，与这种历史上形成的消费习惯不无关系。恩格尔系数恰恰忽略了消费习惯的差异。

因此，在我国运用这一标准进行国际和城乡对比时，要考虑到那些不可比因素，如消费品价格比价不同、居民生活习惯的差异以及因社会经济制度的不同而产生的特殊因素。对于这些横截面比较中的不可比问题，在分析和比较时应做相应的剔除。

中国商业联合会、中华全国商业信息中心于2009年9月14日披露的中国成立60年商贸流通业发展情况显示，中国城乡居民生活水平已由温饱迈向小康，食物消费支出在居民家庭消费支出总额中所占比重相比改革开放初期大幅下降。根据统计，城镇居民恩格尔系数由1978年的57.5%下降到2008年的37.9%，下降了19.6个百分点；农村居民恩格尔系数由1978年的67.7%下降到

2008年的43.7%，下降了24个百分点。

另外，在观察历史情况的变化时要注意，恩格尔系数反映的是一种长期的趋势，而不是逐年下降的绝对倾向。它是在熨平短期的波动中求得长期的趋势。

如何衡量一个国家的综合实力？
——综合国力

2008年，世界综合国力排行榜如下：

无论是什么排名，无论怎么排，美国几乎总是以所有的绝对优势排在第一位，遥遥领先于其他国家。

俄罗斯排在第二，国力资源中只有自然资源处于一定的优势，而在技术力、人力资本、资本资源和信息力上都处于相当的劣势，主要是这两年经济的快速发展带来了国力的上升。

排在第三位的英国，在资本力、信息力、人力资本和技术力上有一定的优势，在自然资源上水平一般。

法国排名第四，其国力资源排在第六位，科技力和人力资本一般，资本力、信息力较强，而自然资源相对比较落后。

中国（大陆）综合国力排在第五位。中国国力资源的发展优势在于有丰富的劳动力资源、充裕的资本资源、长期稳定的国内环境、稳中求进的政府政策方针等，劣势在于落后的技术水平、劳动力质量低、信息力落后、支持创新体系的制度、环境和基础设施不配套，整体上国力资源处于落后的位置。在中国国力系统中，外交力、军事力较强，政府调控力也排在第四位，经济力排在第六位，而国力资源只高于俄罗斯与印度，国力结构不均衡。

日本排在第六位，其国力资源很强，仅次于美国，除自然资源外在所有项目上都排在较高的位置。

综合国力（National Power）是衡量一个国家基本国情和基本资源最重要的指标，也是衡量一个国家的经济、政治、军事、技术实力的综合性指标。如何界定和衡量一个国家的综合国力或战略资源，国际上尚无统一的定义和计算方法。

阿什利·泰利斯将国家实力定义为两个分量相互作用的产物，即一个国家在给定时间上具有掌握经济创新周期的能力，并利用这种控制能力形成有效的军事能力，反过来创造一个稳定的政治环境，加强现存的经济优势，也为保持国家的战略优势以及从国际体系中获益提供基本条件。概言之，综合国力可以简单地定义为一个国家通过有目的的行动追求其战略目标的综合能力。我们将国家战略资源定义为一个国家实现本国战略目标所可以利用的，现实的和潜在的关键性资源，它们反映了一个国家在全球范围内利用各种资源的能力，也反映了该国的综合国力。

国际关系学者肯尼思·华尔兹把实力定义为各种能力的分布。实际上，综合国力就是被动员和利用来实现一个国家的战略目标的国家战略资源的分布组合。我们所称的综合国力，一般指的是各类国家战略资源之总和；而国家战略资源一般指的是某一类战略资源。

2006年1月5日，中国社科院世界政治与经济研究所发布了新的世界经济和国际形势两本黄皮书，其中名为《2006年：全球政治与安全报告》的国际形势黄皮书，对世界主要大国的综合国力进行了比较，中国排名第六，排在美、英、俄、法、德之后，日本排名第七。2007年，中国排名第七，排在美国、俄罗斯、日本、德国、法国、英国之后。

中国社科院世界政治与经济研究所研究员王逸舟后来说，"综合国力"的评估项目包括了自然资源、国内经济、进出口贸易、科技、军事、政府调控能力、外交、社会发展能力等八项。他说，这个概念曾由美国人提出，但目前只有中国等少数几个国家在使用。

"我们世界第五"，这个名次不低。对于中国这样一个有着数千年文化传统、又在近代遭列强欺侮，变成列强们争夺瓜分对象的古老国度，"落后就要挨打"曾成为人们理解国际关系的思维模式，在中国改革开放后经济崛起国力大增后，"世界排名"自然成为中国人一个无法摆脱的心理情结。

当代世界各国综合国力的水平较之过去已经有了巨大的发展，综合国力的体现或显现已不像原来那么简单，而是各方面因素的全面体现。综合国力不单是指某一种力量或因素，而是多种因素或各种因素的综合。因而"综合"几乎成为研究综合国力的最基本的方法。采用何种综合定量的方法能够准确而充分地反映综合国力的状况或水平，对于这一问题目前并没有一个肯定的答案，或没有得到根本的解决。但是广大学者在对综合国力的研究过程中，已经提出或建立了一些比较简单易行的定量方法。随着对综合国力研究的不断系统和深入，这一问题将会逐步得到解决。

几家欢乐几家愁
——人民币升值

人民币从2007年开始一直不断升值，2008年更是突破了对美元1：7的关口。从1994年人民币改革以来，这是中国人民币迫于国内外压力第一次大规模升值，对于人民币的升值，有的人认为是好事，而有的人认为是坏事，不同的人有不同的看法。那么，人民币升值到底是好是坏呢？对于普通百姓来说有多大影响？该如何对待人民币升值呢？

有的人认为人民币升值了，钱值钱了，老百姓出国旅游、买原装进口汽车、瑞士表更便宜了，大企业到国外吞并企业成本降低了……美国为什么下大力气逼迫人民币升值？难道美国人傻吗，让自己国家的钱不值钱？其实我们从日元相对美元的升值就能看到其中的道理。1985年美、英、法、前联邦德国在纽约广场饭店举行会议，迫使日本签下了著名的《广场协议》，签字之前美元兑日元在1美元兑250日元上下波动，《协议》签订后，在不到3个月的时间里，快速下跌到200日元附近，跌幅达20%。1987年最低到达1美元兑120日元，在不到3年的时间里，美元兑日元贬值达50%，也就是说，日元兑美元升值一倍。日本人当时也以为自己一夜之间成为了富翁，但事实却是日本的经济所遭受的打击用了20年也没有缓过劲来！

人民币升值对富人的好处确实是显而易见的，如人民币对美元升值，以前8.5元人民币换一美元，现在不到7元就可换到，到国外去玩、购置产业就更廉价了，显而易见，富人手里的钱更值钱了。张老板就是对人民币升值津津乐道的人，因为这次他去美国旅游，花了更少的钱却享受了同样的服务，以前他住旅馆的费用是一万，现在八千就下来了。而且他还购买了大量的商品带回国内，张老板感慨美元贬值，人民币升值对他这样的人带来了诸多好处。

人民币升值就意味着人们手里的钱更值钱了。以前8.5元人民币才能兑换一美元，现在7元就可以兑换一美元，根据购买力平价理论，每一单位货币在不同的国家应该买到同样数量的商品。一元人民币在中国可以买一个苹果，在美国也照样可以买一个苹果。一美元在美国可以买8个苹果，在中国也照样可以买8个苹果。但现在人民币升值了，一美元只能兑换7元人民币，在中国可以买7个苹果，那么中国7元人民币就可以换1美元，在美国却可以买8个苹果。对于有钱的人可以去国外旅游的人而言，人民币升值的确好处很多，他们可以用同样的人民币换取更多的美元，可以在国际上买更多的商品。

与张老板不同的是，刘老板的日子却因为人民币升值而变得异常艰难。刘老板是做进出口业务的，有一个出口公司，每年采购商品向国外发货。由于人民币升值的影响，刘老板的订单不但减少了很多，而且美国客户多以美元结算，结算后换得的人民币就更少了，然后用换取的人民币去采购货物，发觉物价还上涨了，而美国客户的价格没变，再换回人民币后发觉利润越来越微薄。

人民币升值对出口企业是最不利的，因为同样的商品要换取美元，再兑换回人民币，而美元却是相对贬值的，比如10万美元可以换取80万人民币，但现在10万美元只能换取70万人民币。同样的价格，由于人民币的升值，收入却凭空减少了10万人民币。与此同时，人民币的升值反而影响到国内商品的价格，刘老板也不明白，不但自己换回的钱少了，而且货物的采购成本也提高了，这是怎么回事呢？

一般老百姓在新闻上听说人民币升值了，觉得钱应该更加值钱了呀，但自己在买商品的时候，发觉钱不但没有更值钱，反而不如以前了。原来可以1元钱买1斤白菜，而现在却1元5角买1斤白菜，这样看来自己的钱反而更不值钱了。

这是因为人民币升值，会导致更多的人愿意持有人民币，一般老百姓感觉不到，似乎升那么一点值对自己没什么影响，但是持有大量资金的个人或金融机构对此却是十分敏感的，哪怕只是升值那么一小点。他们的财富便可以因此增加或减少很多。比如一个人拥有80亿人民币，他原来可以兑换成10亿美元。但现在人民币升值后，他只用70亿就可以兑换10亿美元，白赚了10亿人民币。由于人民币升值的趋势一直高涨，所以未来对人民币的预期会更加乐观，认为还会继续升值下去，于是大量的外币机构开始储备人民币。人民币需求越大，其价值就会越来越高。而大量的人民币必然会涌进中国市场，因为只有中国消费人民币。这样便会在中国造成通货膨胀，使物价上涨，所以人民币升值后对普通老百姓而言，并没得到太多好处，尤其对出口商打击很大，但像富裕的张老板那样喜欢去国外旅游购物的人却比较欢迎人民币升值。总而言之，人民币升值有利也有弊，它是一把双刃剑，我们要谨慎而理性地看待它。

为什么贫者越贫，富者越富？
——马太效应

这是《圣经·新约·马太福音》中的一个故事：

一个国王远行前，交给三个仆人每人一个金币，吩咐他们："你们去做生意，等我回来时，再来见我。"国王回来后，他把三个仆人叫到面前，想知道他们赚了多少钱。第一个仆人说："主人，你交给我的一个金币，我已赚了10个。"于是国王奖励了他10座城邑。第二个仆人报告说："主人，你给我的一个金币，我已赚了5个。"于是国王便奖励了他5座城邑。第三个仆人报告说："主人，你给我的一个金币，我一直包在手巾里存着，我怕丢失，一直没有拿出来。"于是国王命令将第三个仆人的那个金币赏给第一个仆人，并且说："凡是少的，就连他所有的，也要夺过来。凡是多的，还要给他，叫他多多益善。"

20世纪60年代，这种"贫者越贫，富者越富"的现象被社会学家罗伯特·莫顿归纳为马太效应。今日我们回过头来看看，突然发现，上帝似乎把这种现象撒播得无处不在。

富人享有更多的资源：金钱、荣誉以及成功，穷人却变得一无所有。在人类资源的分配上，《马太福音》中所预言的"贫者越贫，富者越富"现象更是十分明显。

有人曾经问过这样一个问题：处于经济黄金时期的美国人是越来越富了，还是越来越穷了呢？这个听起来近乎可笑的问题却有一个让许多美国人深思的答案：相对而言，富人更富，穷人更穷了。

现在美国民众蓦然发现，在一片繁荣的喧嚣中，贫富之间的大峡谷正在无声地裂开，而且越裂越宽。

据美国华盛顿预算及政策研究中心和经济政策研究所发表的报告：在20世纪90年代末，美国收入最高的家庭平均年收入137 000美元（税后）左右，而最穷的家庭平均年收入为13 000美元，不到高收入家庭收入的1/10。调查还发现，最穷的家庭在过去的10年中收入增长不到1%（扣除通货膨胀因素以后），而最富的家庭收入增长了15%。美国前三名巨富（比尔·盖茨、沃伦·巴菲特和保罗·艾伦）个人财产的总和更是超过了全球43个最穷国家国民生产值的总和。种种数据显示，美国财富的聚集度已达到了20世纪30年代经济危机以来的最高水平。统计还表明，目前最富有的国家占有全球85%的国民生产总值。20世纪60年代以来，最富有的国家与最穷困的国家之间的差距扩大了一倍。

不仅国家和地区的财富如此，个人的财富也是如此。电影导演史蒂芬·斯皮尔伯格1994年赚进了1.65亿美元；加梅，美国收入最高的律师，赚取了9 000万美元。而众多拥有同样才干的电影导演和律师，往往只能赚到这些额度的极小一部分。

企业界同样摆脱不掉这样的规律。比如金融危机前的美国汽车市场，通用和福特双雄并立，稳定的业绩和利润能够保证其生存不出现问题，而排名第二的克莱斯勒就一直在生死线上挣扎。虽然艾科卡一度给这个公司带来辉煌，但终究还是"人算不如天算"，几经沉浮之后，终于被奔驰公司收购。一个成熟的市场往往被市场占有率第一、第二的企业所主宰，大多数公司都很难避免被淘汰出局的命运。

"穷者越穷，富者越富"的现象几乎存在于整个社会生活的各个方面，是我们每个人都不可避免地要面对的事实。

美国人山姆看起来是个"抠门"的老头儿，因为他每次理发都只花5美元——当地理发的最低价。他过着最简朴的生活，他穿一套自己商店出售的廉价服装，开着一辆破旧不堪的小货运卡车上下班，车后还安装着关猎犬的笼子，戴着一顶折价的棒球帽。从表面看上去，他和普通人一样，但是这个老头很随便地就捐出了1亿美元。他何以如此慷慨？因为他是全球第一商业帝国沃尔玛的主人。

亚马逊网上书店的老板杰夫·贝索斯的资产上亿美元，却驾驶着一辆破旧的本田轿车，并公开赞扬节俭。他曾经宣称："我不认为财富真能使人改变。"但说过这句话不久，他就迁离了在西雅图闹市区的900平方英尺（约84平方米）的住处，搬进位于麦迪纳林阴郊区滨河的千万美元的豪宅。同样住在此地附近的人士还包括微软公司的几位亿万富翁：比尔·盖茨、乔·谢利、纳森·米尔沃德。此后，7 000平方英尺（约650平方米）看来也嫌小了，贝索斯于是决定将新宅扩建。而同时，在纽约的布鲁克林区，领着失业救济金的黑人妇女马吉娜却在为自己不足150平方英尺的房子是否能容得下几个孩子睡觉而发愁。

无论人们如何否认，富人和穷人之间巨大的不平等已经呈现在我们面前，而且愈演愈烈——贫者越贫，富者越富。

黑洞效应与马太效应相似。在宇宙中，一些大质量的物体在发生坍塌之后，会形成一个致密的点，由于它的质量非常大，所以产生的引力也非常大，大到连光线进去之后也无法逃出来，于是就形成了一个黑洞。而且不断被吞噬进去的物质和能量又反过来成为黑洞的一部分，使得黑洞产生更大的吸引力。

黑洞效应就是一种自我强化效应，当一个企业达到一定的规模之后，也会像黑洞一样产生非常强的吞噬和自我复制能力，把它势力所及的大量资源都吸引过去，而这些资源使得企业更加强大，形成一个正向加速循环的旋涡。

黑洞效应使得资源和资本聚集，是产生社会贫富差距的原因之一。

为什么要持有外汇？
——外汇储备

中国已经连续三年处于外汇储备世界第一位，2009年上半年中国外汇储备已经达到2.1万亿美元。中国是全球第一个超过2万亿美元外汇储备的国家，独占全球外汇储备30%。外汇储备作为一把"双刃剑"，并非越多越好。因为外汇储备过多，不仅会付出高昂的机会成本，造成宝贵外汇资源的闲置和浪费，而且还会加大通货膨胀和本币升值的压力，给国民经济的发展带来消极和负面的影响。

外汇储备又称为外汇存底，是指一国政府所持有的国际储备资产中的外汇部分，即一国政府保有的以外币表示的债权，是一个国家货币当局持有并可以随时兑换外国货币的资产。狭义而言，外汇储备指一个国家的外汇积累；广义而言，外汇储备是指以外汇计价的资产，包括现钞、黄金、国外有价证券等。外汇储备是一个国家国际清偿力的重要组成部分，同时，对于平衡国际收支、稳定汇率有重要的影响。

外汇储备的主要形式有政府在国外的短期存款，以及其他可以在国外兑现的支付手段，如外国有价证券，外国银行的支票、期票、外币汇票等。第二次世界大战以后很长一段时期，西方国家外汇储备的主要货币是美元，其次是英镑，20世纪70年代以后，又增加了德国马克、日元、瑞士法郎、法国法郎等。为了应付国际支付的需要，各国的中央银行及其他政府机构所集中掌握的外汇即为外汇储备。它同黄金储备、特别提款权以及在国际货币基金组织中可随时动用的款项一起，构成一国的官方储备（储备资产）总额。外汇储备的主要用途是支付清偿国际收支逆差，还经常被用来干预外汇市场，以维持本国货币的汇率。

在国际储备资产总额中，外汇储备比例不断增高。外汇储备的多少，从一定程度上反映了一国应付国际收支的能力，关系到该国货币汇率的维持和稳定。它是显示一个国家经济、货币和国际收支等实力的重要指标。

外汇储备的功能主要包括以下四个方面。

一是调节国际收支，保证对外支付。

二是干预外汇市场，稳定本币汇率。

三是维护国际信誉，提高对外融资能力。

四是增强综合国力和抵抗风险的能力。

一定的外汇储备是一国进行经济调节、实现内外平衡的重要手段。当国际收支出现逆差时，动用外汇储备可以促进国际收支的平衡；当国内宏观经济不平衡，出现总需求大于总供给时，可以动用外汇组织进口，从而调节总供给与总需求的关系，促进宏观经济的平衡。同时，当汇率出现波动时，可以利用外汇储备干预汇率，使之趋于稳定。因此，外汇储备是实现经济均衡稳定的一种必不可少的手段，特别是在经济全球化不断发展，一国经济更易于受到其他国家经济影响的情况下，更是如此。

外汇储备作为一把"双刃剑"，并非越多越好。因为外汇储备过多，不仅会付出高昂的机会成本，造成宝贵外汇资源的闲置和浪费，而且还会加大通货膨胀和本币升值的压力，给国民经济发展带来消极和负面的影响。在当前经济全球化时代，任何一个开放的经济体，适量的、结构合理的外汇储备都具有至关重要的作用。

唐骏身价10亿为什么不买房？

——租房PK买房

随着房价不断上涨，消费者逐渐分化为买房团和租房族两类群体。把钱交给房东与交给银行，到底哪一个更划算呢？

唐骏被称为中国最贵的职业经理人，但是目前他还在租房子住。正当辛苦打拼的青年们为买房而奋斗的时候，唐骏这个被新华都花十亿代价请来的"打工皇帝"却对拥有自己的房子不屑一顾。他不买房子却以年租金150万的价格租房子住。

他的租房理念是这样的，在采访中他这样说道："从经济角度来说，我每个月10万块的租金，2万块的消费，差不多每个月都是这样，一年就150万左右；然后对比一下上海新天地边上200平方米的房子，像目前我租住的这种最好的地段，要卖2 000万~2 500万，条件还不如这里——它的大堂肯定不是带空调的，走廊和电梯也不是，而这里就是全程带空调的。2 500万每年的利息就是500万，我住这里150万一年，我赚了350万。"

唐骏是个典型的投资人，他认为租房子比买房子更合适。当然很多人会说，唐骏太有钱了，我们不能和他比，因为他买房子太简单了，租房子都租那么贵的，而普通百姓如果不买个房子，自己的生活就感到没有安全感，因此需要买个房子。

那么我们就分析一下普通百姓买房子和租房子哪个合算？

租房具有三大优点，分别是灵活机动、负担小以及初期成本低。你刚开始发展自己的事业时，可能会经常更换工作。新工作、租金上涨、想更换更大的公寓或希望住在一个环境更好的社区等都可能会使你更换住所。这时，租房就比较适合。租房的人不必负责房屋的维修与修缮，因此成本也较小。虽然新的承租人刚开始要支付押金，但远远低于购房支出，新的购房者支付的首付款和房地产买卖手续通常要好几万甚至好几十万元。

但是租房也有缺点，比如说租房的理财收益少，可能会限制你的生活方式，而且涉及大量的法律细节。承租人不能因为房地产增值而受益，同时也无法控制房东向你提出更高房租的要求。另外，承租人也不能享受抵押贷款的利息优惠。承租人在房里开展活动往往受到限制，承租人常常不可以随意养宠物或者装修房子，在家里聚会或者开音响也会受到房东的限制。大多数承租人都会和房东签订租约，其中承租期限和押金往往是让人头痛的问题。如果你在承租期限内需要换房子，那么就可能会损失押金。另一种情况是你不想换房，可是承租期限到后，房东以各种理由不让你续租，此时你就不得不再寻其他的住处。

很多人都梦想拥有属于自己的房子，尤其是快要结婚的人更希望能有一个属于自己的爱巢。在购房前你需要考虑好这个重大财务支出的优缺点，还要评估不同的住房类型，并确定你可以负担的金额。

无论你是购买公寓还是购买别墅，你都会有住房所有者的自豪感。购房者可以享受抵押贷款的利息抵扣和个人所得税的税务优惠，同时潜在的利益是房地产的增值。拥有住房所有权能使你更好地享受个性化的生活，可以在自己的房子里随心所欲地装修、招待客人，而不像租房那样束手束脚。但是拥有自有住房时，租房时的灵活机动、负担小以及初期成本低的优势就都不存在了。你必须得承担银行月供，在你想更换居住环境时房屋可能很难出售，还得承担住房的维修改建等各类成本。

经济学里的地租理论告诉我们，土地的价格是土地用于出租的租金比上银行的利息。房子的价格同样也可以这样算。假设你有了一栋房子，花了60万买的两室一厅，那么你该怎么计算这栋房子的价值呢？出租！你租出去后，总共可以出租60年，装修费需要10万元，而且每5年需要重新装修一次。

60年你共需要付出的总成本为70万＋55万（60年共需要11次装修）＝125万，一年可以收取租金10个月，那么60年总共可以收取600个月的租金。125万分成600个月，每个月需要支付的成本为2 083元。

假设银行的利息为年利率5%，那么125万放在银行里，每年利息为62 500元，分成12个月，每个月可获得利息5 208元。

5 208＋2 083＝7291元也就是说如果每个月的租金不超过7291元，那么还不如放在银行里合适。

但这种方法并不严格，只是一种粗略的评价方法，并没有考虑到通货膨胀、货币升值等潜在因素在内，而且购买房子还有个人偏好等诸多因素在里面，所以对于广大消费者来说，简单的理性计算并不能得出最佳的结论，毕竟你奋斗一生只为了一套房子的时候，总不能天天租房子住，因为在长时间内变数是很大的。我们每个人不能都像唐骏一样，因为他太有钱了。一套房子对他来说，太小意思了，他随时可以买也随时可以不买，我想他如果跟普通百姓一样，奋斗一辈子才可以拥有一处房子，那么他肯定也不愿意去租，尽管从理论上而言，租房更加合适。所以对于普通百姓来说，这里对房子价值的估算只能作为一个参考，具体的决策还要自己做出。

"天价结婚"的高速引擎
——买房

最近，国内不少网站和论坛上盛传着一个"黑色冷笑话"：生活在北京、上海、深圳、广州、杭州和南京等地的年轻人们，有一天忽然都严肃起来，要一起做一道"解析题"，看看在各地"娶老婆的成本究竟是多少"。

南京人回答最快：娶一个南京老婆的成本是人民币70万。此言一出，一片哗然。南京小生的算法也很简单：房屋一套（市区80平方米，均价6 000

元）48万＋5万元中等装修＋3万元家电及家具（有部分女方以嫁妆形式出资承担）＋10万元普通轿车一辆＋新马泰港澳或云南、海南度蜜月1.6万＋2.4万元的2年谈恋爱吃饭、娱乐和送礼费用，所有这些加在一起，不多不少正好是70万（婚宴开支和所收红包相抵，不列）。

由此进行推算，以男方家庭有20万的家产，他本人年收入5万来计算，最后得出结论是：讨一个南京中上条件的老婆的成本＝男方倾家荡产＋男人不吃不喝工作10年［（70－20）／5］。北京、上海、深圳、广州和杭州等地的结婚成本的计算结果也纷纷贴到了网上，不比不知道，一比吓一跳。南京的70万"天价"竟然还是最低的。

"居者有其房"是生活在现代社会的人们生存保障的最起码的物质需求。房子不是汽车，它和粮食一样，是生活中所必需的，而买房就成为生存所必需的也是最为常见的投资行为。但随着房价越炒越热，随着房价的不断调控，普通大众买不起房已经成为现实社会中最为普遍的一种现象。

"民以食为天，家以居为先"。住房是一项基本的生活需求。住房问题一直以来都是人们极为关注的话题，尤其是在社会发展中的今天，大多数人都在为解决自己的住房问题而奔波劳碌。而普通大众买不起房最主要的原因就是"房价与收入之间的巨大落差"，这也是人们一直耿耿于怀的问题。

对于有购房意愿的人来说，在购买房产时应该更加谨慎。人们买房的目的一般有两种，一种是为了自住，一种是用于投资。人们对购买房产的目的会随着国家经济的发展和政策的变化而发生改变。但是，在这种变化的过程中，是自住还是投资就要采取不同的措施。

在你确定购房的消费预算时，必须综合考虑你能承担的费用受首付款、收入水平及当前生活开支的影响。此外，你还应该考虑当前的抵押贷款利率、房地产将来潜在的价值以及你支付月供、赋税和保险费的能力。在第一次买房时，你的房子不可能完全符合你的期望，但是你应该购买你可以承担的房子。随着以后支付能力的增强，你的第二套或第三套住房就能让你更满意了。

如果买房的目的是为了自住，就要考虑如下因素。

（1）房子的实用性。对于自住购房者来说，实用是首要条件。要看交通是否便利，周边环境是否适宜居住，房屋结构是否合理，价钱是否合理等。总之就是要住起来舒适实用。

（2）房子是否适应今后生活的变化。自住购房者在选房的初期就应该考虑到今后生活的变化——单身的人要考虑到日后的结婚、生子；孩子尚小的人要考虑到以后孩子入托、上学的条件与环境；父母年迈的人应该考虑到今后对父母照料的方便等问题。如果不能为以上这些问题带来方便，即使房子其他方面再好也不是一处适合自用的房产。

（3）物业公司好不好。对于自住房屋来讲，物业公司的好坏绝对是一个大问题。一家好的物业公司所提供的优质、完善的服务直接关系到业主生活的舒适度与便利度。这一点对于购房自用的人来说非常重要，因为你可能要在这个房子中生活十几年甚至几十年。

（4）所购房产的升值潜力。在考虑好以上条件的情况下，还要考虑房产的升值潜力。虽然我们买房的目的是为了自住，但也要考虑日后房产升级的因素——随着生活水平的提高，我们也许对于自住房产的面积、品质等方面的要求也会相应提高，而对自用房产进行升级时，将"老房子"卖个好价钱会对购买新房大有帮助。

如果买房的目的是为了投资，则要考虑以下因素。

从狭义投资角度讲，"房地产投资"与购买股票、国债和期货等没有什么区别。理由只有一个，那就是对于它增值的预期。比如买某只股票，是因为自己分析它要涨了，搞清楚的是什么时候涨、涨多少，而不会去考虑这只股票的公司在哪座城市，不会去考虑这只股票在哪个交易所上市。同样，如果你想做纯粹的"房地产个人投资"，则主要考虑的应是该房产的未来增值预期有多少。

首先，地理位置是最能带来升值潜力的条件。那些地铁、大型商圈、交通枢纽等地段的房产升值潜力比较大。

其次，房产周边的基本配套设施和政府综合城区规划的力度和预期，是否有便捷的交通、学校，都将为房产升值起到推动作用。

再次，房产所属小区的综合水平，物业设施、安全保障、公共环境以及房屋本身内在的价值等，都将是未来房产升值的评判标准。

最后，还要考虑该房产所在地的出租率和租金情况。不动产作为一种特殊的商品有两种变现方法：一是出售，二是出租。一个地区的不动产销售数据有时会失真，但出租行情作为终端用户的直接使用，其租金和出租率能够较为真实，就会明确地告知你该地区物业的真实价值。同时，租金和出租率也是不动产短期收益的衡量指标之一。

那么，如何考察一处房产的潜在价值呢？如果将购买的房子租出去，会赚钱吗？我们用一个简单的公式即可粗略地估算出房产大体的价值。作为普通人，虽然不能用严谨的方法得出专业数据，但可以通过简单的方式作为自己做出买房参考。

国际专业理财公司的评估方法是用15年租金收益比较购买价格，计算方式主要是以15年为期来比较房产购买价格。

如果该房产年收益×15年＝房产购买价，则该房产物有所值；

如果该房产年收益×15年＞房产购买价，该房产尚有升值空间；

如果该房产年收益×15年＜房产购买价，该房产价值已经被高估。

比如一套房子年租金收益为5万元，乘以15等于75万元，大于当时的售价60万元，那么这就是值得投资的；如果年收益为3万元，乘以15等于45万元，小于当时的售价60万元，那么这就是不值得投资的。

值得房产购买者注意的是，以上计算方法只能作为简单的房产价值评估手段，并不具备严格的通用性。因此，该方法适用于对房产做出大致的价值参考判断。

总之，不管是自住型或是投资型的购买需求，都应该考虑到房价未来的增值能力，因为大部分人是用毕生的积蓄去购买房产，起码也得保证在较长年头内不跌，才能做到真正划算，投资才能得到良好的收益。

检验社会经济福利的标准是什么？

——补偿原理

补偿原理是福利经济学中一种检验社会经济福利的标准，是指当市场情况或政策发生变化，从而使一些人受益和另一些人受损时，认为对受损者必须加以补偿方能促进社会福利水平的西方经济学理论。

杜普特和马歇尔曾用消费者剩余的概念，对消费者的损失和政府的所得做了比较，并且在局部均衡分析中把补偿原理引进了一般均衡理论。帕累托在论述竞争均衡最优化问题时也运用了这一原理。

巴罗指出，在竞争的均衡价格上，总利润是最大化的，因此任何与均衡点的适度偏离就可能会导致有人受益，有人受损，损失超过收益，所以即使获益者拿出其所有获益部分，其余的人也还是比原来的状况差。

勒纳在他提出的衡量垄断权力的方法中援引了补偿原理，并把它描述成"消费者的损失无法用垄断者获得的利益相平衡"。

霍特林直接利用补偿原理提出了消费税不如收入税的另一种论证。

卡尔多在1939年发表的《经济学的福利命题与个人效用的比较》一文中提出，被称为"假想的补偿原理"作为检验社会福利的标准。他认为，虽然效用在各个人之间是无法比较的，但这并不妨碍福利经济学对政策措施仍然能够提出具有实证科学性质的命题。

英国"谷物法"的废除会使一些人受益，而使地主受损，如果得利总额超过了地主受到的损失，可以设想如果采取一些措施，比如向得益人征收特定租税，来补偿受到损失的人，如果补偿以后还有余额，这至少表示任何人都没有受到损失而一些人则由此获益。在这种情况下，要得出废除"谷物法"能够在不使任何人损失的前提下增加国民收入的论断，并不需要比较各个人之间的效用，也不包含对收入分配问题的任何个人价值判断，因而这样的福利命题完全具有实证科学的基础。

卡尔多提出的"补偿"可以是实际的，也可以是虚拟的。虚拟补偿是指并非直接使受损者受到补偿，而是政府通过支出增加社会福利。希克斯进一步提出对受损者不必由受益者补偿，而可以通过社会效率的提高来自然地进行。而且虚拟补偿从长远来看是一种未来的补偿，即社会效率提高后经过一段时间，人人都会成为受益者。

补偿原理的实质是，如果一些社会成员经济状况的改善不会同时造成其他成员经济状况的恶化，或者政策补偿了其他社会成员状况的恶化，社会福利就会增加。按照帕累托最优状态的概念，一项改变应在一些人福利增加而又不使任何人福利减少时才是值得采取的，但在社会变革中一些人蒙受损失是不可避免的，同时，效用在不同个人之间难以比较，"假想的补偿原理"可看作是对这些问题的一个解决构想。

现实中，补偿原理可以使政策决策不依赖于价值判断的希望还没有实现。人们对价值、事实和政策之间的关系已了解甚多，可以说正是补偿原理的发展导致了对经济政策更清楚的认识。

利率和通货膨胀之间有什么关系？
——费雪效应

费雪效应是由著名的经济学家欧文·费雪提出的，第一个揭示了通货膨胀率预期与利率之间的关系，该理论指出当通货膨胀率预期上升时，利率也将上升。

通俗的解释：假如银行储蓄利率有6%，某人的存款在一年后就多了6%，这说明他富了吗？这只是理想情况下的假设。如果当年通货膨胀率3%，那他只富了3%的部分；如果是7%，那么他一年前100元能买到的东西现在要花

107元了，而存了一年的钱只有106元了，他反而买不起这件东西了！

美国经济学家费雪在其《利息理论》一书中阐述了这一关系。这一关系假定，在长期中通货膨胀率等于预期通货膨胀率。在其他条件不变的情况下，如果一国的预期通货膨胀率上升，最终会导致该国货币存款利率的同比例上升；反之，如果预期通货膨胀率下降，最终会导致货币存款利率的同比例下降。

实际利率＝名义利率－通货膨胀率

把公式的左右两边交换一下，公式就变成：

名义利率＝实际利率＋通货膨胀率

在某种经济制度下，实际利率往往是不变的，因为它代表的是你的实际购买力。于是，当通货膨胀率变化时，为了求得公式的平衡，名义利率——公布在银行的利率表上的利率也会随之变化。名义利率的上升幅度和通货膨胀率完全相等，这个结论就称为费雪效应。

正是因为这个原因，在20世纪90年代初物价上涨时，人民银行制定出较高的利率水平，甚至还有保值贴补率；而前不久，物价下跌，人民银行就一而再再而三地降息。

从国际资本流动来看，费雪效应体现了通货膨胀率、利率和汇率变化的关系。当其他条件不变时，若一国的预期通货膨胀率上升，在外汇市场上将导致该种货币的贬值；根据利率平价理论，这最终将导致该国货币存款利率的上升。这一关系还可以用相对购买力平价理论和利率平价理论的结合来说明。相对购买力平价表明，在一定时期内两国货币汇率变动的百分比等于两国通货膨胀率之差；利率平价表明，两国货币汇率预期变动的百分比等于两国货币存款的预期收益率之差，即两国货币存款未来的利率之差。在长期中，两国货币的汇率变动即为两国货币汇率的预期变动。这样，两国货币存款未来利率之差就等于两国通货膨胀率之差。用公式表示：

$$Ra - Rb = \pi a - \pi b$$

Ra和Rb分别代表两国货币存款的利率，πa和πb分别代表两国的通货膨胀率。该公式表明，在其他条件不变时，一国通货膨胀率的上升最终将导致该国货币存款利率的同比例上升。

法律鞭长莫及时保持经济有序运行
——道德风险

道德风险是20世纪80年代西方经济学家提出的一个经济哲学范畴的概念，即"从事经济活动的人在最大限度地增进自身效用的同时做出不利于他人的行动。"或者是：当签约一方不完全承担风险后果时所采取的自身效用最大化的自私行为。道德风险亦称道德危机，但道德风险并不等同于道德败坏。

2001年度诺贝尔经济学奖获得者斯蒂格里茨在研究保险市场时，发现了一个经典的案例：

美国一所大学学生自行车被盗比率约为10％，有几个有商业头脑的学生发起了一个对自行车的保险，保费为保险标的的15％。按常理，这几个学生应获得5％左右的利润。但该保险运作一段时间后，这几个学生发现自行车被盗比率迅速提高到15％以上。为什么会出现这种情况呢？这是因为自行车投保后学生们对自行车的安全防范措施明显减少。

在这个例子中，投保的学生由于不用完全承担自行车被盗的风险后果，因此采取了对自行车安全防范的不作为行为。而这种不作为的行为，就是道德风险。可以说，只要市场经济存在，道德风险就不可避免。

道德风险具有以下的特点。

（1）潜在性。很多企业向银行借款进行投资，明知道有可能还不起，但是还是要借。目前国有企业平均资产负债率高达80％左右，其中有70％以上是银行贷款，这种高负债率使潜在的风险与日俱增。

（2）长期性。

（3）破坏性。

（4）控制的艰巨性。

在经济活动中，道德风险问题相当普遍。有一段时间，美国上市公司接二连三地爆出造假账丑闻，安然、世界通讯、施乐……让人们对道德的问题有了重新的认识。这些大公司怎么了？为什么要造假？其他企业应该如何面对？人们对那些拥有巨大财富和崇高名望的企业高层管理人员和CEO充满了愤怒，因为大家确信，既然所有已知的丑闻都与财务报表有关，那么财务处理上的冒险就不仅仅是经营风险，而是道德风险！在美国，上市公司对高级管理者的激励除了高额的薪金外，还有大量的认股权和期权。这些激励机制不是与企业真实的经营业绩挂钩，而是与股票市场的起伏直接相关。所以，CEO为了自己的名声及财富，通常非常关心股价走势，会尽最大可能引领股价向上走，其所用的有效手段就是将财务报表尽可能做得漂亮、符合投资者的喜好。在此过程中，不惜做一些会计处理，甚至铤而走险。虽然美国的会计制度是世界上最完善的制度，但是，再完善也有制度所不能及的灰色地带，一些CEO就会指使CFO和会计师事务所打擦边球甚至越界。但是，激进一旦过度，就变为贪婪。在贪欲的指使下，一些CEO不惜越界、违规操作，这就不仅仅是经营风险问题，而是道德问题，甚至是法律问题。这样的CEO缺的不是对经营风险的把握能力，而是良好的职业操守。

在法律鞭长莫及的边缘，道德是经济运行的唯一屏障。如何避免经济活动中的道德风险至关重要。

补钙广告却为"骨头汤"做了宣传
——外部影响

近些年来，补钙之风刮遍了全国的每一个角落，各大报纸、电视上有关补钙产品的广告数不胜数，而当电视广播上的补钙广告如火如荼时，人们在日常生活中的饮食结构上也悄然发生了转变，不是都说"食补胜于药补"

嘛，人们开始通过喝骨头汤来进行补钙，曾备受冷落的骨头成为菜市场上的新宠。经过各个厂家大肆宣传补钙对人体的重要性，人们意识到了吃什么补什么的原理，觉得吃骨头才是最补钙的，并且吃骨头比吃补钙药品要便宜，而且还能够避免药品所带来的副作用。

由于骨头含钙量的丰富，也由于观念的改变，因此人们在买菜时开始将目光停留在猪骨头上，特别是猪筒骨。因为其骨髓多，所以人们都争相抢购。但是一头猪身上的脚筒骨只有几斤而已，供应满足不了需求，所以脚筒骨的价格一路上涨，甚至比里脊肉的价格还要高。各家饭店也顺应市场需求纷纷推出了各种骨头汤，经常名列菜单"点击率"的首位。这种现象是那些补钙产品的生产厂商所始料不及的，他们没想到自己的广告为饭店做了嫁衣。

任何一种经济活动都会对外部产生影响，如汽车销量的增加必然会导致产生过多的废气而污染环境；而植树造林发展林业就会形成改善环境的结果。

在经济学上，一个经济主体在自己的生产和消费活动中对他人产生了影响，这种现象就叫作"外部影响"。外部影响有好有坏，好的影响就叫"正外部影响"或"外部经济"；不好的影响就叫"负外部影响"或"外部不经济"。若用经济学术语来表述，即一个人的行为可能成为别人的效用函数的自变量。外部影响可以分为三类：正外部影响、负外部影响、介于正负之间的外部影响。在现实生活中，这三类外部影响都有所体现。

外部影响主要是指一个市场参与者的行为对别人或公共利益造成了影响，而这个人却没有因为自己的行为做出补偿。消费过程和生产过程都存在外部影响。例如，在生产过程中所造成的环境污染现象，就是一种外部影响，只是这种外部影响是负的，尽管生产者在此过程中得到了利润，但同时也给整个社会带来了损害。

外部经济是指人们在进行自己的生产与消费活动时，在实现个人利益的同时，也给社会和周围的人带来了好处，这就是正外部影响在现实生活中的体现。例如，养蜂场养蜂取蜜，当自己的蜜蜂飞到别人的果园采蜜时，果园的主人也获得了好处，他们的果树因蜜蜂传粉而结出了更多的果子。在此，养蜂场的生产活动就具有一种正的外部影响。

厦门有一位先生6年前在公寓楼下种了一棵三角梅，如今，它已经长到几层楼的高度，不仅把绿意、美丽的花朵送到住在四楼的主人窗前，还从最初的一根分成4枝，往上又富有想象力地分出6枝，每一枝又从另一个方向分出12枝……就这样，一栋楼的20多户都有三角梅光临窗前。这就是典型的外部经济。

此外，还有另一种正外部影响并非实际的物质体现，而是在精神上给社会带来好处。例如，人们在建设自己的房屋时要考虑到外形的美观，而在自家的阳台上或院子里种满花草，花草的芳香会使路人感到赏心悦目。如果社区里的每家每户都能这样做，那么这个小区就变成了一个美丽的风景区。从这个角度来看，这种在精神上给社会带来利益的行为，也具有一种外部经济性。

关于外部不经济，可以看下面的例子。某小区附近因为常有偷盗现象发生，家家户户纷纷将自家门窗装上了防盗门和钢条笼子，结果路人从街上经过，抬头望去满目全是黑灰铁条，整个小区简直就是一座监狱牢房，大煞风景，这就是负外部影响了。有个地方在架桥时，对山体进行爆破作业，不料附近有一个养牛场，许多怀孕的母牛听到爆炸后受到惊吓，整夜整夜地不敢休息，结果纷纷流产，造成了经济损失，这种行为就是典型的"外部不经济"。

在现实生活中，很多活动兼具正的外部影响与负的外部影响。例如，我们家里养狗，虽然可以防小偷，但也会误伤好人甚至导致狂犬病的传播。再如，商店在营业时间播放音乐，在使路人感到愉悦的同时也会影响周围居民的休息。

一方面，交通运输给社会提供了较大的经济与社会效益，在日常生活中，人们通过它所带来的利益往往大于直接支付的费用。但是，在高速发展的同时，交通运输也对环境产生了恶劣的影响。伴随着目前运输业的发展，交通事故不断发生，给人民的生命和财产带来了巨大伤害，而产生的噪声、污染及气候变化更是给整个社会带来了危害。

　　以上例子中正负兼具的外部影响都具有这样一种特点：外部影响并不是在相关各方以价格为基础的交换中发生的。如果说个体所付出的成本和得到的收益可以称作个体成本和个体收益，那么个体的活动给他人带来的额外成本或者额外收益，就构成了社会成本（负外部影响）和社会收益（正外部影响）。比如对于公共物品，全体社会成员都可以无偿享受，可以说它们是社会收益的特例。而最典型的社会成本便是污染问题。有的工厂浓烟滚滚，粉尘弥漫，有的工厂把污水直接排入河流，造成鱼虾死亡，农作物歉收，人们健康受到威胁，这就是极其严重的负外部影响了。

　　一般说来，外部影响并非当事的经济主体的本意，即他本来只是为了自己的利益而这么做，并非有意要帮助别人，或者损害别人只是这种行为产生的效果影响了别人。

　　在日常生活中，我们应当尽可能避免外部不经济性事情的发生，作为个体，影响到别人的利益也许会陷入司法纠纷，影响到公共利益便会受到法律的惩罚。如果从宏观的角度来看，国家对某些行为采取有效的制度，能够防止外部不经济性所造成的不良后果。

　　经济外部影响的存在，促使人们在做任何事情的时候不能只考虑自己，还要想到自己的行为可能会给别人带来问题。对于具有外部经济性的好事，我们可以通过其内部化转为自己的利益。例如，一家新的电影院建成并开张之后，其周围小吃店的生意就会兴隆起来，在这种情况下电影院可以自建一家餐馆。这种外部经济性的内部化是目前很多企业搞多元化经营的一个因素，多元化的项目最好是外部经济所及之处。

第9章

[生产管理课]

有收获就有放弃

——成本

皮洛士生于亚历山大大帝死后分裂的古希腊，是小国伊庇鲁斯的王子。皮洛士一向沉迷于马其顿国王亚历山大的"伟业"，企图在地中海建立一个大国。

公元前281年，皮洛士率领大批军队进攻罗马。在阿普利亚境内的奥斯库伦城附近与罗马军队激战。在这次战斗中，皮洛士的损失非常惨重。他虽然赢得了胜利，但损失了大批资源。战斗结束后，将士们向他表示祝贺，皮洛士看着硝烟还未散尽的战场，叹息道："要是再来一次这样的胜利，我也就彻底垮了。"

这就是著名的典故"皮洛士的胜利"，在经济学中引申为成本太高而收益太少。

成本是商品经济的价值范畴，是商品价值的组成部分。人们要进行生产经营活动或达到一定的目的，就必须耗费一定的资源（人力、物力和财力），其所费资源的货币表现及其对象化称为成本。也就是企业把商品提供给市场所支出的全部费用。

随着商品经济的不断发展，成本概念的内涵和外延都处于不断地变化发展之中。它包含以下几方面的含义。

（1）成本是生产和销售一定种类与数量的产品而耗费的资源用货币计量的经济价值。

（2）成本是为了取得物质资源所需付出的经济价值。企业为进行生产经营活动，购置各种生产资料或采购商品而支付的价款和费用，就是购置成本或采购成本。随着生产经营活动的不断进行，购置成本或采购成本就转化为生产成本和销售成本。

（3）成本在本质上是一种价值牺牲。它作为实现一定的目的而付出资源的价值牺牲，可以是多种资源的价值牺牲，也可以是某些方面资源的价值牺牲。它可以用货币单位加以计量。

（4）成本是为达到一种目的而放弃另一种目的所牺牲的经济价值。

举一个简单的例子，阿明准备开一家杂货店，在计算成本的时候，她可能会考虑到店面的房租、进货的费用、借款的利息、付给雇员的工资、水电费、税金等。在扣除这些费用之后，她认为自己还会赚到钱。但是，需要提醒她的是，这样的计算是不完全的：她漏掉了自己的工资、自己垫付资金的利息，以及开杂货店的机会成本等。只有把这些成本也考虑在内，才能决定开杂货店是否合适。

在企业生产经营活动中，成本是企业为购买投入的生产要素而支付的货币量。可从不同的角度对成本进行划分。

（1）按其短期内是否随产量的变动而变动，分为固定成本和变动成本。固定成本是指短期内不随企业产量的变动而变动的成本。它是指由固定的生产要素，即不易调整的、使用期限较长的要素（如机器设备、土地、建筑物和常备人员等）所引起的费用。变动成本，又称"可变成本"，是指短期内随企业产量变动而变动的成本，如原材料、燃料成本及一部分工资支出等。固定成本与变动成本之和称为"总成本"。总成本是生产一定量产品的全部支出，它随产量的增加而增加。但在不同产量水平上，其增加的速度是不一样的。当生产规模小于最佳生产规模时，总成本的增加速度慢于产量的增加速度；当生产规模已达到最佳规模时，总成本的增加速度比产量的增加速度快。

（2）按其是以平均量计算还是以增量计算，分为平均成本和边际成本。平均成本是平均每单位产量的成本。平均总成本是每单位产量的总成本。平均固定成本是每单位产量所包含的固定成本。平均变动成本又称"平均可变成本"，是每单位产量所包含的变动成本。边际成本又称"增量成本"，是指新增加一个单位的产量所引起的成本增加量，即企业每增加一单位产量所支付的追加成本。

（3）按是否实际支出，分为显性成本和隐性成本。显性成本是企业会计账目中实际支出的成本，如工资成本、原材料成本等。在显性成本中有一种沉淀成本（又称"沉没成本"、"滞留成本"），是指一经支出，就不能再加以调整或改变的成本，如企业用于某种专用设备的支出。这种专用设备只能用于一种用途，而不能再转作其他用途，亦不能出售或出租。隐性成本是指在企业会计账目中没有实际支出的成本，如机会成本。机会成本是指将一种资源用于某种用途，而未用于其他更有利的用途所放弃的最大预期收益。

（4）按企业决策方案变动时某项成本支出是否会发生，分为可避免成本和不可避免成本。可避免成本是指决策方案改变或者有几种方案可供选择时，某些可免于发生的成本。比如，企业在选择零部件传送方法的方案时，若选择自动流水线方案，则人工搬运的成本就是该流水线方案的可避免成本；若选择人工搬运方案，则自动流水线的成本就是该人工搬运方案的可避免成本。不可避免成本是指无论企业的决策方案是否改变，或者无论选择哪一种方案都将发生的成本，即在任何情况下都需支付的成本。比如，无论是人工搬运还是自动流水线传送，都需要占用厂房，厂房的折旧费对任何方案来说都会发生，所以是不可避免成本。

（5）按考察的时间，分为短期成本和长期成本。短期成本是指企业在短期内的成本。在短期内，企业的成本包括两部分：一部分是随企业产量变动而变动的变动成本，另一部分是不随企业产量变动而变动的固定成本。长期成本是指企业在长期中的成本。在长期，企业的固定成本也可以发生变动，企业可以调整和改变各种投入要素而降低成本。因此，在长期不存在固定成本和变动成本的区分。

（6）按企业生产对社会环境的影响，分为社会成本和私人成本。社会成本是指整个社会因企业生产而需承担的成本。私人成本是指企业生产中其自身所承担的成本。社会成本包含私人成本。

沃尔玛的年销售额连续三年在福布斯排名榜首，相对于汽车制造、IT、高科技电子等高利润行业，它是一个利润率极低的零售商，能连续三年位居第一，堪称奇迹。沃尔玛之所以能够迅速增长，并且成为世界500强之首，与其在节省成本以及物流运送、配送系统方面的成就是分不开的。

规模决定了效益
——规模经济

一个老太太一天可以做两双老虎头布鞋，每双卖15元，那么老太太一天可以卖得30元。如果我们把老太太们组织起来，每人只负责一道工序，有的人负责捺鞋底，有的人负责绣花，有的人负责裁剪，有的人负责缝制，这样一天下来4个老太太却可以做12双老虎头布鞋。每个人平均每天生产了3双老虎头布鞋，生产效率提高了。4个老太太凑到一起，就能够每个人多加工一双布鞋，那么她们的收入也就随之增加了。

我们看到随着生产规模的变化，企业的规模报酬也在发生变化。那么，使得规模报酬发生变化的原因是什么呢？在经济学中，将这个原因称作"规模经济"，是指由于产出水平的扩大或者生产规模的扩大而引起产品平均成本的降低。

一个企业当然希望随着生产规模的扩大，生产会出现规模报酬递增的情况，因为这往往意味着"规模经济"的实现。在实际生产中，我们也看到大部分企业都在力争扩大生产规模。那么，规模扩大后为什么能出现规模报酬递增呢？原因主要有以下两个方面。

第一，大规模生产有助于更好地实现"专业化分工协作"。大诗人李白小时候见到一个老婆婆在磨一根铁杵，"只要工夫深，能磨绣花针"，由此深受激励，奋发读书。作为一个励志故事，老婆婆的行为很有教育意义。但是从企业生产的角度来看，则效率太过低下。18世纪的经济学之父亚当·斯密在《国富论》中已经以大头针行业为例说明了这个问题。一个受过专业训练的人，一天下来也只能做一枚大头针，但是如果将生产划分为18道工序，每人只承担一道工序，平均算下来，大头针的人均日产量竟然可以达到4 800枚。这已经很形象地说明了规模经济的显著。

第二，除去生产协作的因素外，某些生产要素自身的特性也需要规模经济。某些大型设备与小型设备相比，每单位产出的制造费用和维修费通常就要低。比如国际上的输油管道，如果将其直径扩大一倍，其周长也相应地扩大一倍，但由简单的面积计算公式可知，油管的截面积增大将超过一倍，即其运输能力的增加也将超过一倍。这就是规模经济，每单位原油的运输成本将随之降低。另外，像电脑管理、流水作业这样的先进工艺和技术，只能在产量达到一定水平时才能够采用规模经济。比如汽车制造，实施流水线作业时，其成本优势十分明显。一般计算表明，一家汽车制造厂的年产量如果大于30万辆，则其生产成本将会比小规模生产大大降低。在20世纪初，美国的福特汽车公司率先应用了大批量生产工艺，从而大大降低了成本，成为汽车工业的领军人物。

这就是规模经济的效果，经济学上规模经济的定义是由于生产规模的扩大，各生产要素协同效应的发挥，从而带来产品平均成本的降低。规模经济也可以称作生产的规模报酬递增规律，描述为产量增加比例大于生产要素增加比例。规模经济，顾名思义，是指当生产具有一定规模后，生产效率就会提高。但事实上真的完全如此吗？中国很久以前就有个寓言故事，一个和尚挑水喝，两个和尚抬水喝，三个和尚没水喝。为什么人越多，效率反而越低呢？我们再接着看前文提到的老太太缝布鞋的例子。

生产者看到人多可以提高效率，于是就想更多地生产，所以准备再增加人手，如果我们再继续增加，增加到6个人，那么其中就有两个人需要给某道工序帮忙，比如缝制，由于一个人正好可以胜任，因此另外一个人就是白白耗费的劳动力，而且可能会出现这种情况：每个工序的老太太都需要另外一个帮手来减少自己的工作压力，于是彼此之间会产生矛盾，互相扯皮，从而影响了工作效率，原来一双布鞋一个小时就制成了，现在却需要两个小时，结果一天下来，只生产了6双。而老太太却有6个人，平均每个人生产了一双，还不如一个老太太单独干的效率高，单独干的时候每个人可以生产2双。在经济学上这种现象叫作规模不经济，与规模经济相对，是指由于生产规模的扩大，在管理上和体制上存在着不协调因素而无法发挥各生产要素的作用，从而引起产品平均成本的下降。规模不经济也可以称作规模报酬递减，即产量增加的比例低于生产要素增加的比例。

如果规模过大，会使管理层级过多，体制内的摩擦增加，内耗严重。从而降低工作效率。两个和尚抬水喝是工作效率最佳的阶段，当出现三个和尚的时候，必定有一个劳动力是浪费的，但产出还是一桶水，这倒在其次，关键是三个人每个人都希望自己是效用最大化的，用小投入获得高效用，这样的话就会在责权不明确的情况下，使生产效率降到最低，出现一桶水也没有的情况。

可见生产规模并不是越大越好，很多企业就是因为盲目上项目扩大生产规模而最终倒闭了。但生产规模太小也不好，专业化分工必定可以带来高效率。所以企业应该量力而行，把生产规模控制在可以充分调动企业内一切生产要素的范围内。

规模经济在生活中的应用也很广泛，比如流行的谚语"众人拾柴火焰高"、"三个臭皮匠顶个诸葛亮"、"团结就是力量"等，在现实生活中，要善于借助别人的优势来完成自己想做的事，所谓"一个篱笆三个桩，一个好汉三个帮"说的就是这个道理。很多事情只有团队去操作的时候才会完成得更加出色。尤其是现代的信息化时代，更需要团队精神，如果只注重个人英雄主义，在这个时代是跟不上发展步伐的。但团队一定要协调，不能出现内耗，在一个团队内，要彼此帮助共同进步，把劲往一块使，如果各自往相反的方向使力气，那就是在做无用功，会出现规模不经济的现象。

已经付出就不必收回
——沉没成本

在经济学中，"沉没成本"的概念是指已经付出且不可收回的成本。生活中，人们在决定是否去做一件事情的时候，不仅要看这件事对自己有没有好处，而且也要看过去是不是已经在这件事情上有过投入。我们把这些已经发生且不可收回的支出，如时间、金钱、精力等称为沉没成本。

举例来说，如果你预订了一张电影票，已经付了票款且假设不能退票。此时你付的价钱已经不能收回，就算你不看电影钱也收不回来，电影票的价钱算作你的沉没成本。这场电影可能有两个结果：一是你付钱后发觉电影不好看，但忍受着看完；二是你付钱后发觉电影不好看，退场去做别的事情。

在两种情况下你都已经付钱，所以应该不考虑这件事情。如果你后悔买票了，那么你当前的决定应该是基于你是否想继续看这部电影，而不是你为这部电影付了多少钱。此时的决定不应该考虑到买票的事，而应该以看免费电影的心态来做判断。经济学家们往往建议选择后者，这样你只是花了点冤枉钱，而如果选择前者你还要继续受冤枉罪。

可是在生活中，往往有些人却不是这么理性，他们总是为已经付出的成本斤斤计较，就像上了一艘错误的船一样，明知是错的，却还硬着头皮走下去，不肯悔改。"拿得起就要放得下"，往往成为一句空谈。如果放不下已经沉没的成本，迟迟走不上正确的道路，那么迟早会被已经沉没的过去拖垮。勇敢的人敢于向过去告别，不管是不堪回首的错误，还是曾经的辉煌，只有勇敢地放下沉没的过去，你才能开创新的局面。

疯狂英语的创始人李阳可谓是家喻户晓，几乎成为了英语学习的代名词。看到他如今事业蓬勃发展，个人魅力与日俱增，谁会想得到小时候他是一个性格特别内向、连打酱油都胆怯的孩子呢？他并不是天生就会一口纯正流利的英语的，而是靠后天的努力才成为了业界的翘楚。

他上高中时学习成绩并不理想，甚至有过退学的念头，上了大学之后，他在大一、大二也多次补考英语。面对这种情况，很多人都会选择放弃，因为他会觉得自己就是不行——以前一直都不好，以后怎么会学好呢？这些人总是会怀疑自己，认为以前不行，以后肯定也不行，永远也走不出自己过去的阴影。

可是李阳没有为过去的不理想所牵绊，过去的伤痛反而更成了他前进的动力。他并没有把自己当成一个英语很弱的人，他从来只向前看，把自己的努力放在每天的疯狂练习中，并且坚信通过自己的不懈努力，一定能够搬开这座"山"。功夫不负有心人，在大一、大二英语还是弱科的他，大四的时候已经开始出入各种场合做起翻译了。实现这种飞跃，他自身的努力自然是最关键的因素，但是如果他没有彻底抛开过去的失意，那么他的成功也许会是永远到不了的"下一站"。

李阳曾说他的家庭教育是打击式的，家长总是说他这不行那不行，这无疑会给小孩子的自信心造成很大的影响。然而他没有在这些压力和怀疑中沉沦、自暴自弃，而是勇敢地走出了阴影，去追逐自己的理想。当多年以后他成为了社会名流，与当年判若两人的时候，他的父母看到他的表现都会很惊讶地说："那真的是李阳吗？"

昨天的你和今天的你可以判若两人，"士别三日当刮目相看"，这个例子不正说明了不拘泥于历史和惯性的人定会大有作为吗？几经失败也好，备受怀疑也罢，只要认定了自己的方向，就不要为既往的失败与怀疑而伤悲甚至消沉，只有勇于冲出束缚的人才能大有作为。

我们都要由昨天走到今天，再由今天走向明天。很多时候，我们站在今天，却总是对昨天念念不忘，并不是说昨天与自己无关，而是在很多时候，为了使自己能够生活得更好，不要总是对昨天念念不忘，不管昨天你是成功的还是失败的，都已成为过去式，虽然它会对你的今天和明天有所影响，但已不能成为最终的决定因素。所以要尝试着忘记昨天，别为昨天而哭泣。昨天已成为沉没的过去，请勇敢走出来，开创新的局面。

走出过去的阴影并不容易，但走出过去成功的光环更难。谁都不愿意放弃已经取得的成就，去未知的世界里冒风险。可是有些勇敢的人这样做了，而且他们获得了更大的成就。

比尔·盖茨是众所周知的商业奇迹的缔造者，是一个数字英雄，是年轻人心目中的偶像，更是一个懂得选择方向的人。他一生中所做的最重要的选择莫过于退学：刚刚二十岁的比尔·盖茨就对计算机十分感兴趣，他深信，总有一天计算机会像电视一样走入千家万户。他坚定的信念，不但打动了自己，还打动了伙伴，打动了父母，获得了事业上和精神上最宝贵的支持。哈佛大学是多少人梦寐以求的学府啊！而考上哈佛大学的比尔·盖茨却在大三时，毅然决然地选择了离开，去闯出一番属于自己的天地。这不是一般人能够拥有决心和勇气，也只有下这样的决心和勇气，才有可能成为非凡的人物！试想一下，假如比尔·盖茨依然在哈佛深造，学习课本上千篇一律的东西，也许就不会有我们今天所熟悉的Windows系统，也不会有商界的微软奇迹了。

比尔·盖茨曾经说过这样一句激动人心的话："人生是一场大火，我们每个人唯一可做的，就是从这场大火中多抢救一点东西出来。"本着这种人生短暂如花火的信念，他及时地决定了所要放弃的东西和所要选择的东西，不仅改变了自己一生的轨迹，也改变了世界。

世界上能有几个人有这样睿智的思维呢？人的欲望是无穷无尽的。在过去所取得成果之上，很少会有人愿意放弃那些曾经拥有的鲜花和掌声，以及那些曾经拥有的名誉和地位。

著名主持人曾子墨出生于高级知识分子家庭，从人大附小、附中一直读到人大。她不是最用功的，却一直是成绩最好的学生。1992年赴美留学，1996年以最高荣誉毕业于美国新罕布什尔州的达特茅斯大学（常春藤盟校之一）。毕业后加入国际著名投资银行摩根斯坦利，先后在纽约总部及香港分公司参与完成超过700亿美元的企业收购及公司上市项目。2001年年底加入凤凰卫视担任财经节目主持人，目前主持的栏目包括《财经点对点》、《财经今日谈》和《凤凰正点播报》，成为最受欢迎的财经节目主持人之一。

在摩根斯坦利的日子，曾子墨与另外几个美国同事做了一整年的BP（英国石油）和美国AMOCO（阿莫科）石油公司的合并项目，让她倍觉满足和成就感。在纽约拼了两年后，她决定到摩根斯坦利的香港分公司继续工作。此时，正值凤凰卫视准备在香港上市，摩根斯坦利与其他很多大的投资公司都在与"凤凰"接触，希望争取到这个项目。于是，为了摆脱千篇一律的生活方式，自愿来到香港分公司的曾子墨开始对凤凰卫视有了初步的了解和认识。此时，她对让自己身心俱疲的工作也有了重新的思考，希望有个新的开始，可是，这个新起点在哪里呢？

曾子墨给自己放了足足四个月的假，背上小小的行囊，只身到西藏去旅游。某一天，她与曾经打过交道的一位凤凰卫视高层领导通电话时聊及自己的人生经历和感悟，突然想起自己是否可以加盟"凤凰"，做她心仪已久的媒体工作。于是，三个月后，她作为凤凰卫视的财经主播，把自己的专业和兴趣完美地结合在了一起。

如果没有放弃辉煌的过去，曾子墨也不会拥有更美好的未来。人的一生，面临的选择很多，可走的路也很多，略微迟疑、犹豫不决、踟蹰不前，都会导致我们远远地落后于生命的轨迹，所以我们必须要看清方向，认准方向，方向找对了，就是一个成功的开始，而好的开始就是成功的一半。如果你放不下过去，无疑就是拒绝了新的成功。

聪明者敢于放弃，精明者乐于放弃，高明者善于放弃。勇敢地对已经沉没的成本说再见，迎接你的将是新的天空。

为什么缺一个人包不好饺子？
——分工协作

过春节吃顿年夜饭饺子，是每个中国人都熟悉的事。大年三十，一家人围坐在一起，一边包饺子，一边话家常，欢歌笑语，其乐融融。但是今年，家明的姐姐出嫁了，在家过年的成员少了一个，连包饺子都变成了一件麻烦事。原来，四口之家自然形成分工：爸爸和面，家明拌馅，家明的姐姐擀皮，妈妈负责包。由于分工明确，他们家包饺子的效率非常高。往往是晚上一两个小时之内，就包好了三五天吃的饺子。然后收拾停当，围坐在电视机旁看春节晚会。当新春的钟声敲响时，大家吃着热腾腾的饺子，庆祝新年的到来。

为什么缺一个人就包不好饺子呢？原来，在简单的包饺子行为里，蕴涵着"分工协作"这一经济理论。这个理论是亚当·斯密的不朽思想结晶。

说到"经济学之父"亚当·斯密，他有两个最为著名的发现：一是所谓的"看不见的手"；二是所谓的绝对成本论。"看不见的手"强调市场的力量，实行市场经济的国家无需政府过多操心，诸如生产、交换、流通这些看起来很复杂的问题会由市场自动调节。"看不见的手"强调在一个国家内部政府不要对经济活动进行干涉；绝对成本论认为在国际贸易活动中政府也不应当干涉，即提倡自由贸易。自由贸易可使贸易双方的福利增加。但这里有个前提，即必须发挥自己的优势，每个国家只有生产自己最具优势的产品并参与国际贸易活动，双方才能获利。至今，许多国家还把绝对成本论作为制定外贸政策的依据。

亚当·斯密的绝对成本论实际上是从推导中得出的。亚当·斯密认为分工可以提高劳动生产率。分工能够提高劳动生产率有三个原因：①分工使劳动专门化，提高了工人的熟练程度；②分工可以省却工人从一种工作转换到另一种工作的时间，免除因转换工序或工作而造成的损失；③分工可以使工人因专门从事某项操作而更容易地改进工具和发明机器，从而使一个人能够完成原来由许多人才能做的工作。

亚当·斯密以制针业为例进行说明。针的制造共有18道工序，在没有分工的情况下，一名工人每天最多可以制造20枚，但有时可能一枚也造不出来。如果实行分工生产，则一个工人一天可以制造4 800枚，劳动生产率可以提高240倍。分工的原则是，人们各自集中生产具有优势的产品，然后用自己的产品交换其所需要的产品，这样就可以大大提高劳动生产率，增加各自的福利。

一个人是这样，一个工厂是这样，一个地区是这样，一个国家同样是这样。当分工越出国界时，分工就成了国际分工。亚当·斯密就是从这种简单的推导中得出了他那伟大的绝对成本论。该理论与"看不见的手"共同奠定了亚当·斯密作为伟大经济学家的地位。而这两大理论可以说是市场经济的最基本的理论。

回头看家明家的大年三十包饺子的问题，我们发现，这就是充分利用了分工协作的优势。

包饺子现象说明了我们经常忽视的几个问题：伟大的经济理论看起来再平实不过；有时我们会不自觉地运用经济法则做事；分工协作是人类目前所能探索出来的最好的合作方式。无论人与人相处、单位与单位相处、地区与地区相处，还是国家与国家相处，这都是最基本的原则。

哥伦布契约背后隐藏着什么？
——成本—效益分析

1492年，发生了什么事呢？没错，哥伦布发现美洲大陆！哥伦布的环球之行来之不易。此前，他只是一个默默无闻的水手，出身卑微，只不过有着当航海家的豪情壮志，还有着一个"白日梦"——当时葡萄牙正试图绕过非洲去印度，但哥伦布认为不必绕过非洲，只要一直向西航行便可到达印度。

为此，从1484年开始，哥伦布就向西班牙国王提出这个建议，到1492年，由于西班牙王后的大力支持，西班牙国王才同意这一计划付诸实施，哥伦布花了8年的时间来做"公关"。1492年8月，已经41岁的哥伦布带领120人分乘3只小船离开西班牙，开始向西环球航行。

1492年10月12日，经过30多天的航行，他们终于登上了北美巴哈马群岛中的圣萨尔瓦多岛。哥伦布成为西方第一个发现美洲新大陆的人。

　　其实，哥伦布并不是无私地做这样的"壮举"，8年的公关努力，在成功的那一刻，哥伦布为这一行动开出了"天价"：他与西班牙国王订立了一份契约。该契约的内容是：国王对哥伦布发现的新大陆拥有宗主权；哥伦布被封为贵族暨大西洋海军元帅，被准许担任未来所发现的岛屿和陆地的总督，而且这些头衔都是世袭；新发现土地上产品的10%归他所有；他也能参与新土地上所有的商业活动，投资和利润占总额的1／8；而他对前往新大陆经商的船只可以征收10%的税，对自己运往西班牙的货物则实行免税。

　　哥伦布这一行动可以说是一本万利！

　　成本是指为了达到某一种特定目的而耗用或放弃的资源，效益就是在做某一件事或生产某一产品的过程中扣除成本之后的收益。经济学中非常流行成本—效益分析法，也就是分析某个经济过程的付出与收获，加以对比看是否获利，并探究进一步提高收益的办法，如降低成本等途径。

　　哥伦布契约就是成本—效益分析的典型例子。哥伦布虽然"浪费"了8年的时间成本及其他所有成本，但他的收益远远大于他付出的成本，可以说是一本万利。在市场经济时代，任何经济行为的开展都必须符合这一原则。

　　生活中也处处离不开成本—效益分析。我们做人、做事的过程也是一个经济投入与产出的过程，如果你不费吹灰之力就能搞定一件事情，那么你就是成本—效益分析的能手；如果你费了半天工夫却一无所获，那么无异与做亏本生意，成本—效益分析的结果就很差。做人低成本，收获大成功；做事低成本，收获新机遇。这个世界上处处都有低成本、高效益的事情，就看你是否能够开动脑筋让自己事半功倍，轻松获得成功！

为什么"三个和尚没水吃"?
——边际收益递减规律

一个和尚挑水吃

两个和尚抬水吃

三个和尚没水吃

……

大家对这个故事可以说是耳熟能详,人们有感于三个和尚的故事不只是因为它有趣,更在于其中蕴含着深远的哲理。从经济学的角度来说,三个和尚的故事印证了一个规律——边际收益递减。

边际收益递减原理通俗的说法是:开始的时候,收益值很高,越到后来,收益值就越少。边际收益递减又称报酬递减,是指在技术水平不变的条件下,增加某种生产要素的投入,当该生产要素的投入数量增加到一定程度以后,每增加一单位该要素所带来的产量增加量是递减的,边际收益递减规律是以技术水平和其他生产要素的投入数量保持不变为前提条件的。此外,只有当可变投入增加到一定程度之后,边际产量才递减。

收益递减是一条极其重要的经济技术规律,适用于一切生产要素的投入选择决策,即任何一种生产要素的投入量,在超过一定临界点之后,单位生产要素的边际收益必然会出现递减的趋势。在既定的固定投入量没有被充分利用时,增加一个可变的投入量,可能会先出现一个边际收益递增的阶段。在可变的投入量增加到一定程度后,边际收益递减规律才会生效。

收益递减思想已经有两百多年的历史。最早是由法国重农主义经济学家杜尔哥于1768年提出的,用来说明在一定条件下对耕地的追加投入与相应的收益变动之间的关系。1777年,英国经济学家詹姆斯·安德森从级差地租理论的角度出发，提出了有条件的相对收益递减思想。19世纪初，英国经济学家马尔萨斯在研究人口论问题时，提出了绝对收益递减理论。后来李嘉图、威斯特等人又把绝对收益递减理论纳入地租理论之中并广为传播。1836年，英国经济学家西尼尔为收益递减明确地加上了"农业技术水平不变"的前提条件。1848年约·斯·穆勒在其《政治经济原理》一书中，强调了"生产技术不变"的前提条件。19世纪50年代，德国经济学家屠能把"收益递减"原理从土地扩大到一切生产要素的投入分析中，奠定了"边际生产"理论的主要基础。

到19世纪末20世纪初，经过英国经济学家马歇尔和美国经济学家克拉克等人的努力，原来的"土地收益递减"理论演变为适用于一切生产要素的"收益递减规律"，并引入了边际分析方法和静态分析方法，把"收益递减"概念从农业中长期发展的宏观动态分析，转变为对经营单位短期微观的静态分析，标志着传统的"土地收益递减"理论向现代的"收益递减规律"过渡。

进入20世纪之后，美国经济学家布莱克把对"收益递减"问题的数理分析大大向前推进了一步，明确区分了总产出、追加（边际）产出和平均产出这三个变量，并从成本的角度研究了收益递减规律，描绘了单位产品的边际成本、平均成本和固定成本的曲线，使"收益递减规律"具备了现代形式。

收益递减思想在微观经济学中起着理论基石的作用。譬如，根据收益递减规律，产生出固定成本、可变成本、边际成本U型曲线、总成本、平均成本曲线等概念体系，从而构成了成本理论的基本内容。通过边际成本曲线的分析，说明了供给曲线的来源和根据，描绘出边际收益变动的曲线规律，并相应地得出了总产量和平均产量的关系曲线，从而形成了生产阶段理论和厂商均衡理论。另外，根据边际收益递减规律，说明了生产要素需求的决定规律，建立起了科学的资源配置和分配理论。这些重要思想不仅在微观经济分析中具有极其重要的作用，而且在宏观经济政策的制定中，以及在制度经济学、公共选择理论甚至行政管理理论、政治学研究中，也都具有重要的借鉴价值。

微观经济学的重要组成
——厂商理论

　　真正研究厂商理论并做出重要贡献的是意大利经济学家斯拉法、英国经济学家琼·罗宾逊夫人、美国经济学家张伯伦。斯拉法于1926年出版《竞争条件下的收益规律》一书是该理论产生的标志，该书对厂商理论的建立有着重要的作用。罗宾逊夫人1933年出版的《不完全竞争经济学》、张伯伦1933年出版的《垄断竞争理论》，可以看做是厂商理论最主要的著作。

　　在经济学说史中，厂商理论的代表作一般以张伯伦的著作为标志。自此以后，在西方经济学中出现了厂商均衡理论，并以此作为对均衡价格理论的发展，使其得到完善。

　　"厂商理论"是一种研究厂商行为规律的理论，亦称"市场理论"或"生产理论"。它通过成本—收益分析，说明厂商在不同的市场条件下，其产量和价格如何决定。厂商理论的研究包括四个方面。

　　（1）成本理论。厂商为进行生产购买生产要素而支付的代价是厂商的成本。成本按投入是否全部可变而分为长期成本和短期成本，或者按是否随产量变化而分为不变成本和可变成本，并再细分为总成本、总平均成本、边际成本、总不变成本、总可变成本、平均不变成本、平均可变成本等。这些成本可用图形表现为相应的成本曲线。

　　（2）市场或厂商的分类。市场是指从事某一特定商品买卖的场所或接触点。厂商为市场生产产品，不同种类的市场决定了厂商的性质和类型。按竞争程度，根据厂商数目、产品差别程度、进入市场的难易程度以及厂商对产量和价格的控制程度，市场或厂商一般可分为四类：完全竞争、垄断、垄断竞争和寡头。

（3）厂商均衡。以利润最大化为目标，分别分析四种厂商在短期和长期中如何决定价格和产量。分析四种厂商的平均收益曲线、边际收益曲线同需求曲线的关系，从而区别四种厂商均衡的各自特点。并得出结论：完全竞争厂商或市场是经济效率最高的，成本最小、价格最低，各种资源或生产要素的利用达到最优状态。

（4）非利润最大化的厂商理论。研究厂商不以利润最大化为目标时的厂商理论。例如，H.西蒙提出令人满意原则，认为厂商的目标在不确定和不完全竞争条件下，应该追求利润达到令人满意的水平，而不是最大化。

厂商是市场经济中生产组织的基本单位，它主要是指个体工商户、合伙公司、股份公司等。研究影响资源配置和分配的厂商行为的理论，是微观经济学的组成部分。

商品的价值取决于生产费用
——生产费用论

生产费用论是认为商品价值的大小取决于生产费用的一种价值理论。

资产阶级经济学的一种庸俗价值理论认为，价值是由生产费用决定的。它最初源于亚当·斯密价值论中的一种庸俗观点，即认为在土地私有和资本积累时代，商品价值不再由生产者所独有，而是分解为工资、利润和地租等三种收入，于是商品价值也就由这三种收入所构成，这三种收入也是商品的生产费用，它决定商品价值。

萨伊和马尔萨斯把斯密的上述庸俗观点分离出来，明确提出生产费用价值论，但两人的说法又有所不同。萨伊认为劳动、资本、土地这三种生产要素在生产中各自提供了"生产性服务"，分别创造了相应的工资、利息、地租三种收入，作为自身耗费的补偿，这些收入构成生产费用，它决定了商品的价值。马尔萨斯认为，商品价值由购得的劳动量决定，购得的劳动量等于生产商品所耗费的劳动量加预付资本的利润，即生产费用。

西尼尔则把生产费用归结为"劳动和节欲"。劳动的报酬是工资，节欲的报酬是利润，工资加利润构成生产费用，决定商品价值；价值是由工资和利润即生产费用决定的；工资是对劳动的报酬，而利润是对资本家"节欲"的报酬。

以上各种说法都把利润包括在生产费用之内，表明这种理论含有明显地为资本的剥削收入辩解的意图，也有的生产费用论者对此持不同观点。

托伦斯认为生产费用只应指资本支出，而不包含利润。但他把利润归结为流通领域的产物，认为是消费者高于价值（生产费用）支付的结果，这是一种"让渡利润"的观点。

约翰·穆勒则认为生产费用等于工资，而商品价值除工资以外，还应加上平均利润，而利润又被看作是资本家"节欲"的报酬。他的价值论是生产费用加平均利润决定价值论，而就其实际内容来说，仍不外乎是以三种收入来决定价值。

各种生产费用论的共同缺点和错误在于以价值来说明价值的循环论证。各种收入不过是对已经创造出来的价值的分割，而不是价值的创造，收入多少不决定价值，收入的来源及水平反而应以价值的源泉和大小来说明。

第10章

[市场营销课]

背靠大树好乘凉
——名人效应

美国一出版商有一批滞销书久久不能脱手，他忽然想出了一个主意：给总统送去一本书，并三番五次去征求意见。忙于政务的总统不愿与他多纠缠，便回了一句："这本书不错。"出版商便借总统之名大做广告，"现有总统喜爱的书出售"，于是，这些书一抢而空。

不久，这个出版商又有书卖不出去，又送了一本给总统，总统上过一回当，想奚落他，就说："这书糟透了。"出版商闻之，脑子一转，又做广告："现有总统讨厌的书出售"，不少人出于好奇争相抢购，书又售尽。

第三次，出版商将书送给总统，总统接受了前两次的教训，便不做任何答复，出版商却大做广告："现有令总统难以下结论的书，欲购从速。"居然又被一抢而空，总统哭笑不得，商人却借总统之名大发其财。

经济最伟大的作用在于为我们提供了市场，让我们彼此能够互换有无。在社交场合中，也有这样一个市场，有名气就可以做品牌，做一个招风的大树。如果你想做好生意、做大事业，已经有资本、有技术，那么就需要借助名人来充门面，借助名人的影响力来成就自己的事业。

在现代社会，借势这种手段已在政治、经济、文化以及外交等领域被广泛运用，而且大有日趋扩展之势。巧借名人不失为一种提高自身形象，扩大自己影响力的策略和技巧，如请社会名流为题词，请专家教授作序，作为提高自己身份和能力的资本等。也可以借助名人的名声提高自己的社会知名度。

正如上文中提到的总统也能帮人卖书一样，只要策划得法，巧借名目，"总统"这一神圣的王冠也可被人玩弄于股掌之上，为市场竞争活动增添爆炸性新闻。

俗话说，"大树底下好乘凉"，打好名人这把"伞"，巧用名人效应改变自己的事业轨迹，其实也不是一件难事，关键看你会不会把握时机，变不利为有利。

很多品牌正是借助了名人效应，迅速提升了产品知名度，拓宽了市场。中国天津的自行车品牌"飞鸽"得以扬名海外，也是因为很好地利用了名人效应。

飞鸽由于品质优良、价格合理，在国内自行车市场中占据了半壁江山，但却在开拓海外市场时遇到了不小的阻力。1989年，正为开拓海外市场而犯愁的自行车厂领导听说新当选的美国总统布什即将访华。众所周知，布什夫妇是一对自行车迷，酷爱自行车运动。领导们觉得机会来了。

天津自行车厂希望把飞鸽牌自行车作为礼品送给布什夫妇。这个想法经过层层上报，最终得到了国务院的批准。后来，总理将两辆飞鸽自行车作为礼物送给布什夫妇时，他们显然十分高兴，并当场表示第二天就会骑一骑。后来这个骑车的场面被全世界上百家新闻单位进行了报道。通过新闻的传播，飞鸽牌自行车开始名扬全世界。天津自行车厂正是借助于布什夫妇，为飞鸽牌自行车增加了知名度，从而打开了海外市场。

名人本身并不能为企业创造什么价值，但是其在公众中的无形影响力却是企业求之而不得的。所以，要想使产品迅速为大众所知，打开销路，最好的办法就是找名人做广告。很多名牌如阿迪达斯、耐克等，都请过很多体坛健将和知名红星担当其代言人，正是通过这种名人效应，增加了产品的光环，最终获得了市场的认可。

生意场上如此，社交生活中其实也有着这样的潜规则。当你还是无名小卒的时候，如果能够凭借自己的实力得到名人或实力人物的赏识，就可以平步青云，迅速升迁。而在通常情况下，如果你走一条普通的道路，很可能要花费数倍的时间和精力，甚至还不一定能够成功，这辈子就被埋没了。如果能够找到你生命中的贵人，找到一个可能作为"乘凉大树"的名人，你就可以事半功倍地获得成功了。

有一个十八岁的男孩来到钢铁大王卡内基的建筑工地打工，别看他只不过是个乡下孩子，干的又是杂活儿，可是他志向不小，立志要做最优秀的人。

白天干活很累，到了晚上同伴们要么闲聊，要么喝酒，唯独他躲在角落里看书。一天，他又在看书，恰巧晚上来抽查工作的公司经理看到了这一幕，便问他学那些东西干什么。男孩礼貌地回答到："我觉得公司并不缺少打工者，而是缺少既有工作经验又有专业知识的技术人员，以及优秀的管理者，对吗？"

在场的人都付之一笑，以为他在说大话。可是男孩却回答说："我不是只为了赚钱，也不是在为老板打工，而是在为自己的梦想打工，为自己的远大前途打工。"

经理很赏识这个小男孩的志向和胆识，就破例让他到公司里发展，不再在工地上干杂活了。后来，小男孩通过自己的不断钻研，一步步升到了总工程师、总经理的位子，最后被卡内基任命为钢铁公司的董事长。最后，他终于自己建立了大型的公司，并创下了非凡业绩，实现了从一个打工者到创业者的飞跃。

他就是伯利恒钢铁公司的董事长齐瓦勃。

如果生命中没有出现这么个贵人，没有得到卡内基的赏识，齐瓦勃一辈子可能都只是一个泥水匠。因为遇到了名人，也遇到了贵人，齐瓦勃的人生从此与众不同，究其原因，还不就因为是在那一分钟内获得了名人的认可，并从此借着这阵顺风直上青云了吗？

有时候需要变通一下，能够给你遮风挡雨的不一定只是一个人，也可以是一个知名的企业、知名的机构，许多年轻人毕业后都喜欢去跨国企业发展，就是最好的例子。一个大的、知名的机构不仅稳定，而且有着很大的影响力，从这里面出来的人无疑具有了更高的平台。

曾经获普利策奖的记者伍德沃德现在早已是知名人物，可是谁想得到他当年差点连进入新闻界的机会都没有呢？

当他刚刚开始自己的职业生涯时，就一心想进入《华盛顿邮报》做一名记者。当时，主管编辑部工作的喻利实在看不出这个小伙子有什么过人之处，就让自己的助手先安排他不带薪实习两个星期。两个星期很快就过去了，伍德沃德虽然干得很卖力，但采写的17篇稿子一篇也没见报。于是，他被报社辞退了。

无奈的伍德沃德只得在华盛顿附近的蒙特哥莫瑞找了一份工作，但他不甘心自己的梦想被这两个星期的试用扼杀。没多久，他开始频频给喻利打电话，希望再给他一次机会。一次，正在度假的喻利又接到伍德沃德的电话，他不堪忍受伍德沃德的纠缠，禁不住大发脾气。倒是他的妻子冷静地说："你难道不认为这正是一个好记者必须具备的素质么？"应该说，喻利是明智的，他听从了妻子的建议，让伍德沃德回到了《华盛顿邮报》。

对水门事件的报道使得伍德沃德成为了家喻户晓的记者，可是倘若他在最初被《华盛顿邮报》拒绝之后就不再涉足新闻界，倘若他在离开《华盛顿邮报》之后不再努力追逐自己的新闻梦，那么新闻界将永远不会留下这个传奇的名字。

事实证明伍德沃德是一个聪明人，他执著地选择了《华盛顿邮报》这棵大树，即便被拒绝也百折不挠，终于如愿以偿。倘若他当初气馁了，待在那个名不见经传的小地方，那么也就没有日后获得普利策奖的机会了。

不走寻常路
——产品差异化

对于竞争性行业来说，各个厂家的产品都是差不多的，性能也不相上下，因此很难培养自己固定的客户群。比如日用品等行业，究竟靠什么吸引消费者呢？

让你的产品与众不同！答案就是这么简单。有哪些不同呢？可能是口味不同，可能是包装不同，可能是某个设计的细节不同，总之，你要与众不同，才能够吸引消费者。

文新开着一家糕点店，生意一直冷冷清清。因为糕点这个行业，竞争本来就十分激烈，加上文新当初在选择店址上出现了一些失误，把店开在一个偏僻的胡同里。所以，不到半年时间，店面就快支撑不下去了，文新也无奈地想结束生意。

有一天，文新在店里碰到一个给男朋友买生日蛋糕女客人。当员工问她想在蛋糕上写什么字时，女客人嗫嚅了半天才吞吞吐吐地说："我想写上'亲爱的，我爱你'。"

文新一下子就明白了女客人的心思，原来她想写一些很亲热的话，但是又不好意思让旁人知道。文新很快意识到这里面蕴含的商机：有这种想法的客人肯定不止一个，而现在每个蛋糕店的祝福词都是千篇一律的"生日快乐"之类，为何不尝试用些个性化的祝福语呢？

于是，文新经过深思熟虑，做出了这样一个决定："再多买一些专门用来在蛋糕上写字的工具，给每个来买蛋糕的顾客赠送一支，这样客人就可以自己在蛋糕上写一些祝福语，即使是隐私也不怕被人看到。"

没想到广告一出，立刻顾客盈门，在接下来的一个星期中，顾客比平时增加了两倍，大家都是被"写字的笔"吸引来的。从此店里的生意蒸蒸日上，客户量奇迹般地增长。老板趁热打铁，又开了几家分店，生意越做越大了。

蛋糕店多了，这一家却开出了不一样的特色。"不走寻常路"，只有开展差异化经营，才能在竞争中生存并发展壮大。

在企业竞争激烈的今天，如果没有独特的做法，是很难在竞争中脱颖而出的，这就要求企业在策略、服务、产品、营销等诸多方面摆脱随大流的被动情况，成为领导潮流的先驱。也只有那些先驱者才是受益最大的。

"脑白金"通过狂轰滥炸的广告抢占了保健品市场的头把交椅，把这三个字牢牢地刻在消费者的脑海里，几乎成了保健品的代名词。

不管大家平时怎么奚落它搞笑的广告，在真正购买保健品时，却发现还是不自觉地把它当成了首选。有一次，我陪一个朋友去买保健品，他平时对脑白金是很不屑的，这时却很自然地将手伸向了脑白金。我奇怪地问他为什么，他说："我也不知道，好像脑子里就有个印象似的，脑白金就是保健品，送礼就送脑白金嘛！"

脑白金靠狂轰滥炸的广告开拓了自己的市场。这种重复而单调的方法虽然老套且庸俗，但刻在人们的脑海里的印象却无比深刻，导致消费者在不知不觉中形成了习惯。这与其他的保健品同行走的也是不同的道路，只有善于独辟蹊径，才能收到不一样的效果。

有时候，我们过于习惯现有的产品，习惯现有东西的性能、外观、手感等性质，于是就懒得再去考虑如何换花样，久而久之，产品就同质化了，企业还有什么竞争优势可言呢？只有善于在日常的习惯中发现新的启示，让产品变得不一样，才有更多的机遇。

有一个潜水员日子过得很平淡，有一天，他在附近的高尔夫球场闲逛，忽然，有一只高尔夫球因为打球者的失误而掉进湖水中。

看见球落水溅起的水花，就在一刹那间，潜水员仿佛看到一个机会。他穿戴好潜水工具，立刻跳进湖中，想找到那只球。可是没想到，在湖底他惊讶地看到白茫茫的一片，足足散落堆积了成千上万只高尔夫球。这些球大部分都跟新的没什么差别，只是被人打进了水里之后，就一直在那里沉睡着。

他马上把这件事情告诉了球场经理，经理答应以10美分一只的价钱来收购这些从水里打捞上来的球。潜水员在这一天一共捞了2 000多只球，得到的钱相当于他一周的薪水。干到后来，他每天把球捞出湖面，带回家让雇工洗净，重新喷漆，然后包装，按新球价格的一半出售。

后来，其他潜水员闻风而动，从事这项工作的潜水员多了起来，最初这个聪明的潜水员，干脆自己不下水了，而且成立了一个回收、翻新高尔夫球的公司，专门从其他潜水员手中收购这些旧球。

正如别人都习惯了苹果掉在地上，而只有牛顿发现了万有引力一样，当别人都习惯了高尔夫球掉进水里的失误，而只有这个潜水员看到了巨大的商机。事情往往就是这样，让头脑打开一厘米，想到别人所想不到甚至不敢想的事情，创新的观念就可以带动利润滚滚而来。如果他只是满足于做一个潜水员，那么一辈子也成不了富翁。

有时候，现有的产品太好了，以至于大家都舍不得放弃。既然现有的产品已经是领先的了，又何必费事改进呢？正是这种消极怠惰的想法让很多企业走上了下坡路，只有敢于抛弃旧的产品，才能不断开发出更好的新产品。

日本钟表企业精工舍是一家世界闻名的大企业，其手表的销售量长期位于世界第一。它能取得这样的成功，主要归功于第三任总经理服部正次的放弃战略。

1945年，服部正次就任精工舍第三任总经理。受第二次世界大战的影响，精工舍的生产销售元气大伤，面临着巨大的生存危机。服部正次针对这一状况，制定了"不着急，不停步"的战略，着重从质量上下手，开始了赶超钟表王国瑞士的步伐。

可是10多年过去了，服部正次带领的精工舍虽然取得了长足的进步，却仍然无法与瑞士表分庭抗礼。服部正次看到，要想在质量上超过有深厚制表传统的瑞士，恐怕是"此路不通"。他认为精工舍应该另辟蹊径，转换经营策略。

经过慎重的思考，服部正次决定放弃传统的机械表制造，转而生产新产品——石英电子表。与机械表相比，石英表的最大优势就是走时准确。号称"表中之王"的劳力士月误差在100秒左右，而石英表的月误差却不超过15秒。1970年，石英电子表开始投放市场，立即引起了整个世界的轰动。到70年代后期，精工舍的手表销售量跃居世界首位。

企业对于自己的产品精益求精是应该的，但若是走进了"敝帚自珍"的误区，就只会故步自封，看不到新的变化，感受不到新的风向，只能在别人的进步中逐渐被超越。精工舍正是通过放弃和创新战略取得了巨大的成功。

产品差异化、产品创新不光是有形的，有时候，差异化和创新则更多地体现在无形的模式上，如经营模式、盈利模式等，找到不一样的方式，就等于发掘了新的利润源泉。

有一个12岁的小男孩，进行了人生的第一次生意冒险。原来，他酷爱集邮，可是从拍卖会上卖邮票要交纳一定的费用，他觉得不合算。于是他说服一个同样喜欢集邮的邻居把邮票委托给自己，然后在专业刊物上刊登卖邮票的广告。出乎意料的是，他赚到了2 000美元，他第一次尝到了抛弃中间人，"直接接触"的好处。

小时候的这次经历让他刻骨铭心。上初中时，他开始做电脑生意——买来零部件，组装后再卖掉。在这个过程中，他发现一台售价3 000美元的IBM个人电脑，零部件只需六七百美元就能买到。而当时大部分经营电脑的人并不太懂电脑，不能为顾客提供技术支持，更不可能按顾客的需要提供合适的电脑。这就让他产生了灵感：抛弃中间商，自己改装电脑，不但有价格上的优势，还有品质和服务上的优势，能够根据顾客的直接需求提供不同功能的电脑。

　　再后来，小男孩长大了，创办了自己的电脑公司，并采取了自己童年时期就采用过的"直接销售"模式，真正按照顾客的要求来设计制造产品，并把它在尽可能短的时间内直接送到顾客手上。他凭借着自己发现的这种模式，一路做下去。2002年，他荣登《财富》杂志全球500强中的第131位，他就是著名的戴尔。

　　从1984年戴尔退学开设自己的公司，到2002年跻身财富榜，不到20年的时间，戴尔公司成了全世界最著名的公司之一。正是初次做生意时的正确路径选择，奠定了后来戴尔事业成功的基础。对于每一个想功成名就的年轻人来说，其实成功是就这么简单：找到差异化的路径，选择属于自己的正确方向，然后一直走下去！

　　同质化是商业的大敌，如果你不想陷入与同行之间你死我活的价格战中，就要让自己的产品高人一筹，与众不同，赢得属于自己的忠实的客户群，这样才能保证自己在竞争中处于优势地位。

沃尔玛成功的秘籍
——薄利多销

　　薄利多销是指商家为了扩大销售量而采取的降低单位产品价格，以便于招徕顾客，加强市场渗透，提高产品的市场占有率，从而增加企业总利润的商业手法。

在早期的经营生涯中，山姆·沃尔顿发现，如果每件商品进货价格是80美分，标价1美元的话，卖出的数量是标价1.2美元的3倍。这时，虽然每件商品的利润可能会减少，但由于卖出的数量很多，因而整体利润要高很多。这个道理很简单，但蕴含着折扣销售的精髓：降低价格，刺激销售量，进而提高整体盈利水平。

薄利多销是山姆·沃尔顿的新发明，事实上早在沃尔顿进入商界之前，这一原则已被广泛应用，但像沃尔玛公司这样实行力度之大、范围之广、持续时间之久、运用之成功的，很难找出第二家。

沃尔玛公司的高级管理人士回忆说："山姆·沃尔顿非常迷恋这种经销原则，并要求将这一原则作为公司的基本经营原则之一加以认真贯彻执行。"他们举例说："对于拟订标价为1.98美元的商品，他说50美分就可成交，我们建议，既然拟订价格为1.98美元，我们就标1.25美元吧，他说不，我们就标50美分。这种令人不敢相信的优惠价格使得公众普遍认为去沃尔玛公司购物是物有所值。"

这一"比任何一家公司都走得更远"的薄利多销原则并没有使沃尔玛公司遭受损失，反而使公司赚得了更多的利润。1997年，其销售收入高达1198亿美元，高居世界零售业榜首，并成功跻身于世界500强前10名，位居第八。沃尔玛公司不仅获得了很高的企业文化力量分值，同时也有很高的企业长期经营业绩的分值。这无疑说明了强有力的企业文化能促进企业业绩的增长。

许多学者也同意这种观点，他们进一步解释说："沃尔玛公司员工的积极性是其企业文化和公司高级管理人士激励的产物，正是这种积极性，使该公司的经营业绩成就卓著。"很显然，沃尔玛公司强有力的企业文化"是强有力型企业文化最为典型的例子之一"。在沃尔玛公司的企业文化体系中，强有力型企业文化的主要特征得到了充分的体现，并被提高到一个更高的层次，那就是"将原则演绎到极致"。在沃尔玛公司的企业文化中，许多原则并非是该公司首创的，但很少有公司将它们运用得如此之好，如此有特色。这一文化体系无疑是我们建立和运用强有力企业文化最好的实践证明。

沃尔玛创始人山姆·沃尔顿1962年在阿肯色州乡村创立第一家连锁店时靠的就是这一条。当年，沃尔顿对其商店的定位就是中下阶层，经营服装、饮食以及各种日常杂用，最重要的是以低于别家商店的价格出售，因而吸引了众多顾客，连锁店越开越多，但"天天低价"的法则始终没有改变。沃尔顿有句名言："不管我们付出的代价多大，如果我们赚了很多，就应当转送给顾客。"

　　如今，沃尔玛旗下在美国拥有连锁店约3 500家，在其他国家拥有1 100家，全球雇员达1 200多万人，是一个实实在在的企业帝国。但不管你走进哪里的沃尔玛，"天天低价"仍然是最为醒目的标志。为了实现低价，沃尔玛想尽了招数，其中重要的一招就是大力节约开支，绕开中间商，直接从工厂进货。统一订购的商品送到配送中心后，配送中心根据每个分店的需求对商品进行就地筛选、重新打包。这种类似网络零售商"零库存"的做法，使沃尔玛每年都可以节省数百万美元的仓储费用。

　　财力资源是沃尔玛早期存在的问题之一。在以40%的速度增长的同时，必须有足够的资金去支持成长，这非常困难。尽管从一开始沃尔玛的获利性就很好，并且直到1970年才上市，但在此之前，沃尔玛一直都不能从社会上筹集资金，所以沃尔玛必须保证所有的扩张努力都是对的。如果开一家新的分店，沃尔玛公司通常对它的要求是能在90天内开始产出现金，以便用来帮助其他的发展计划。

　　在实际经营管理中，"薄利多销"的原则被广泛应用于下列几个方面。

　　（1）产品有生命力，但销售步入低谷时，采用薄利多销的原则，可激发顾客的购买欲，以刺激产供销环节的周转。

　　（2）产品属市场淘汰之列，以多销微利保本为原则，将企业的损失降到最低限度，争取时间，开发出新产品。

　　（3）市场上同类型产品多，竞争激烈时，采用薄利多销、降本让利的策略，可争夺同类产品的顾客，促进本企业产品覆盖率、辐射率、市场占据率的提高。

　　（4）新产品试销阶段，以薄利多销的方式尽快使产品进入市场，扩大影响，提高知名度，建立市场信誉和威信。

（5）原料来源充足、技术性一般、市场吞吐量大的产品，可以采用薄利多销的原则，充分发挥企业设备效益、资金效益、技术效益，形成较稳固的生产、供应、销售三位一体的发展实力。

有效利用稀缺的资源
——二八法则

经济学中有一条著名的二八法则。1897年意大利经济学家帕累托偶然注意到了19世纪英国人的财富和收益模式。

在调查取样中，他发现大部分的财富流向了少数人手里，同时，他还发现一件非常重要的事情，即某一个族群占总人口数的百分比和他们所享有的总收入之间有一种微妙的关系。他在不同时期或不同国度都发现过这种现象。不论是早期的英国，还是其他国家，甚至从早期的资料中，他都发现这种微妙的关系一再出现，而且在数学上呈现出一种稳定的关系。于是，帕累托从大量具体的事实中归纳出一个简单而让人不可思议的结论：

如果社会上20%的人占有社会80%的财富，那么可以推测10%的人占有了65%的财富，而5%的人则占有了社会50%的财富。在这里，存在一项事实：财富在人口的分配中是不平均的。

后来，人们发现，这种二八的分类在其他地方也同样常见：

——20%的产品或20%的客户，涵盖了企业约80%的管理额；

——20%的罪犯占所有犯罪行为的80%；

——20%的汽车狂人，引起80%的交通事故；

——你的电脑80%的故障是由20%的原因造成的；

——20%的已婚者，占离婚人口的80%（那些不断再婚又再离婚的人，扭曲了统计数字）；

　　——你一生使用的80%的文句是由字典里20%的字组成的；

　　——20%的孩子，享受80%的高水平教育；

　　——在家中，20%的地毯面积可能有80%的磨损。80%的时间里，你穿的是你所有衣服的20%。如果你有一辆摩托车，出现的80%的故障，是由20%的原因造成的；

　　——在考试中，20%的知识能为你带来80%的分数；

　　——你20%的朋友，占据了你80%的与朋友见面的时间；

　　——80%的能源浪费在燃烧上，只有其中的20%可以应用到车辆中，而这20%的投入，却回报以100%的产出；

　　——世界上大约80%的资源，由世界上15%的人口所消耗；

　　——世界财富的80%，为25%的人所拥有；

　　——在一个国家的医疗体系中，20%的人口与20%的疾病，会消耗80%的医疗资源。

　　这些现象给我们的启示就是，往往多数的因素只能造成少许的影响；而少数的因素，才是最关键的。

　　二八法则的最广泛的应用是在营销工作中。你只要抓住那些20%的重要客户，你的利润就会有所保证。所以，我们不能对每位客户都做到"一视同仁"，而应该有侧重地和重要的客户多联系，多应酬。

　　在营销活动中，想把所有精力和努力平均分配给每一个客户——"一碗水端平"——是不可取的。明智做法是充分关注发挥主要作用的大客户，将有限的精力投注在他们身上，从而取得事半功倍的效果。

　　你的时间、精力、成本都是有限的，你必须学会分配，将最重要的精力分配给最重要的事情，关注最重要的20%，这样才能取得好的收益。弗兰克·贝特格是美国保险业的巨子，他讲述了自己的故事：

　　很多年前，我刚开始推销保险时，对工作充满了热情。后来，发生了一点事，让我觉得很气馁，开始看不起自己的职业并打算辞职——但在辞职前，我想弄明白到底是什么让我业绩不佳。

我先问自己："问题到底是什么？"我拜访过那么多人，成绩却一般。我和顾客谈得好好的，可是到最后成交时他们却对我说："我再考虑一下吧！"于是我又得再花时间找他，说不定他还改变了主意。这让我觉得很沮丧。

我接着问自己："有什么解决的办法吗？"在回答之前，我拿出过去12个月的工作记录进行详细研究。上面的数字让我很吃惊：我所卖的保险有70%的是在首次见面时成交的。"

另外有23%的是在第二次见面时成交的；只有7%的是在第三、第四、第五次见面时才成交的，而我，竟把一半的工作时间都浪费在这上面了。这个发现让我激动不已，又燃起了创造佳绩的激情，把辞职的事也抛到九霄云外去了。

该怎么做呢？不言自明：我应该立刻停止第三、第四、第五次拜访，把空出的时间用于寻找新顾客。

执行结果令我大吃一惊：在很短的时间内我的业绩上升一倍。

这就是了解并运用二八定律后带来的改变，弗兰克发现自己的精力和时间都浪费在效益并不明显的7%上，所以业绩并不突出，在二八定律的影响下，弗兰克立即改变了工作方法，把大部分时间和精力用来寻找新客户——他们为他带来了80%的工作收益。

二八定律提醒我们：集中精力做好最重要的事情，避免把时间和精力花费在琐事上，要学会抓住主要矛盾。一个人的时间和精力都非常有限，要想真正"做好每一件事情"几乎不可能，要学会合理分配我们的时间和精力。要想面面俱到还不如重点突破。把80%的资源花在能出关键效益的20%的方面，这20%的方面又能带动其余80%的发展。

"二八法则"告诉我们，付出100%，只能收获20%，其余的80%都是无用功，被浪费了。如果我们能够知道产生80%收获的究竟是哪20%的关键付出，我们就能时刻提醒自己把主要的时间和精力放在关键的少数上，而不是用在获利较少的多数上。这就是杰出和平庸的巨大鸿沟。抓住生命中最重要的20%，将它们最大化！

为什么有零有整？
——定价策略

你关注过商品是如何定价的吗？厂家定价首先要考虑的是自己的成本，在成本之上加上一定的利润以确定价格，最后出售给消费者。

不知道你注意过没有，一些商场的商品定价往往都以9结尾，比如199、599等，为什么商品的价格不取一个整数呢？

这首先是心理上的作用，比如199感觉好像便宜了，不到200；消费者以为自己买了一个一百多的东西，听起来好像很划算；如果定在201，那就是二百多了，好像就亏了。

还有一个原因是，商场搞促销，买满多少送多少或者减多少，当价格不是整数的时候，实际上要达到最优的情况是不可能，总是要多买一些，比如买满200送100，那么199的东西就不符合条件，还要再买。比如有些商场是买200元减80元现金，但是偏偏把商品定在199，真是让人哭笑不得，很多顾客为了凑够200的整数，多减一些，就会多买东西，可是最后算下来并不划算。

与此相反的是礼品的定价。很多礼品或者包装很好，适合送人的商品的定价都带个零头，比如801，1055等等，为什么不把零头抹掉，直接定个整数呢？这在营销上有个专门的名词，叫立地定价法，就是在产品定价时把价格定位在某一价格区间的最低位置。例如我们经常见到的10、106、212等以0或特别小的个位数为末位数的价格。这种价格定位的好处是能够满足消费者提升档次但又不愿意承担更高费用的心理。可以简单概括为宁做凤尾不做鸡头的心理。

如果你买这样的商品送人，价位上会让你感觉有零头送礼既实惠又有面子。如果你打算买两盒保健品送普通亲友，即想实惠有不想掉了面子。通常情况下我们会选择这种定价的产品。保健品礼品装一般都是两盒一个礼袋，如果两盒保健品价格是199元，你一定会觉得很窝心，明明加2元钱就送了200多元的礼了，偏偏没少花钱却丢了面子。对于礼品而言，立地法是最好的定价方法。

再说，中国人向来有砍价的习惯，如果能砍些价下来，既买了实用也买了开心。但对于卖家来说，是最不愿意被砍价的。那么这时能有个折中价是最好的，砍零头就是卖家最好的借口，也是不善于砍价的买家最乐于接受的折中方式。一件308元的商品，在买家刚开口正要砍价的当口，卖家就极不情愿但又很爽快地让掉零头，这时候一般买家就不好意思再砍价了。

除了这两种常见的定价策略外，从便宜和贵两方面来看，也有两种定价方式。对于一种商品来说，如果定价太高，肯定买的人就少了，于是商家想出很多方法来解决这个问题。

现在很多一元店、两元店充斥在街头，这种小店用的就是同价销售术。最开始，英国有一家小店，生意萧条很不景气。一天，店主灵机一动，想出一招：只要顾客出1英镑，便可在店内任选一件商品（店内商品都是同一价格的）。这可谓抓住了人们的好奇心理。尽管一些商品的价格略高于市价，但仍招徕了大批顾客，销售额比附近的几家百货公司都高。在国外，比较流行的同价销售术还有分柜同价销售，比如，有的小商店开设1分钱商品专柜、1元钱商品专柜，而一些大商店则开设了10元、50元、100元商品专柜。对于消费者而言，大多都嫌讨价还价太麻烦，还是一口价简单方便，因此这种定价法就风行了。

对于一些很贵的东西而言，没有什么东西能比价格对顾客更敏感的了，因为价格即代表他兜里的金钱，要让顾客感受到你只从他兜里掏了很少的一部分，而非一大把。价格分割是一种心理策略。卖方定价时，采用这种技巧，能造成买方心理上的价格便宜感。比如，商家将商品分割，用较小的单位报价。例如，茶叶每公斤10元报成每50克0.5元，大米每吨1 000元报成每公斤1元，等等。巴黎地铁的广告是："只需付30法郎，就有200万旅客能看到您的广告。"还有一种方法就是用较小单位商品的价格进行比较。例如，

"每天少抽一支烟，每日就可订一份报纸。" "使用这种电冰箱平均每天0.2元电费，只够吃一根冰棍！"报价时用小单位就是这种方法的秘诀。

还有很多商品，商家看准了顾客好面子的特点，便故意定高价使顾客在购买的过程中觉得特别有面子、有身份感。例如，某地有一商店进了少量中高档风衣，进价400元一件。该商店的经营者见这种外套用料、做工都很好，色彩、款式也很新颖，在本地市场上还没有出现过，于是定出1 350元一件的高价，居然很快就销完了。这种定价方法能够让商家在短期内获利，但是很难持续。如果你推出的产品很受欢迎，而市场上只你一家，那么就可以卖出较高的价格。不过这种形势一般不会持续太久。畅销的东西，别人也可群起而仿之，因此，要保持较高售价，就必须不断推出独特的产品。除非你的产品真正物有所值，否则迟早会搬起石头砸了自己的脚，成为被消费者唾弃的商品。

与此相反，有些商家尤其是生产大众化产品的商家，往往采用低价定价法，这种策略则先将产品的价格定得尽可能低一些，使新产品迅速被消费者所接受，优先在市场中取得领先地位。由于利润过低，能有效地排斥竞争对手，使自己长期占领市场这是一种长久的战略，适合于一些资金雄厚的大企业。对于一个生产企业来说，将产品的价格定得很低，先打开销路，把市场占下来，然后再扩大生产，降低生产成本。对于商业企业来说，尽可能压低商品的销售价格，虽然单个商品的销售利润比较少，但销售额增大了，总的商业利润会更多。不过这种商品只适合一些中低档商品，对于高档商品及追求生活品质的客户则不适用。

对于一般商品来说，价格定得过高，不利于打开市场；价格定得太低，则可能会出现亏损。因此，最稳妥可靠的是将商品的价格定得比较适中，消费者有能力购买，推销商也便于推销。如何避免过高定价和过低定价，保证定价的合理呢？这就可以应用安全定价法。安全定价通常是由成本加正常利润所购成的。例如，一件T恤衫的成本是50元，根据服装行业的一般利润水平，期待每件T恤衫能获20元的利润，那么，这件T恤衫的安全价格为70元。安全定价，价格适合，也使得厂商可以长期维持在一个价格水平上销售，免去了市场对价格敏感的麻烦。

　　对于一些日用品而言，折中定价法是一个很好的选择。这种定价法就是产品定价时直接以5、50、4、6等中间数字作为产品的末尾数字来定价。此类消费者对价格敏感度较弱，一般更关注产品本身带给自己的感受，不愿意受到他人意愿的指使。例如，很多饮料的终端零售价很多都定位为1.5元，2.5元，3.5元，还有4.5元和5元。折中定价的商品相对于消费者的经济能力而言，属于小件商品，这种产品定价一般对青少年比较有效。青少年往往追求个性独立但又没有足够的经济能力，他们愿意追赶流行但又不愿意受金钱约束。他们会考虑到自己的经济承受能力，故选择商品时对高位数字很在意，但对价格零头缺乏关注。饮料就是一种典型的青少年消费品。但奶制品的定价往往很少用数字5为后位数，这是因为奶制品的购买人群多为家长尤其是成年女性。这类人对价格十分敏感，会对产品零售价、容量、单位含量均价等进行详细的计算和比较。因此不适用于折中定价的商品。除了饮料外，我们可以发现一些快餐、小吃或者某些餐厅的菜单，也是以5为定价末尾数字。快餐自不必说，5元和6元快餐是最常见的。如果我们留意餐厅的菜单，我们会发现菜价中最后一个数字很少有1、2或8、9的。

　　价格是消费者直接付出的代价，毕竟消费者的经济实力是分三六九等的，如果不仔细研究定价的学问，就会错失市场。该高则高，该低则低，讲究定价的学问，才能让商品受市场的欢迎。

如何在市场里找钱？
——市场细分

　　市场细分的概念是美国市场学家温德尔·史密斯于20世纪50年代中期提出来的。所谓市场细分就是企业按照影响市场上购买者的欲望和需要、购买习惯和行为等诸因素，把整个市场细分为若干对不同的产品产生需求的市场部分或亚市场，其中任何一个市场部分或亚市场都是一个有相似的欲望和需要的购买者群，都可能被选为企业的目标市场。

美国学者伊·杰·麦卡锡提出了一套逻辑性强、粗略直观却很有实用价值的市场细分程序。其程序具体表述如下。

（1）依据需求选定产品市场范围。

（2）列出潜在顾客的基本需求。

（3）分析潜在顾客的不同需求。

（4）移除潜在顾客的共同需求。

（5）为分市场分别取名。

（6）进一步认识各分市场的特点。

（7）测量各分市场的大小。

进入2003年，熟悉乳业、关注乳业的人都看到：中国乳业整体再次骤然升温，新一轮竞争在加剧，同时也意味着中国乳品行业的洗牌拉开了序幕。在这样一个行业大背景下，一直在干粉行业的"中国核桃大王"——四川智强集团，也悄然进入乳业。

作为乳业新军，智强集团拥有一定的资金与网络实力，但与"光明"、"伊利"等行业巨头相比，显然是不占优势的；与各区域的乳品"诸侯"相比，也不占据"鲜"与"廉"的优势。于是，似乎只有一条路可以选择，那就是细分市场进行差异化经营。

智强集团多年积累起来的品牌影响与"中国核桃大王"的专业形象是介入液态奶领域的最大筹码，于是，"立足核桃，做透核桃"也成了它进入乳业争胜的重要前提。因而，智强乳品的初期定位就是"做乳品企业里的专业户"（液态奶企业里专门致力于"活脑核桃奶"的专家）。

智强乳品采取目标集中的策略，把10余年来在核桃营养领域专项开发和核桃深加工方面的优势，嫁接到核桃奶单项产品的研发上来，在细分市场和细分产品中不是把它仅仅当作一个品种来经营，而是把它当作一个品类来经营，这样的做法在液态奶领域至今还没有先例可循。

市场细分有利于企业特别是处于创业阶段的企业发现最好的市场机会，

发展自己的产品，提高市场占有率。因为企业通过市场营销研究和市场细分，可以了解各个不同的购买者群的需要情况和目前满足的程度，从而发现哪些顾客群的需要没有得到满足或没有充分满足。在满足水平较低的市场部分，就可能存在着最好的市场机会。

市场细分是企业发现良机，发展市场营销战略，提高市场占有率的有力手段。还应看到，市场细分对小企业特别重要。因为小企业一般资金少，资源薄弱，在整个市场或较大的亚市场上竞争不过大企业。小企业通过市场营销研究和市场细分，就可以发现某些未满足的需要，找到力所能及的良机，见缝插针，拾遗补阙，使自己在日益激烈的竞争中能够生存和发展。

市场细分还可以使企业使用最少的经营费用取得最大的经营效益。这是由其前面的优点决定的。因为企业通过市场细分，选择目标市场，就可以有的放矢地采取适当的市场营销措施。

（1）企业可以按照目标市场需要的变化，及时地、正确地调整产品结构，使其产品适销对路。

（2）企业可以相应地、正确地调整和安排分销渠道、广告宣传等，使产品能顺利地、迅速地送达目标市场。

（3）企业还可以集中使用人力、物力、财力，使有限的资源集中使用在"刀刃"上，从而以最少的经营费用取得最大的经营效益。

有专家称："市场细分就是在市场里找钱。"此言恰如其分。

为什么"不买对的，只买贵的"？

——极效营销

丰田的雷克萨斯汽车最初进入欧美市场时，定位是高端商务人士和政界客户，定价略低于奔驰汽车，但车内装饰和节油性优于奔驰，对奔驰汽车构成了直接的威胁。奔驰如何应对这个来自日本的"入侵者"呢？业界人士拭目以待。奔驰的对策是"把与雷克萨斯车定位重合的奔驰轿车的售价提高1万美元"，出人意料的是这一打破常规的策略非常成功，奔驰轿车高高在上的"极品"形象得到了加强，反而让售价"低廉"的雷克萨斯车身份尴尬。极效营销大获成功。

在市场营销竞争中，会产生许多特点不同的销售方法，极效营销就是其中一种。极效营销就是避开行业上通行的、传统的营销套路，而选择一种极端的营销方法。特点是将产品"极品"化，使营销产生一种市场"极效"效果，从而获取利润。它具有小额市场占有率、大额市场利润、产品质量一流、产品性能独具特色等特点。极效营销在市场上的运用数量不多，但成功率较高，并且它能够较快地引起人们的关注和兴趣，为市场拓展打下基础。

做极效营销要使产品的市场价格符合"极品"的要求。只有超高标准的"极端"定价策略才能够符合目标顾客的"极位"心理。而且要把定价"极端"化，才有可能产生利润"极效"。低价策略是不允许在这一营销战略上使用的。

世界上有许多名牌产品，使用的都是极效行销战略，而且它们都取得了极大的成功：汽车市场中的"劳斯莱斯"品牌；时装市场中的"登喜路"品牌；果酒市场中的"人头马"品牌；中国白酒市场中的"茅台"品牌等。

在1997年，使用这一战略的成功案例是"锐步"鞋在印度市场上的销售。在印度，一双中档锐步跑鞋的价格是2 500卢比（58美元）。这相当于买一头牛的价格。锐步公司的地区主管潘特先生曾说："我们起初也为定价感到不安，但结果是这一价格给我们带来了意想不到的好处。"这一年他们在印度共卖出了30万双锐步鞋。在1998年，锐步公司又在那里推出了3 000双"三维电石鞋"，每双鞋售价高达5 000卢比，这等同于一台高级电冰箱的价钱，结果，4天之内这一款式的鞋就被人们抢购一空。

通过以上的例子可以看到，极效行销确实突破了传统行销的框框，让人跌破眼镜。

"蓝瓶的钙"为何大获成功？

——色彩营销

当你在家打开电视看见一条广告说"选蓝瓶的钙！"时，你想到了什么？

也许你不知不觉就产生了"蓝瓶的钙就是钙的代言"的想法。如果是这样，那么这条色彩营销的经典广告就大获成功了！

用色彩来创造与同类竞争产品的差别，以强化产品在消费者心目中的形象，这就是色彩营销。换言之，所谓色彩营销就是指企业根据市场特点，充分利用色彩表现手法体现其产品的外部特征来进行营销组合，以满足顾客特定需求的一种营销活动。

心理学研究表明，人的视觉器官在观察物体时，最初的几秒内色彩感觉占80%，而形体感觉只占20%，两分钟后色彩占60%，形体占40%，5分钟后各占一半，并持续这种状态。可见产品的色彩给人的印象鲜明、快速、客观、深刻。因此，对于冲动型、激情型的顾客群体，鲜艳明了的产品会一下子满足他们的购买欲望，瞬间效应特别明显。

苹果电脑的彩色机壳、麦当劳快餐的红黄色标志、柯达胶卷的金黄色标志、可口可乐的鲜红色彩等，这些都与企业品牌特征紧密相连，色彩也就成为了商品附加值的一部分。用亮丽的色彩装点商品、包装商品以及进行品牌宣传，以加深消费者对商品的认知记忆程度，激发购买欲望，便是色彩营销的无限魅力。

色彩营销的载体是很广的，通过色彩来提升商品的商业价值的载体和途径较多。颜色可以在产品方面调配，也可以（或同时）在商品的包装、广告、商业环境、企业形象、宗教民族等诸多方面加以考虑。这是因为市场上同质同类的产品很多，消费者对产品的颜色的喜好又因人而异，只有把握好产品（从广义上讲）颜色特征的表现形式，才能让顾客心爽、眼爽，在心情最佳的状态下抢购商品。

色彩营销一般伴随着娱乐化营销。好娱趋乐是人的本性，色彩与娱乐气氛是一对孪生兄弟，现代科技的进步使色彩和娱乐正在进行着前所未有的亲密接触，两者结合起来，将能有效拉近产品与消费者之间的距离，加大产品的营销造势。

鲜明、生动、形象、时尚的色彩营销，最终都要落到人性化上面。人性化是色彩营销的根本所在。不同品牌的商品，面对不同的购销对象——人，色彩这个特殊的营销工具将扮演着沟通的重要角色，扮演着展示产品魅力和提升品牌价值的角色，色彩效应只有充分符合时代特征，满足消费者时尚的人性化需求，色彩才能在日趋激烈的竞争中发挥它独特的功效。

苹果公司曾于1999年推出了一款具有彩色外壳的电脑，配合上独特色彩的鼠标及半透明的材质，使得该款电脑一经上市就大获成功。而国内IT企业在色彩方面的发展和投入并不落后于世界其他国家。比如联想，几乎与苹果同期推出过"天禧"系列台式彩色电脑。这也是世界上第一个用在消费领域的彩色电脑系列。联想在市场实践中，成功地运用了色彩对消费者的影响，也为自己带来了更多的商机，创造出IT产品新的卖点。如今联想公司更是成立了色彩研究所，专门通过研究色彩，把握消费者，占领市场。

在竞争日趋白热化的中国汽车市场中，吉利豪情色彩轿车率先提出"色彩营销"理念，毫无遮掩地将火红、翠绿与湛蓝展现出来，在汽车营销理念上占据了市场制高点。

另外，手机外壳，从欧洲经典的商务绅士色彩——灰、银、蓝等金属冷色调，到白、红、绿等韩日风潮，从诺基亚"换壳"机的风靡，到摩托罗拉跳舞手机E398的动感DISCO闪灯，色彩不断袭击人们的眼球，挑战人们的想象力；从单色机到三色机，从256色到今天的26万色，手机屏幕的显示效果直逼电脑显示器；从短信到彩信，从七色背景灯到分组来电闪，甚至连个性化的铃声也被命名为"彩铃"……人们的视野被色彩带入了一个全新的世界，人们的喜怒哀乐从此拥有了更丰富的手段和更个性的表达方式。在使用功能之外，手机也被赋予了个性、时尚、装饰等多种附加功能。

以前，色彩研究更多的是运用在纺织、服装等传统行业，但现在，越来越多的企业开始意识到色彩在增加产品附加值方面所发挥的巨大作用。

2005年中国夏日的天空，被世界两大饮料巨头给渲染成红、蓝两种色彩。一边是蓝色风暴瞬间引爆，一边是"要爽由自己"的红色宣言；一边是F4、古天乐、谢霆锋的蓝色拯救英雄行动，一边是S.H.E的为正义的红色之战。这个夏天，注定要在两乐的红蓝大战中度过。

只要稍微留心一下我们的周围，就会发现很多商店的门头或路牌广告，不是百事可乐的蓝色风暴，就是可口可乐的红色宣言。而且，几乎所有的冷饮店冰柜上也是被两乐的广告所占据。在我们的周围时时充斥着红蓝两种色彩，好像我们喝可乐只有红蓝两种选择一样。"可乐我要蓝色的。"这是百事路牌广告上的广告语。这种色彩识别定位被百事可乐与可口可乐公司演绎得颇为好看。在可口可乐的广告中，红色元素的应用象征着可口可乐"要爽由自己"的价值诉求。百事明星们更是第一次以彩蓝色的造型染发出现在广告中，并且彻底从头蓝到脚，在百事的预告片中，蓝的运用发挥到了极致。崭新版本的百事广告特别邀请古天乐和F4担任主演，出镜明星以百事的主打蓝色从头武装到脚，连头发也采用蓝色，完美符合了"百事蓝色风暴"的全新广告语。

台湾超人气组合S.H.E加盟则是可口可乐"冰爆风城"篇广告的一个亮点。她们首次以CG人物的形象共同演绎了以魔兽世界为主题的电视广告，在这个广告片中，魔兽Boss身着蓝装与S.H.E的红装对决，在S.H.E打败兽人之后，她们拿出可口可乐来喝，因为她们是胜利者，广告画面红色的渲染给人以强大的视觉冲击力。

从"两乐"的红蓝广告大战中，我们看到了色彩在营销中应用。色彩营销将传统的灌输手法表现成无形却又非常有效的沟通，很自然地引起消费者的购买行为。研究表明，红色使人心理活跃，绿色可以缓解紧张，灰色使人消沉，淡蓝色使人凉爽……色彩的这些特点可以用来调节情绪，改善沟通环境，从而使其在营销中有着广阔的应用前景。百事可乐的淡蓝色给人以凉爽之感，这在炎热的夏日，很容易引起人们的购买欲，你会情不自禁地来一瓶"突破渴望"。同样，可口可乐的红色使人活跃，充满青春活力，是否来一瓶爽一下，正如广告语中的"要爽由自己"。

色彩营销策略的实施步骤简要介绍如下。

1. 对商品形象进行设定

明确公司自身商品的消费对象和公司产品的战略地位，同时兼顾时代潮流、其他相关商品的用途、客户的嗜好等信息，为自己的商品设定恰当的形象。

2. 概括色彩形象概念

概括上面所提的一些基本形象概念，与此同时，仔细考虑色彩的组合、包装的色彩、商品本身的造型、材料和图案等，选定恰当而具体的颜色。

3. 展开销售计划

销售计划的实施必须要给顾客留下深刻的印象，销售计划的成功运作需要借助于商品本身、包装、宣传资料、说明书、商品陈列等色彩形象策略。

4. 建立信息管理系统

建立信息管理系统，就是要收集资料，掌握"什么东西最好卖"和"为什么好卖"两个基本点，检验色彩营销策略成功与否，同时建立商务信息资料系统，利用色彩营销积累的经验、资料，更有效地为色彩营销策略提供有效的支持。

你买的食用油是"1：1：1"吗?
——概念营销

火锅是很多人都喜欢的美食，火锅店也开遍了大街小巷。可是"小肥羊火锅"却能异军突起，在这个传统行业中做成了巨无霸。这家公司是怎样做到的呢？原因很简单，当小肥羊把"不蘸小料的火锅"这个概念推出来之后，人们先是抱着试试看的好奇心理前去消费，尝过之后发现味道与众不同，这时"小肥羊"再及时推出"不蘸料更健康"的绿色环保概念，让人觉得这样的火锅代表了新的潮流，成为了它忠实的消费者。这就是概念营销的魅力。

概念营销作为一种创新的营销方式，即用有特色的概念产品与概念服务赢得市场。从本质上说，概念营销是一种整合营销策略，在顾客心目中树立起本产品区别于同类产品的突出利益点，促使顾客接纳此概念，进而产生购买的动机。

当一种产品面临竞争者的挑战时，企业可以用新概念营销来巩固并开辟市场。2003年，海尔空调有不俗表现，最主要的因素来自于产品的概念创新——氧吧空调。

养生堂在推出"农夫果园"饮料时，同样借助概念营销的策划手法，其拍摄的广告片非常简洁、清晰，"含有三种水果，喝前摇一摇"的广告词，配合父子夸张的动作，很快就让消费者记住了其产品概念，快速形成高知名度，"农夫果园"的销量也开始快速上升。

2002年，"金龙鱼"又一次跳跃龙门，获得了新的突破，关键在于其新的营销传播概念"1∶1∶1"。看似简单的"1∶1∶1"概念，配合"1∶1∶1最佳营养配方"的理性诉求，既形象地传达出金龙鱼由三种油调和而成的特点，又让消费者"误以为"只有"1∶1∶1"的金龙鱼才是最好的食用油。

在国内去屑洗发水市场已相当成熟，似乎无缝可钻时，西安杨森的"采乐"去屑特效药却通过成功的产品创意和别出心裁的营销渠道——"各大药店有售"，挖掘出一个新卖点，找到了一个极好的市场空白地带。这就使得"采乐"从产品创意到营销创意都近乎达到了完美。

概念营销是市场经济发展的必然结果，然而它并不是万能的。

概念营销是产品、科技发展及不完全信息博弈情况下的必然产物，也是实践证明卓有成效的营销方式之一。但是，概念营销其实没有那么玄妙，只是一个"产品的独特销售主张＋整合营销传播策略"的实施，尽管概念在某一个时期会发生市场催化的作用，但是有可能很快就被另一个产品的概念所取代，而且，随着产品同质化严重，媒介的裂变，传播的概念越来越多，消费者就会被概念吵得头昏脑涨，而变得无所适从。当然，概念有助于创造消费者认知，但是如果只是一个空心的概念，是一定会被消费者所唾弃的，最终走向衰亡。我们可以看到无数产品，都曾经在市场上不断地推出新概念，但在激烈的市场竞争中，未能存活下来。

市场中的领先企业在自己的市场类型中都拥有自己的概念词汇。比如IBM拥有Computer这个概念词汇。通常人们会说，我要买一个IBM机器。他不需要说，我要买一个IBM计算机，一般人们就认为，他需要的就是一台IBM计算机，而不是其他商品。这就是概念的力量。

我们还可以通过一个测验来证实焦点对市场的重要性。当我们说起Computer、Copier、ChocolateBar、Cola时，我们通常就把它们与IBM、Xerox、Hershey's、Coke联系在一起。

最有效的词汇往往既简单又与商业利益相关。无论公司的产品多么复杂，无论市场的需求多么复杂，将自己的业务或市场集中于一个词汇往往要比定位在两个或更多词汇上有效得多。

当然，焦点往往会带来连锁效应。比如，Safer往往意味着更好的设计和工艺，Thicker往往意味着更好的质量和浓缩程度等。许多著名的、成功的公司往往能够将代表自己的焦点的词汇植根于人们的头脑中，比如，Crest代表着"龋齿"、Mercedes代表着"工艺"、BMW意味着"驾驶"、Volvo意味着"安全"，等等。

BMW的"驾驶"、Volvo的"安全"，这些都是从整个公司战略上考虑的。对于一个品牌，概念营销有没有用？答案是：作用可能更直接，也更明显。"脑白金"风靡了几年，现在仍然没有衰减的势头，"脑白金"这个关键的词汇起到了巨大的作用——这也仅仅是品牌的命名；如今，概念营销已经被运用得淋漓尽致，保健品市场上从当年的"补钙"、"补血"到后来的"排毒"、"洗肠"——这些都是概念的进一步深化，在功能上、消费主张上得到了进一步深入。

　　所以，无论是对一个企业的市场企业形象、一个产品的命名，还是对一个产品功能消费的主张，概念营销都无处不在。因此，它是我们营销策划工作必须要深入思考的问题。

第11章

[大数据时代下的新经济]

不可缺少的第三方
——论坛经济

论坛经济并非一个全新的理念，而是近几年来席卷全球的一种客观经济现象。作为一个名词的创立和对之进行的释义则始见于重庆钓鱼嘴片区城市设计国际征集方案。名词的提出和归纳出自国家注册规划师刘永进和城市规划博士段飞。

通过论坛，借助各种媒体尤其是互联网等传播手段，实现企业之间、行业之间、地区之间乃至全国、全球经济信息的生产、处理、传播和交易，达到经济利润高速增长的目标责任制，这样的文化经济模式被称为"论坛经济"。

中国企业家世纪论坛启动于1999年4月22日，由北京世纪和棋经济信息咨询公司投资主办。包括花旗银行执行董事罗伯特·劳伦斯·库恩、希望集团董事长刘永行、搜狐集团董事局主席张朝阳、中国华录集团董事长王松山、美国前国家移民局局长麦乃瑞等在内的200多位海内外企业精英莅临论坛主讲，传授他们的经营理念。

为实现"论坛经济"的目标，论坛创始人何才庆先生提出了令人耳目一新的"中介三角"理论，即中介是经济活动过程中不可缺少的第三方，是连接甲乙双方的桥梁纽带。甲方、乙方、中介必须形成三角关系，才能够真正实现经济合作的目的。中介和甲方、乙方三方构成的三角形面积的大小，决定经济合作的总量，决定中介方的利益。

具有前瞻性的"论坛经济"理论及"中介三角"理论一经提出，就在业界产生了积极的影响并得到了广泛的认同，同时还取得了成功的案例和宝贵的社会实践经验。

一个成功的经济论坛，对一个国家、一个地区、一个行业具有内在驱动力，促进繁荣和发展。论坛经济是否活跃体现了一个国家、一个行业的发展状况。

　　论坛必须以"论坛经济"为依托，如果没有坚实的经济后盾作为支持，论坛是无法如期成功举办的。因此组委会为论坛制定了一个完备的赢利体系，包括指定用品赞助、广告宣传赞助和参会费。指定用品是指为论坛活动提供相关的必需品，如服装、通讯工具、交通工具及相关消费品，组委会将给予特定范围内的回报；广告宣传赞助是指赞助企业在论坛框架内的会刊、会议现场和宣传资料上作形象宣传时提供的赞助；参会费是指象征性地收取参会人员的部分费用，用于安排住宿、膳食等开销。

挖掘隐藏的黄金
——绿色经济

　　天津市政协常委马友来在2009年6月8日召开的全球绿色经济峰会上发言时表示：绿色经济时代已经到来了。他认为整个工业革命的过程实际上是一次颜色革命的过程。第一次工业革命有一个根本的特点就是黑，石油、内燃机的出现是第一次革命的导火索，黑、重、大，是第一次工业革命的代表。第二次工业革命就是白了，轻、细包括石油的衍生品，加汽油等，另外纳米技术又小了，所以黑、重、大和白、轻、小是对立的。

　　现在又发展到了绿色时代。提出了绿色环保，绿色经济可以盈利，又提出了金色，金色就是可以获利了，每个人都想获得金色，有两种概念，一个是赚钱，另外一个就是人和自然的和谐，这就是金色的概念。

　　当今，绿色的概念正在被广泛地应用。随着绿色浪潮席卷全球，从创建绿色生态农业到提倡"清洁生产"的工业，从绿色交运事业到绿色建构工程，从绿色消费以至绿色旅游、绿色营销、绿色策划等，都竞相以"绿色化"为荣耀。经济绿色化已形成一种潮流。绿色经济是指能够遵循"开发需求、降低成本、加大动力、协调一致、宏观有控"等五项准则，并且得以可持续发展的经济。"绿色经济"既是指具体的一个微观单位经济，又是指一个国家的国民经济，甚至是全球范围的经济。

绿色经济是以经济与环境的和谐为目的而发展起来的新的经济形式，是传统产业经济为适应人类环保与健康需要而产生并表现出来的一种发展状态。绿色经济将环保技术、清洁生产工艺等众多有益于环境的技术转化为生产力，并通过有益于环境或与环境无对抗的经济行为，实现经济的可持续增长。

为了引领全球绿色经济发展的趋势，2009年6月8日在天津举办全球绿色经济峰会。该活动对推进可持续发展战略，加强全球绿色经济合作和对话，推动经济、社会、自然和谐发展具有重要意义。

芝加哥气候交易所全球副总裁黄杰夫在天津举行的首届全球绿色经济峰会上表示如果通过交易的平台，使用清洁能源、清洁技术，其创造的节能量以及二氧化硫与水COD的减少，能够把一种隐藏的价值——"隐藏的黄金"通过交易来实现，这本身也是市场机制发挥了作用。

通用汽车（中国）投资有限公司副总裁也表示，在2011年的时候电动汽车将是其发展的一个重点，而且目前已经推出了在中国的第一台电动汽车的车型。

中国提出推进科学发展观，构建社会主义和谐社会，并把"生态文明"作为和谐社会建设中的新要求。政府针对实现可持续发展做出了积极而务实的努力。而发展绿色经济，不仅是经济增长的要求，也是参与下一轮全球竞争和实现可持续发展的重要机遇。

可持续发展是绿色化的代名词，因其最基本的含义是指"既能满足当代人的需要，又不对后代人满足其需要的能力构成危害。"其核心思想是，健康的经济发展应建立在生态可持续发展、社会公正和人民积极参与决策的基础之上；对资源环境有利的经济活动应给予鼓励，反之则予以摒弃；不以

GNP或GDP作为衡量发展的唯一指标，而以社会、经济、文化、环境等多项指标来综合评价。这样，将人类的眼前利益与长远利益、局部利益与全局利益协调统一好，就有可能使人口、资源、环境和发展实现良性运行，改进人类的生活质量，同时不会超过支持发展的生态系统的负荷能力。这种"绿色经济"模式，否定了西方国家产业那种"高生产、高消费、高污染"的传统发展模式。

日本在20世纪60年代经济腾飞的同时，努力治理环境污染，大力提倡和强调恢复与重建森林植被，并在20世纪80年代后，着重发展无污染、无公害的信息产业和游戏产业，取得了巨大的绿色经济成就。从20世纪80年代直至21世纪的今天，日本的森林覆盖率一直保持在67%以上，是世界上森林覆盖率最高的国家之一，同时，日本的经济实力排名世界第二，其人口的平均寿命名列世界第一，这不能不说是一个奇迹。

从全球来看，美国奥巴马政府上台之后，提出的绿色经济复兴计划，宣告了美国能源战略转型的开始，由高耗能的传统能源战略向环保、节能的新型绿色经济转变。在未来的几个月内，华盛顿将陆续出台高效能、可更新能源，以及控制废气排放等多个计划，并以此为契机启动下一轮的经济增长。因此，目前全球的经济、社会发展模式正面临着一个巨大的改变机遇。开发新的绿色技术，进行绿色生产过程，建立绿色商业和社会发展模式决定了经济发展的未来。

世界经济发展的风向标
——知识经济

世界银行副行长瑞斯查德认为，知识是比原料、资本、劳动力更重要的经济因素。

美国管理学权威彼德·德鲁克也说："在现代化经济中，知识正成为真正的资本与首要的财富。"

知识经济亦称智能经济，是指建立在知识和信息的生产、分配和使用基础上的经济。它是和农业经济、工业经济相对应的一个概念。

经济学家认为，知识经济是指以知识为基础的经济，它恰当地概括了20世纪90年代末世界经济的最新特点和发展趋势，即知识特别是经济理论与科学技术在经济发展中的巨大作用，尤其是第三次科技革命、信息技术迅速发展以来，知识和科技已成为经济发展的核心要素。

在传统经济理论中，生产要素是指劳动力、资本、资源（含土地）。科学技术被看做是劳动力素质的内容。20世纪60年代，美国学者马克鲁普等人就曾提出了"知识经济"的概念。1983年，美国加州大学教授保罗·罗默提出"新经济增长理论"，认为知识是一种重要的生产因素，它可以提高投资的效益。因此，"新经济增长理论"被看作是知识经济在理论上初步形成的标志。

到90年代，综合学术界对知识经济的概念的阐述，可概括为以智能为核心的人力资源的占有、配置，以科技为主的知识的生产、分配、创新和使用为重要要素的经济。这也就是"科学技术是第一生产力"的经济。这里所说的知识包括人类社会迄今为止所创造的所有知识，特别是自然科学和经济学知识。

知识经济的特点表现在：

知识经济是促进人与自然协调、持续发展的经济，其指导思想是科学、合理、综合、高效地利用现有资源，同时开发尚未利用的资源来取代已经耗尽的稀缺自然资源。

知识经济是以无形资产投入为主的经济，知识、智力、无形资产的投入起决定作用；知识经济是世界经济一体化条件下的经济，世界大市场是知识经济持续增长的主要因素之一。

知识经济是以知识决策为导向的经济，科学决策的宏观调控作用在知识经济中有日渐增强的趋势。

20世纪90年代以来，经济增长显示出，知识的投资能够直接推进经济迅速发展，知识可以迅速扩大和提高传统生产要素的生产能力和生产效率，知识促使经济管理更加科学、更加现代化，知识也是调整生产要素、创造革新产品和改进生产程序能力的依据。

　　知识经济作为一种经济产业形式的确定则是20世纪90年代中期以来出现的，其主要标志是以美国微软公司总裁比尔·盖茨为代表的软件知识产业的兴起。比尔·盖茨从1996—1999年连续位居世界富豪榜的榜首。其资产平均每周增加4亿美元。1999年7月，比尔·盖茨的微软公司市值首次逾5 000亿美元。如果把微软公司当做一个国家的GDP来衡量，1999年，它在全世界排名第11位，仅次于美国78 000亿美元、日本42 000亿美元、德国21 000亿美元、法国14 000亿美元、英国13 000亿美元、意大利11 500亿美元、中国9 000亿美元、巴西、加拿大和西班牙等10国。微软公司创办者盖茨持有19.84％的股权，市值1 122.93亿美元，和芬兰的GDP（近1 200亿美元）差不多，比新加坡的GDP（963亿美元）还要大。微软公司的主要产品是软件及软件中包含的知识，正是这些知识的广泛应用，扩展了计算机应用范围。有些经济学家认为，克林顿总统第二任期间美国经济增长的主要源泉是美国的5 000家软件公司。这说明在现代社会生活中，知识已成为生产要素中一个最重要的组成部分，它标志着21世纪的主导型经济形态是知识经济。

　　经济学家们认为，相比其他资源，人才资源的开发弹性是最大的。据美国一家软件协会调查，各种同类设备之间性能差距最多不超过30％，而一个好的软件工程师和一个差的软件工程师的生产力可相差100倍。

　　知识经济特别重视建立知识网络。对于一个实体而言，从企业事业单位到一个国家，经济要取得成功，在知识经济时代比以往任何时候更取决于获取和使用新知识的效率，因此，建立知识网络异常重要。传统的创新发展模式往往是单向直线型的，即从研究成果走向开发，再转进规模生产，产品进入销售市场。而知识经济中创新发展模式是辩证的相互作用型的，即创新过程中诸多环节，如研究成果、设计开发、试验生产、市场销售等之间的关系是纵横交错、相互作用的辩证关系。或者说，工业经济时代的经营管理方式已经不太能适宜知识经济时代的经营管理需要。因此，在知识经济到来的时代，甚至发达国家也必须改革与调整国家经济管理政策，尤其是科学技术研究、开发政策，否则就难以适应知识经济时代的诸多要求。20世纪90年代以来，发达国家实施"大科学国际化"政策。随之"科学无国界"的兴起，大科学的研究工作呈现出国际化的强烈趋势。

由于许多大科学研究项目耗资巨大，如美国超导超级对撞机原计划投资80亿美元，时间仅过去了一年多，便追加到110亿美元，引起美国国会议员的不满，终于被撤销下马。如此巨额投资，对世界上任何国家的财政而言，其负担都是沉重的。因此，经济学家认为，如此巨大投入的科研项目，只有等待资金、人力、物力等多方面的国际合作。美国费米国家实验室于1995年3月2日宣布发现顶夸克，便是世界各国科学家合作取得的成果。该实验室有来自世界各地的440名科学家。他们来自巴西、加拿大、哥伦比亚、法国、印度、意大利、日本和中国等国家。小而言之，发达国家在科学研究开发中经常出现企业投入以及项目比例超过国家投入的现象，这反映出国家在科研开发的财政支出因紧缩而下降，私人企业则为保持长期发展而更多投入创新产品科学技术开发的趋向。如20世纪90年代后半期的法国，在高科技开发领域采取的措施，主要有打破国家研究所、大学研究机构和企业研究所之间的壁垒，集中人才与企业联合共同进行某一课题的研究；鼓励科研人员将专利作为投资带到企业生产中去，放宽科研人员在开发专利中所得报酬的限制；尽力促进科研成果转化为生产力，通过提供资助与调低优惠税收等政策来鼓励企业开发创新产品的积极性。其主要目标是，在知识经济时代增强国家产品的国际竞争力，从而促进经济稳定持续增长，提高就业率。

传统的促进经济发展和增长的因素是资本、资源、劳动力的合乎科学规律的运用。而在知识经济时代，经济增长是以知识为基础的，尤其是不间断的新知识的创造以及新知识新技术在经济、生产中的传播、转化、直接推动经济、生产发展。因此，知识经济的目标就是不断研究和开拓新的科学技术，并迅速应用于生产和生活。经济学家认为，20世纪末，世界经济正从工业经济悄然而坚定地向知识经济转变，经济的重心已经转移到获得新技术知识上，创造和应用新技术的重要性已经超过了工业经济时期的传统经验与传统技术。

基因也可以赚钱吗？
　　　　　　——基因经济

　　2007年10月11日，我国科学家对外宣布已经成功绘制完成第一个完整中国人基因组图谱（亦称"炎黄一号"），这也是第一个亚洲人全基因序列图谱。基因经济是以基因产品满足人们精神和物质需求并能形成资本运作、资本市场、扩大再生产并推动整个社会经济迅速增长和发展的一种新经济。

　　几年内，尽管沪深股市异动，但一批与"基因"或多或少沾边的股票都有不俗的涨幅。基因经济正渐入佳境，成为世纪新宠，前景看好。

　　所谓基因经济或生物技术经济是指由于基因研究和开发可以生产出大量为人们所需要的产品，并形成开发、营销、消费、扩大再生产等一条龙的经济体制，因而可以满足人们日益增长的物质与精神需求，为人们的生活和国民经济的发展开辟巨大的空间。

　　随着人类基因组工作框架图的面世，人类的生活发生巨大变化。基因药物慢慢走入人们的生活，利用基因治疗更多的疾病即将梦想成真。癌症、艾滋病等不治之症的病因将被揭开，到时候对照人们被损坏的基因"对因下药"，就像治疗伤风感冒一样容易，药到病除，妙手回春。人们的起居饮食习惯、生活规律有可能根据基因图谱重新调整，人类的健康状况将会得到很大的改观。

　　为了应对基因经济的到来，我国科学家和企业家联手行动，未雨绸缪。上海一家科技集团申请了1 900多项基于人类基因的药物专利，成为世界上少数几个基因专利逾千项的企业之一。

基因产业是一个未来的朝阳产业，是一种朝阳经济。基因经济也无疑是今天人们耳熟能详的知识经济的重要组成部分，离开了基因经济是不能称之为知识经济或新经济的。但是在今天，人们似乎只看到了IT技术，而忽略了基因技术和基因经济。这种忽略自然有多方面的原因，但是基因经济正以不可阻挡的步伐向我们走来。

基因经济的价值体现在其产品开发和使用上，即发现和利用功能基因。

其一是人类基因。

例如，一个肥胖基因的发现和转让如今价值1.4亿美元。而利用这一基因生产的供成千上万越来越肥胖的人消费的减肥产品所获利润将是这一基因转让费的10倍至100倍。一个生长激素基因仅获得的专利索赔价就达2亿美元。以此推论，人类基因组的8万个功能基因（过去推测是10万个）将是未来天文数字般的财富，也是基因经济的重要基础之一。

其二是农作物和植物的基因产品和经济。

例如，美国的转基因食品如玉米、西红柿、土豆和激素牛肉等去年仅国内的销售利润就达100多亿美元。美国一家转基因种子公司的种子和药品市场价值为500亿至600亿美元；生产"终结者"基因种子的英国阿斯特拉·捷利康公司的股票当即被美国生物工程企业以20亿美元收购，并且这一基因种子已申请到了专利。据估计在今后5年内仅美国的基因工程农产品和食品市场规模将达到200亿美元，10年后将达750亿美元。我国杂交水稻之父袁隆平的杂交水稻同样属于高生物技术产品，如今被估价1 000亿人民币。

其三是各种转基因动物创造的基因产品和经济。

荷兰金发马公司的转基因乳牛可以产出含有乳铁蛋白的牛奶及奶粉，这种产品每年的销售额就达50亿美元。芬兰一家公司用转基因牛产出的牛奶中含有红细胞生成素（EPO），每一头这种牛所产的所有EPO就值42亿美元。我国上海曾溢滔教授等创造的转基因羊可在其乳汁中分泌出凝血因子IX以治疗血友病，据估算每头羊的价值约为30万美元。英国罗斯林研究所创造的能分泌$\alpha 1$−抗胰蛋白酶的转基因羊每头也价值30万美元，因为它们能分泌出这种特殊的酶以治疗肺气肿。最近，我国第三军医大学研制出的用于烧伤治疗的转基因猪皮，一张就值2万元人民币。如果全国每年的70万烧伤病人的一半需要做皮肤移植手术，那么转基因猪皮每年将创下10～18亿元人民币的收入。至于其他被称为动物药厂的各种转基因动物（如转基因猪供器官移植、转基因鸡下的蛋里含抗癌药、转基因食物中包含的抗病疫苗等），其经济价值就难以估算了。

如果这些研究机构和公司上市发行股票，其上市价值丝毫不逊色于信息经济的规模，而且无论在人们的观念中还是从实际的效益来看，基因产品和经济都没有网络经济那种虚拟的泡沫成分，而是实打实的产物和经济。

基因经济可以说是广袤无边的，甚至比IT技术更重要、更具广阔的发展空间。因为无论是农作物还是植物，无论是动物还是人类，都具有DNA和形形色色的各种功能基因，正是它们产生和创造了世上的万事万物，无论是吃的还是用的，无论是娱乐的还是精神的，是能产生万事万物的玄而又玄的"众妙之门"。所以诺贝尔奖得主杨振宁曾在南京指出，假如说20世纪是物理学世纪的话，那么21世纪将是生物学世纪。生物学对人类价值观念的影响恐怕比物理学对人的影响更深远。显而易见，生物学才是新世纪真正的主角。

美丽的神奇功效
——美女经济

随着商品经济的快速发展，先是社会上出现了"美貌也是生产力"的流行观点，接着"选美经济"开始显山露水，如今"美女经济"又崭露头角，成了一种与假日经济、基因经济等并驾齐驱的新的社会经济形态。

所谓的美女经济，就是围绕美女资源所进行的财富创造和分配的经济活动。美女经济以开发女性的美丽资源为中心，是人们物质、精神生活水平提高的必然趋势，与社会发展同步前进。美女加速了财富的积累和消耗，促进了货币的快速流通分配，降低了资金闲置率。以投资回收效率论与利益最大化的眼光来审视，她们对社会的贡献真是不小，不但悦人耳目，还可以活跃经济，同时也使得美女经济不断地延伸发展。

如今社会对美女经济的开发利用可谓炉火纯青，综合来看，主要有以下几方面。

首先，建立"造美流水线"或工厂，如明星经纪公司、明星猎头公司等。正如一著名猎头所说的那样，美女明星不是天生的，而是打造出来的。美女经过造美工厂包装、宣传、推广等流水线的深加工，令公众崇拜，制造美女效应，这是造美工厂惯用的手段。有时就连美女自己也会感叹：我怎么会变得如此美丽——被自己的美貌惊呆了。接着，美女出厂便可与众多商家同谋各自利益——商家利用美女的公众效应来撬动消费者的钱包；美女为自己和造美工厂牟利。美女经济较之古人的进步在于：不仅用美女促使男人消费，也能用美女撬动女人的钱包——进一步开拓了市场，扩大了收益。在生产过剩的现代社会中，美女经济是一支兴奋剂：刺激神经、调动需求，拉动消费。

其次，利用美女效应举办"美女会展"，制造热点，拉动短期但快速集中的消费。比如，盛行于世界的选美大赛、世界小姐、世界名模大赛，举办者多是醉翁之意不在酒，"美女搭台，经贸唱戏"才是他们的本意。一个大赛，投资至少千万，在吸引众多眼球的同时，主办城市也会乘机大捞一把。在注意力经济盛行的今天，"美女会展"凸显优势，似有发展成为未来支柱产业的倾向。

在现代社会里，美女是一个幸运的群体，她既是众多女人的标榜，又是男人们孜孜追求的目标，是坐享富有与荣誉的象征，有一广告语说得好：女人的美丽能赚钱，或许就指的是这个。美女经济与传统经济的最大的不同点是，把传统经济中的非生产力因素转化为生产力因素，并且是转为主要的"生产力因素"，对美女的美丽资源进行个性化利用和发挥，从而赢得相应的独特的经济效应。

巨大的经济蛋糕

——奥运经济

数据说明，奥运经济对北京经济增长贡献明显。国家统计局北京调查总队、北京市统计局国民经济核算处提供的报告显示，在2005—2008年的"奥运投入期"内，北京市GDP的年均增长速度达到11.8%，较"十五"期间提高了0.8个百分点，其中2007年受奥运影响GDP的拉动幅度增长最大，达到1.14%，2008年则为0.85%。2004—2008年间，奥运因素共拉动北京GDP增加1 055亿元。

奥运经济是注意力经济，是品牌经济，是借势经济。与奥运有直接或间接联系的、在一定时间内、在不同的区域所发生的一切社会和经济活动，都是奥运经济。奥运经济，是中国发展的又一块跳板。因为，奥运经济给中国发展带来并创造了新活力。

提起"奥运经济"，人们不由得会想起美国商业奇才尤伯罗斯，他首创了奥运会商业运作的"私营模式"，1984年的洛杉矶奥运会改变了以往奥运会"赔本赚吆喝"的历史，而且在没有任何政府资助的情况下，创造了2.25亿美元的盈利，把奥运会变成了人见人爱的摇钱树。

20世纪70年代尤伯罗斯参与竞争洛杉矶奥运会组委会主席的职位，并一举成功。但是他上任之初，没有人愿意租办公室给奥组委，因为担心他们付不起房租，他不得不自掏腰包，拿出100美元为奥组委开了个账户。当时奥组委可谓困难重重，因为洛杉矶市政府禁止动用公共基金，加利福尼亚州又不准发行彩票，而两者都是奥运会筹款的传统模式。精于算计的尤伯罗斯于是用上了他所熟悉的种种商业手段：出售奥运会电视转播权，获得36亿美元的资金；与可口可乐等公司大打心理战，赢得超出预计的860万美元赞助费；

甩掉只肯出价200万美元的柯达公司，接受日本富士公司700万美元的赞助合同等一系列措施。尤伯罗斯对奥运会的商业贡献还在于把火炬接力也变成了"印钞机"。当他首先提出把奥运火种从希腊运至纽约，再横贯大陆进行接力跑时，组委会炸锅了。管人事的说，这会占用太多的人力；管财务的说，这开销实在太大；管安全的则说："要是有个疯子往火炬手身上泼汽油或者一个狂人在山坡上放冷枪，该怎么办？"投票结果是，尤伯罗斯以1：7惨败。

尤伯罗斯坚信，大多数人反对的就是正确的事情。一周后，尤伯罗斯召开了一次会议，"我们得组织一次横穿全国的火炬接力。"火炬接力最后取得了圆满的成功，因为每个人都为自己能当一名火炬手而感到自豪。

奥运经济可以带来三种效应：凝聚效应、辐射效应、瞬间放大效应。

凝聚效应是指借助奥运，使大量的技术、资金、人才向这里凝聚；

辐射效应说的是，北京举行奥运会，却可能对天津、河北，甚至是澳门、香港的经济起到带动作用；

瞬间放大效应则是指，因为举办奥运会，经济会在很短的时间内飞速发展起来，GDP会在很短的时间内翻番。

看得见但摸不着
——虚拟经济

虚拟经济是市场经济高度发达的产物，以服务于实体经济为最终目的。随着虚拟经济迅速发展，其规模已超过实体经济，成为与实体经济相对独立的经济范畴。

假设一个市场，有两个人在卖豆腐，有且只有两个人，我们称之为甲、乙。他们每斤豆腐卖1元钱就可以保本。

一个游戏开始了：甲花1元钱买乙1斤豆腐，乙也花1元钱买甲1斤豆腐。甲再花2元钱买乙1斤豆腐，乙也花2元钱买甲1斤豆腐，现金交付。甲再花3元钱买乙1斤豆腐，乙也花3元钱买甲1斤豆腐，现金交付。

于是在整个市场的人看来，豆腐的价格飞涨，不一会儿就涨到了每斤豆腐60元。但只要甲和乙手上豆腐的数量一样，那么谁都没有赚钱，谁也没有亏钱，但是他们重估以后的资产"增值"了。甲乙都拥有高出过去很多倍的"财富"，他们的身价提高了很多，"市值"增加了很多。

这时候有个路人丙，一个小时前路过的时候知道豆腐是1元1斤，现在发现是60元1斤，于是很惊讶。他毫不犹豫地买了1斤，他确信豆腐的价格还会涨，还有上升的空间，并且有人给出了超过200元的"目标价"。

在甲、乙赚钱的示范效应，甚至路人丙赚钱的示范效应下，接下来买豆腐的路人越来越多，参与买卖的人也越来越多，豆腐的价格节节攀升。所有的人都非常高兴，但是很奇怪：所有人都没有亏钱。

有人问了：买豆腐永远不会亏钱吗？看样子是的。但是突然有一天市场上来了一个人，说了句："1斤豆腐的成本价就是1元。"一语惊醒梦中人，人们也在突然间发现豆腐确实没有那么高的价值。于是，人们争相抛售，豆腐的价格急剧下降。

这时，谁赚了钱？就是占有豆腐最少的人！

还有一个故事：几个白天黑夜都梦想着发财的人，使用了很多手段，如办厂、养牛羊、挖矿山，但这些行动最终都以失败而告终。发财无门的他们，便想出一个妙招：

他们拿着一些写着面值一元的纸片对一群同样也渴望发财的傻瓜说，你们看，我们这里有一些神奇的纸片，它们不是货币但它们比货币还值钱。它们代表一座不断长高的金山，你们可以通过它神奇的升值能力来获得很多货币。你们看，现在这些纸片就已经升值了，我们可以把它们一张卖5元钱。于是傻瓜们一拥而上，抢购为先，他们花5元买了一张纸片。

后来没有买到的傻瓜就以10元、20元甚至100多元的价格从前面的傻瓜手里买那些纸片，并且还给那些骗子交手续费。因为每个傻瓜从前面一个傻瓜的经历中获知这张纸片还会升值，并且有更大的傻瓜以更高的价格买下它们，这样他们就可以赚更多的钱。然而直到有一天，傻瓜们发现那些纸片其实连一元钱也不值，于是最后以最高价格买到那些纸片的傻瓜就成了最大的傻瓜。

赚了钱的傻瓜乐呵呵地去买另一种纸片，希望发更大的财。而那些成了最大傻瓜的人，赔了夫人又折兵，拿着那些曾经风光过的纸片哭爹喊娘无济于事后，便莫名其妙地怀疑起这怀疑起那来。

虚拟经济是相对于实体经济而言的，是经济虚拟化的必然产物。这是近年来出现的一个新词语。其最为普遍的解释，是指与虚拟资本以金融系统为主要依托的循环运动有关的经济活动，简单地说，就是直接以钱生钱的活动。

虚拟经济最早的起源可以追溯到私人间的商务借贷行为。例如，小王急需购买某种货物，但他本人没有足够的资金，而小李手头正好有一笔钱闲置未用，于是小王便向小李借一定数额的钱，许诺在一定时期内还本付息。小李手中的借据就是虚拟资本的一种雏形，它通过借款与还款的循环活动而获得增值。这时小李并未从事实际的经济活动，只是通过一种虚拟的经济活动来赚钱。

虚拟经济具有如下四个基本特征。

1. 高度流动性

实体经济活动从生产到实现需求均需要耗费一定的时间，但虚拟经济是虚拟资本的持有与交易活动，只是价值符号的转移，相对于实体经济而言，其流动性很大。随着信息技术的快速发展，股票、有价证券等虚拟资本无纸化、电子化，其交易过程在瞬间即可完成。

2. 不稳定性

各种虚拟资本在市场买卖过程中，价格更多地取决于虚拟资本持有者和参与交易者对未来虚拟资本所代表的权益的主观预期，而这种主观预期又取决于宏观经济环境、行业前景、政治及周边环境等许多非经济因素，增加了虚拟经济的不稳定性。

3. 高风险性

由于影响虚拟资本价格的因素众多，这些因素自身又变化频繁、无常，并不遵循一定的规律，且随着虚拟经济的快速发展，其交易规模和交易品种不断扩大，使虚拟经济的存在和发展变得更为复杂和难以驾驭，再加上非专业人士受专业知识、信息采集、信息分析能力、资金、时间精力等多方面的限制，因此，虚拟资本投资成为一项风险较高的投资领域。

4. 高投机性

有价证券、期货、期权等虚拟资本的交易虽然可以作为投资目的，但也离不开投机行为，这是由市场流动性的需要所决定的。随着电子技术和网络高科技的迅猛发展，巨额资金划转、清算和虚拟资本交易均可在瞬间完成，这为虚拟资本的高度投机创造了技术条件，提供了技术支持。

在我国虚拟经济初级阶段发展过程中，既面临机遇，又面临严峻的挑战。为了推进我国虚拟经济的发展，要从我国实体经济的情况出发，按照实体经济的要求和条件，采取有利措施，积极创新，逐步推进虚拟经济的发展。发展虚拟经济的目的是要促进实体经济的发展，实现实体经济的有效延伸，为实体经济提高效率提供有效的空间。

喧嚣的黄金周背后隐藏着什么？
——假日经济

2009年10月1日至8日放假，共8天。据中国旅游研究院的预测，8天时间里，仅在中国国内，旅游人数就将超过两亿人次，旅游收入超过1 000亿元人民币。而据商务部监测，10月1日至8日，全国实现消费品零售额约5 700亿元，日均零售额比上年"十一"黄金周增长18%左右。作为黄金周的直接受惠者，旅游和以商业、餐饮、文化休闲为代表的假日消费市场，呈现出了前所未有的火爆景象。

假日经济是指人们利用节假日集中购物、集中消费的行为，带动供给、带动市场、带动经济发展的一种系统经济模式。有人形象地称之为：因为有一部分人休息，而使另一部分人获得工作的机会。假日经济属于消费经济范畴，它的主要特征就是消费。从时间上来看，主要集中在双休日和几个节日高峰，如春节、清明节、劳动节、端午节、国庆节、中秋节等。

假日经济是一种新的经济模式，是随着我国经济和社会不断发展、人民生活水平不断提高、闲暇时间日益增多的现实情况逐渐形成的。假日经济的产业体系涵盖面非常广，几乎涉及第三产业中的大部分行业。除作为假日经济支柱行业的旅游业外，商业、餐饮业、娱乐业、体育产业、交通运输业、影视业、展览业、广告业，甚至是彩票都是假日经济的一部分。

长假始于1999年，当时，1997年金融危机对中国的冲击正在加深，周边国家都实行了"以邻为壑"的本币贬值战略，而中国却做出了人民币不贬值的郑重承诺，因此，在外需急剧下滑的背景下，出台了一系列拉动内需的政策，从高校扩招、征收利息税到放长假，各种招数都用上了。"黄金周"、"假日经济"自此开始流行。

近年来在我国出现的"假日经济"现象主要基于以下原因。

第一，随着经济的快速发展，居民收入水平有了很大的提高。国际经验表明，人均年收入达到500~800美元，是旅游消费急剧扩张的时期。1999年我国城镇居民人均收入为5 854元，已达500美元左右，有的城市已达1 000美元，可以说我国已迈入了旅游扩张期的门槛。

第二，人们的闲暇时间增加。新出台的《职工带薪年休假条例》从2008年1月1日起开始施行。此次节假日调整后，中国法定节假日和周末休息日将达到115.3天，如加上职工带薪年休假，一年中平均休假时间超过1/3。从某种意义上说，假日消费情况的好坏，决定了一年消费市场的阴晴。

第三，人们的消费观念发生了变化。传统道德的影响使大多数中国人重积累，轻消费，尤其无暇顾及精神消费和生活品质的提高。伴随着我国迈入"相对过剩经济"时期，在政府和媒体相关措施的影响下，居民的消费观念逐步发生变化。没有这一点，"假日经济"是无从谈起的。

但是，在喧嚣的黄金周背后，也暴露出许多问题。以旅游市场为例，在北京，仅5天时间，相关国庆游园活动就吸引了800多万名游客。而因国庆阅兵成为游客关注焦点的天安门广场，更是连续多日接待各地游客达150万人次以上。摩肩接踵的人流，带来的必然是观赏效果和旅游品质的下降。甚至可以说，在超高人气刷新历史数据的喜人游客流量背后，几乎无可避免地潜伏着游览品质及含金量的缩水。与此同时，频频超越景区景点日最佳接待量的客流，对富含自然和人文功能的景区而言，亦是一个极大的考验。超负荷的市场运作经营，将会给这些不可再生的重要人文资源带来怎样的隐性伤害是很令人忧虑的。

在盘点假日旅游经济账单的同时，更不应忽略对环保等绿色账单的检视。短期经济账单只能让人欣悦一时，而绿色账单的品质却与未来的生存发展、子孙后代的命运休戚相连，它更应被重视和礼遇。

怎样才可以在互联网上获得财富？

——网络经济

IBM公司董事长兼首席执行官路易斯·格斯特纳曾表示，雨后春笋般冒出来的网络公司并不意味着网络风暴的来临，只有当世界级大公司抓住互联网的力量并用它来改造自身的时候，才表明网络风暴的形成。

如今网络风暴真的已经形成了。作为工业时代代表的通用汽车、福特汽车、通用电气和波音公司都纷纷开展了自己的互联网战略。两大汽车制造商福特和通用率先将把它们庞大的采购部门转移到互联网上。从此以后，这两家公司的采购部门都是通过互联网来和世界各地的供应商、商业合作伙伴以及顾客联系的。

福特公司将其采购部门转移到网上之后，每年通过网上进行的交易金额达到800亿美元。福特公司建立的网站将向通过它所达成的每笔交易收取一定的手续费，此外，广告收入也将成为它的主要利润来源。而对他们的主营业务汽车制造来说，网络的开放性和全球性让它们可以密切跟踪交易的每个步骤，更容易货比三家，从而挑选性能和价格最佳的产品。

网络经济是指由于计算机互联网络在经济领域中的普遍应用，使得经济信息成本得以急剧下降，从而导致信息替代资本在经济中的主导地位，并最终成为核心经济资源的全球化经济形态。

网络经济作为一种新兴的经济有别于传统的经济，主要表现如下。

（1）网络经济是一种高度信用化的经济形态，在网络经济中，参与交易的各方是互相不见面的，交易的商品和服务最多也只是以"图像"的方式虚拟存在，所以网络经济对经济中的信用度的要求很高，网络经济的实质就是强化的信用经济。

（2）网络经济是一种物理上虚拟的经济形态，主要表现为在时间上是虚拟的，网络经济是全天候运行的，很少受时间因素的制约，网络经济是全球化的经济，它是建立在综合性全球信息网络的基础之上的，突破了时间和空间以及国界的限制，使经济活动成为全球化的活动；在物质上是虚拟的，即在互联网上的经济活动实际上只是一套符号体系，它是经济社会实物经济在互联网上的再现，必须与实际经济相对应。

（3）网络经济是一种高度个性化的经济形态，其个性特征主要是个人化、客户化、个体化和特定化。在网络经济中，个人化代替了效率；个体化代替了大规模生产；客户化代替了客户支持；特定化代替了大规模销售。

"网络经济"一词表示一种新型的经济形态，是指通过互联网络而进行的经济。它的产生是以信息产业和服务业的飞速发展为基础的。

网络信息技术日新月异；网络经济规模迅速扩大，未来10年国际贸易的1/3将通过网络贸易的形式完成；电子商务发展前景广阔；新型的网络战略产业迅速崛起；发达国家居于领先地位。

网络经济正在给世界经济社会的发展带来深远和全方位的影响，改变着人们的生产方式、生活方式以及企业的运作方式和政府的管理模式，改变着传统的经济活动形态和社会形态，改变着传统的经济经销方式和业务形态，改变着传统的企业运转方式。

但是，网络经济不可避免地存在许多问题：商品交易的非物质化；纳税对象的无形化；税收竞争趋势；整体利益与个体风险；网络市场的外部影响；网上政府和网上政务；企业规模经济；消费者权益保护；网络道德风险；网络法治与网络安全；等等。

为何 "桑基鱼塘" 卷土重来？
——循环经济

闻名五百年的珠三角 "桑基鱼塘" 农业生产方式，特点是环保和节约：蚕粪喂鱼，塘泥肥桑，栽桑、养蚕、养鱼三者有机结合。一言以蔽之，变废为肥，肥不外流。"桑基鱼塘" 农业经济，曾在过去三十年珠三角工业化进程中逐渐没落。如今，在广东新一轮经济发展中，"桑基鱼塘" 的环保和低成本理念，正以工业化的版本卷土重来。

循环经济即物质闭环流动型经济，是指在人、自然资源和科学技术的大系统内，在资源投入、企业生产、产品消费及其废弃的全过程中，把传统的依赖于资源消耗的线形增长的经济，转变为依靠生态型资源循环来发展的经济。

所谓循环经济，在本质上是一种生态经济，它要求运用生态学规律而不是机械论规律来指导人类社会的经济活动。传统经济是一种 "资源—产品—污染排放" 单向流动的线性经济，其特征是高开采、低利用、高排放。在这种经济中，人们高强度地把地球上的物质和能源提取出来，然后又把污染和废物大量地排放到水系、空气和土壤中，对资源的利用是粗放的和一次性的，通过把资源持续不断地变成为废物来实现经济的数量型增长。

与传统经济不同，循环经济倡导的是一种与环境和谐的经济发展模式。它要求把经济活动组织成一个"资源—产品—再生资源"的反馈式流程，其特征是低开采、高利用、低排放。所有的物质和能源都要能在这个不断进行的经济循环中得到合理和持久的利用，以把经济活动对自然环境的影响降低到尽可能小的程度。

循环经济的理论基础应当说是生态经济理论。生态经济学以生态学原理为基础，以经济学原理为主导，以人类经济活动为中心，运用系统工程方法，从最广泛的范围研究生态和经济的结合，从整体上去研究生态系统和生产力系统的相互影响、相互制约和相互作用，揭示自然和社会之间的本质联系和规律，改变生产和消费方式，高效合理地利用一切可用资源。

简言之，生态经济就是一种尊重生态原理和经济规律的经济。它要求把人类经济社会发展与其依托的生态环境作为一个统一体，经济社会发展一定要遵循生态学理论。生态经济所强调的就是要把经济系统与生态系统的多种组成要素联系起来进行综合考察与实施，要求经济社会与生态发展全面协调，达到生态经济的最优目标。

循环经济是一种以资源高效利用和循环利用为核心，以"三R"为原则（减量化Reduce、再使用Reuse、再循环Recycle）；以低消耗、低排放、高效率为基本特征；以生态产业链为发展载体；以清洁生产为重要手段，达到实现物质资源的有效利用和经济与生态的可持续发展。

循环经济与生态经济既有紧密联系，又各有特点。从本质上讲循环经济就是生态经济，就是运用生态经济规律来指导经济活动，也可称是一种绿色经济、"点绿成金"的经济。它要求把经济活动组成为"资源利用—绿色工业（产品）—资源再生"的闭环式物质流动，所有的物质和能源在经济循环中得到合理的利用。循环经济所指的"资源"不仅是自然资源，而且包括再生资源；所指的"能源"不仅是一般能源，如煤、石油、天然气等，而且包括太阳能、风能、潮汐能、地热能等绿色能源。注重推进资源、能源节约、资源综合利用和推行清洁生产，以便把经济活动对自然环境的影响降低到尽可能低的程度。

生态经济与循环经济的主要区别在于：生态经济强调的核心是经济与生态的协调，注重经济系统与生态系统的有机结合，强调宏观经济发展模式的转变；循环经济侧重于整个社会物质循环应用，强调的是循环和生态效率，资源被多次重复利用，并注重生产、流通、消费全过程的资源节约。生态经济与循环经济在本质上是一致的，都是要使经济活动生态化，都是要坚持可持续发展。物质循环不仅是自然作用过程，而且是经济社会过程，实质是人类通过社会生产与自然界进行物质交换。也就是自然过程和经济过程相互作用的生态经济发展过程。

发展循环经济可以解决经济与环境之间长期存在的矛盾，达到经济与环境的双赢，是实现可持续发展的重要途径和有效措施，对实现新型工业化具有重要意义。

第一，发展循环经济是实施资源战略，促进资源永续利用，保障国家经济安全的重大战略措施。我国的资源状况，一方面人均资源量相对不足，另一方面资源开采和利用方式粗放、综合利用水平低、浪费严重。

第二，发展循环经济是防治污染、保护环境的重要途径。首先，发展循环经济要求实施清洁生产，这可以从源头上减少污染物的产生，是保护环境的治本措施。另外，各种废弃物的回收再利用也大大地减少了固体污染物的排放。

第三，发展循环经济是应对入世挑战、促进经济增长方式转变、增强企业竞争力的重要途径和客观要求。目前，我国单位产值能耗为世界平均水平的2.3倍，主要用能产品单位能耗比国外先进水平高40%；我国工业产品能源、原材料的消耗占企业生产成本的75%左右，若降低一个百分点则能取得100多亿元的效益。近几年，资源环境因素在国际贸易中的作用日益突显出来。"绿色壁垒"成为我国扩大出口面临最多也是最难突破的问题，有的已对我国产品在国际市场的竞争力造成了严重的影响。发展循环经济在突破"绿色壁垒"和实施"走出去"战略中能够发挥重要作用。

如何在公司中推销自己？

——注意力经济

　　人活着就是在推销，每个人无时无刻不在推销着世界上最伟大的产品——自己。演员要向观众推销自己的表演才华，销售员要向客户推销自己的产品，求职者要向主考官推销自己的能力和专长……推销自己是门艺术，只有掌握了其中的策略和技巧，才能把自己的意图、知识、优点、服务、人格魅力等推销给别人，博取对方的理解、好感和支持，才能顺利地取得成功。

　　可是，如何在公司中推销自己呢？那些在一个公司里薪水猛涨、职位高升的人，衣着光鲜、风光无限，注定是职员们关注的焦点。其中有人羡慕，有人嫉妒，有人称赞，更有人暗自慨叹自己怎么没有机会吸引众人的视线呢？然而，你是否想过，这些经理、主管其实在升职以前就已经靠自己的表现吸引了公司高层的注意，而升职，只不过是这个过程的自然结果。当然，想要赢得关注绝非易事，但如果你也想加薪的话，就绝不能在企业中如同空气一般让人视而不见，而应努力抓住领导和同事们的视线，从而获得提升的机会。对此，可以用"注意力经济"来加以描述。

　　注意力经济又被形象地称作"眼球经济"。"注意力经济学"这一术语由来已久。著名的社会科学家、1978年诺贝尔经济学奖的获得者赫伯特·西蒙，率先阐述了其基本原理，他说，当公众接受信息时存在着消费，消费的正是他们的注意力。不过，直到20世纪90年代末期，随着计算机网络科技的兴起，注意力经济学这一理念才真正受到世人的关注，并获得了非常广泛的应用。

　　在注意力经济学里，公众的注意力被视作一种资源，而公众将消费这种资源去接受信息。不同信息具有不同的价值，如果以"好、坏、无所谓"对信息进行简单区分，那么好信息可以使其受众在消费注意力的同时得到利益，比如一种新药品的信息有望改善糖尿病人的健康状况，一个精彩的幽默可以让人会心一笑；坏信息则相反，受众消费注意力后却可能会受到某种损害，比如在广告上鼓吹高蛋白、高营养的奶粉实际上是伪劣产品，失态的言谈举止会对别人心理造成伤害；至于无所谓的信息，受众往往是一带而过，不会去注意它们，因此谈不上什么消费。

我们知道，老板在提拔员工时，当然会把机会留给那些给其留下良好印象的人。这就是注意力的作用。因此，在企业里，如果一个职员能及早应用"注意力经济学"，控制领导的注意力消费，从而推销自己，那么晋升的可能性就会大很多。相反，那些未曾消费过领导多少注意力的员工，其提升空间就小了许多。

《财富》杂志在上海搞了一次新闻发布会，结果，3天赚了1 000万元；《还珠格格》把皇宫里的戏唱到了百姓中间，也争得了数亿双眼球的青睐，进而一集卖到了58万元；《羊城晚报》等报业集团刻意对宣传给予包装，赢得了众多的读者。它们的成功归结到一点就是：通过各种手段，引导了群众的注意力。

在电视上，新产品通过广告向受众展示自己的"卖点"。同样的道理，在企业中，一名员工也应该借助合适的方法向公司推销自己，以吸引上司、同事的注意。只有充分运用"注意力经济学"，才能使自己获得更多的加薪、升职的机会。

在知识经济时代，注意力已经成为商机的先导。"眼球经济"更成为了一种时尚。谁的产品能快速、准确、广泛和持久地引人注意，谁就有可能成为最大的赢家。要捕捉广大商家的注意力，关键是要关心商家的意愿、倾向、心情、嗜好等，这不仅需要新闻媒体、互联网搞好文化创新，而且更需要企业家注意投资媒体及文化艺术产业。我们众多的企业已经注意到了这一点，已经开始注意宣传企业的形象，对企业产品进行实事求是的包装，使产品不断开辟了新的市场。